Dialog
über unsere Vergangenheit,
Gegenwart, und nahe Zukunft

aus spiritueller Sicht

von Joachim Felix Hornung

<u>Dialog</u>
über unsere Vergangenheit,
Gegenwart, und nahe Zukunft

aus spiritueller Sicht

von Joachim Felix Hornung

Die Deutsche Nationalbibliothek verzeichnet diese Publikation in der Deutschen Nationalbibliografie; detaillierte bibliografische Daten sind im Internet über dnb.dnb.de abrufbar.

© 2024 Joachim Felix Hornung

Verlag: BoD · Books on Demand GmbH, In de Tarpen 42, 22848 Norderstedt

Druck: Libri Plureos GmbH, Friedensallee 273, 22763 Hamburg

ISBN 978-3-7597-1247-9

0000. In aller Kürze

Wir definieren, was wir unter echter Spiritualität
verstehen wollen, und beschreiben, wie diese in der
Jungsteinzeit allgegenwärtig war, heute aber weitgehend abhanden gekommen ist und dem pekuniären
und dem philosophischen Materialismus Platz gemacht hat. Eine besondere Form der Spiritualität
war der Schamanismus, der von wenigen auserwählten Ekstatikern aus-geübt wurden. Sie waren in der
Lage, in eine andere Wirklichkeit, die Geistige
Welt, zu reisen, um für ihre Patienten Heilung zu
bewirken. Wir Großstadt-Menschen können nicht
Schamanen werden, jedoch können wir dem Schamanismus entlehnte Praktiken und Rituale verwenden, um mit Magie Heilung zu bewirken, auch in
der Homöopathie und in der Pflanzenheilkunde.

Eine andere Anwendung spiritueller Ansätze
findet sich in der Medizin bei dem Verständnis von
Geistes-Krankheiten, wie etwa Mediumismus, spirituelle Besetzungen, Schizophrenie, die in einer
schamanischen Sichtweise gar keine Krankheiten
sind, sondern spezielle Begabungen.

Eine sich entwickelnde Wissenschaft von den
Spirituellen Phänomenen beginnt mit den Forschungen von IAN STEVENSON ab 1960, in denen er
nachwies, dass es Reinkarnation wirklich gibt. Dann
kamen die inzwischen weithin bekannt gewordenen
Nahtod-Erlebnisse hinzu, die, wie hier gezeigt wird,
tatsächlich einen ersten, wenn auch nur kurzen
Blick ins Jenseits gewähren. –

Der Verlust an Spiritualität und Naturverbun-
den-heit und die Übervölkerung des Planten führen
zu einer Vernichtung unserer Lebensgrundlagen,
wie sie schon von LEONARDO DA VINCI vorhergesagt und inzwischen offenkundig geworden ist.

V

Nach OSWALD SPENGLER befinden wir uns im Greisenalter unserer abendländischen Kultur, in welchem die vom Gelde gesteuerte Politik von den Despoten abgelöst wird. –

Zum Schluss versuchen wir, zwei Fragen zu beantworten:

1.) Was bringt es uns, von der Unsterblichkeit der menschlichen Seele, von der Wiedergeburt und von der Existenz eines Jenseits zu wissen?

2.) Wie gehen wir mit den sehr schlechten Aussichten für das Überleben der Menschheit um? –

Soweit ein Wenig aus dem Dialog. –

_____

000. Anmerkungen

• Das hier im Dialog oftmals zitierte Thema A findet sich als pdf-Text: „Thema A: Leben wir nur einmal?" auf http://www.mutual-mente.com.

Dort sind die Quellen genau zitiert und es wird ausführlich erklärt, woher wir wissen können, dass es Reinkarnation wirklich gibt, dass die Nahtod-Erlebnisse tatsächlich einen ersten Blick ins Jenseits gewähren, was die Gottesschau ist, u.v.a.

• Autoren, die im Literaturverzeichnis gefunden werden können, sind im Text oft mit einem L gekennzeichnet.

• Begriffe, die bei Wikipedia gefunden werden können, sind im Text oft mit einem W gekennzeichnet.

• Viele Fach-Begriffe können auch im Glossar zu Thema A/A7 nachgesehen werden.

• Seitenangaben erscheinen oft mit Dezimalstellen: Seite 18.1 = ganz oben, …, Seite 18.5 = ganz unten.

• Die Fußnoten, eine Tabelle, zwei Tafeln, eine Abbildung, zehn Anlagen, Querverweise, Einfügungen in eckigen Klammern, das Literaturverzeichnis, der Index und der Disclaimer wurden nachträglich dem Dialog hinzugefügt. Umgangssprachliche Wendungen wurden nicht korrigiert.

• Nachträglich zur Erläuterung eingefügte Wörter sind in eckige Klammern [...] gesetzt.

• Die Orthographie ist bewusst etwas eigenwillig.

Ich bitte um Fragen, Kommentare, Rückmeldungen an: Joachim Felix Hornung;
joachimhornung(at)gmx(.)de.

Marlis Knörer danke ich herzlich
für zahlreiche Vorschläge und Korrekturen.

<u>Dialog</u> über unsere Vergangenheit, Gegenwart und nahe Zukunft,
aus spiritueller Sicht
von Joachim Felix Hornung

Inhalt

00. Eine Einführung zu diesem Dialog	9
Teil I. Grundlagen	10
01. Reinkarnations-Forschung	10
Tabelle 1. Was wird von Leben zu Leben übertragen?	16
02. Nahtodes-Forschung	26
03. Jenseits-Reisen	31
04. Unser weiteres Programm	34
05. Unser Ausgangspunkt	35
06. Grundsätze seriöser Wissenschaft	43
Teil II. Schamanismus	46
07. Schamanismus im „Dhoaram" und „Satyendra"?	46
08. Was macht ein Schamane?	49
09. Wer ist ein echter Schamane?	58
10. Wie wurde man traditionell ein Schamane?	65
11. War Schamanismus *die* Ur-Religion?	69
11a. Echte Spiritualität, Religiosität, Gottesschau	75
11b. Der homo sapiens sapiens	83
Tafel 1. Der homo sapiens sapiens	84
12. Schamanismus gab es in aller Welt	95
Tafel 2. Zeitangaben ab der letzten Eiszeit	99
13. Die neolithische Revolution	106
14. Schamanismus in unserer heutigen Zeit	108
15. Wachstum und Verlust	114

VIII

16. Die moderne Medizin   117
17. Homöopathie   125
18. Pflanzenheilkunde   135
19. Colin Campbell   141
19a. Schizophrenie   150
20. Kann der Mensch als Tier wiedergeboren werden? 161
     Teil III.   Ein Blick in die Zukunft   169
21. Paradoxien der Zeitreisen   169
22. Experimentelle Psi-Forschung   190
23. Überprüfbare frühere und zukünftige Leben?   198
24. Eine eigene Erfahrung Maria's   203
25. Die Grenzen des Wachstums   208
26. Geschichtliches: Die Yamnaya-Kultur   229
27. Sind wir immer dümmer geworden?   235
28. Demokratie oder Diktatur?   245
29. Der Rang einer Kultur   248
30. Schlussfolgerungen   259
     Anlagen   268
Anlage 1. Zur Terminologie   268
Anlage 2. Spirituelle Besetzungen   280
Anlage 3. Einige Erkenntnisse in diesem Dialog   293
Anlage 4. FREDERIC MYERS: Die Kreuzkorrespondenzen   296
Anlage 5. Zitate RUMI's   302
Anlage 7: Zitate von C.G. Jung   304
Anlage 9. Quanten-Physik   306
Anlage 10: Platon/Sokrates über Reinkarnation   311
Literaturverzeichnis, nach Autoren und Begriffen   **317**
Index   368
Disclaimer   375

Dialog
über unsere Vergangenheit,
Gegenwart *und nahe Zukunft,*
aus spiritueller Sicht
von Joachim Felix Hornung

00. Eine Einführung zu diesem Dialog

Meine liebe Freundin Maria und mein guter alter Freund Johannes haben erfahren, dass einige unserer Freunde und Bekannten die Erzählungen „SATYENDRA" und „DHOARAM" zwar gerne gelesen haben, sich jedoch zusätzlich über einige Kommentare freuen würden. Maria und Johannes haben angeboten, sich über die beiden Erzählungen – und vielleicht auch über manches andere – zu unterhalten und ihre Fragen und Antworten aufzuzeichnen und hier zu veröffentlichen.

Johannes ist ein rationaler Mensch, ziemlich belesen. Er ist eher geneigt, dasjenige ernst zu nehmen, was gründlich erforscht ist, als das zu glauben, was nur behauptet wird nach dem Motto: „Die Behauptung ist schon der Beweis".

Maria ist intuitiv, eine gute Menschen-Kennerin, hat Erfahrungen mit Erinnerungen an ihre früheste Kindheit und an frühere Leben. Und sie hatte ein starkes Nahtodes-Erlebnis.

Maria hat sich schon immer mit den aktuellen ökologischen Problemen dieser Welt auseinandergesetzt und macht sich große Sorgen um die Zukunft der Menschheit. Sie ist Mitglied eines weltweit tätigen Arbeitskreises „Weltbevölkerung".

> *"There are more things in heaven and earth, Horatio,*
> *than are dreamt of in your philosophy."*

Teil I.   Grundlagen

01. Reinkarnations-Forschung
02. Nahtodes-Erlebnisse
03. Jenseits-Reisen
04. Unser weiteres Programm
05. Unser Ausgangspunkt
06. Grundsätze seriöser Wissenschaft

01. Reinkarnations-Forschung

H: Hallo Maria,

M: Hallo Hans,

H: Schön, dass wir uns hier zusammensetzen können, um über den SATYENDRA und über den DHOARAM [1] zu sprechen.

M: Ich freue mich darauf. Wo wollen wir denn anfangen?

H: Es ist ja nun offensichtlich, dass beide Geschichten voll sind von spirituellen Themen.

M: Welche Themen meinst du konkret?

H: Zukunftsvisionen, Gedanken-Lesen, Telepathie (Fernwahrnehmung), Geistheilen, Homöopathie, Nahtodes-Erlebnisse, Jenseits-Reisen, Schauen in vergangene und zukünftige

---

[1] „Satyendra, eine Erzählung von Liebe, Reinkarnation und Schamanismus" und „Dhoaram, der Seher", beide im BoD-Verlag, Norderstedt, 2021. Auch auf www.mutual-mente.com.

Leben, Wiedergeburt, Seelen-Übersprung, Mediumismus, Unsterblichkeit der menschlichen Seele.

M: Das ist ja nun nicht wenig. Das wäre dann etwas für die spirituell Interessierten.

H: Meinst du nicht, dass diese sich oft irren und oft nur belächelt werden?

M: Ich möchte die Ehre der spirituell Interessierten retten. Diese mögen sich in Einzelheiten irren, was z.B. die Aussagen über die Reinkarnation anbetrifft. So werden die Zeiten zwischen den irdischen Inkarnationen meist viel zu hoch gegriffen. [2] Zudem möchten viele Menschen, die an die Reinkarnation glauben, alte Seelen sein, [Menschen, die schon oft auf Erden inkarniert waren.] Wegen des rapiden Wachstums der Welt-Bevölkerung in den letzten 100 Jahren sind aber die allermeisten unter uns logischerweise junge Seelen; ja, viele wandeln sicherlich zum ersten Mal auf Erden.

Immerhin glauben etliche an die Reinkarnation, ebenso wie an andere Dinge, die auch für uns wichtig sind: Nahtod, Jenseits, die Unsterblichkeit der menschlichen Seele, die Existenz einer Geistigen Welt. Wir können also sagen:

> Die spirituell Interessierten
> liegen im Prinzip vielfach richtig,
> im Detail hingegen oft falsch.

H: Du bist mutig! Da möchte ich gerne wissen, wie du deine spirituellen Weisheiten – entschuldige: Wahrheiten – belegen

---

[2] Sie liegt in Stevenson's Forschungen durchschnittlich bei 4 Jahren, siehe Thema A/A0, Tabelle 2, und Thema A/A9, Tabelle 6.

willst. Dass viele spirituelle Phänomene im „SATYENDRA"
und „DHOARAM" wie selbstverständlich behandelt werden,
ist ja noch kein Beleg dafür, dass es sie wirklich gibt.

M: Lass mich zuerst noch meinen ‚mutigen' Gedanken zu Ende
führen; später können wir ja darüber sprechen, ob und wie
man die genannten spirituellen Erscheinungen belegen kann.

Es gibt viele Erkenntnisse, die den spirituell Interessierten geläufig sind und die auch für uns einen Sinn ergeben:

• Es gibt neben oder über unserer Alltäglichen Wirklichkeit
eine andere Wirklichkeit, eine **Geistige Welt**; das ist der
Aufenthaltsort der nicht-inkarnierten Seelen, der Ort der
Geistigen Lehrer und Wesenheiten, und auch der Ort, in
welchem die spirituellen Ereignisse sich abspielen.

Weitere Aussagen, die mir sinnvoll erscheinen, sind:

• „Alles ist mit allem verbunden." (Larry DOSSEY [L])

• „Wie oben, so unten." (HERMES TRISMEGISTOS)

• „Das Abwesende ist anwesend." (EPIMENIDES).

• „In der Anderen Wirklichkeit gibt es weder Raum noch Zeit,
weder Materie noch Energie noch Kausalität; in der Geistigen Welt gilt nicht das Ursache-Wirkungs-Prinzip." [3]

• „In der Geistigen Welt ist alles *zugleich* vorhanden und alles
zugleich zugänglich." [4]

• „Es gibt keine Zufälle."

• „Alles ist vorherbestimmt."

---

[3] Wird im weiteren Verlauf des Dialogs vielfach besprochen.

[4] Bei Whitton & Fischer, S.47.3. ‚Zugleich' ist besser als
‚gleichzeitig', weil letzteres so klingt, als gäbe es dort eine Zeit.

- „Wir sind wie Schachfiguren in einem großen Schachspiel."
- „Alles hat einen Sinn, auch wenn wir ihn nicht kennen."

H: Etwas großzügig gedacht stimmt das ja alles. Diese Aussagen sind allerdings sehr allgemeiner Art und daher kaum beweisbar. Manches davon kann man auch schon bei den alten griechischen Philosophen finden, bei den alten Indern, Chinesen, Persern.

M: Jetzt weiß ich nicht mehr weiter. Wir legen großen Wert darauf, dass die Dinge, die wir diskutieren wollen, einer strengen wissenschaftlichen Überprüfung standhalten. Da helfen weder die Naturwissenschaften noch eine spirituelle Grundhaltung. Die Naturwissenschaftler lehnen diese Themen pauschal ab, ohne sie zu überprüfen; die spirituell Interessierten müssen nichts überprüfen, sie glauben einfach.

H: Den spirituell Interessierten können wir entgegenhalten: „Der Glaube ist noch kein Beweis", und den ewigen Skeptikern: „Der Zweifel ist noch kein Gegenbeweis".

M: Was tun?

H: Es gibt einen Ausweg, der offen vor uns liegt, der jedoch von den Wenigsten begangen wird.

M: Da bin ich aber gespannt! Wir haben bisher über spirituelle Phänomene im Allgemeinen gesprochen. Kannst du das, was du sagen möchtest, an einem Beispiel verdeutlichen?

H: Fällt dir eins ein?

M: Mein Vorschlag: In den beiden Erzählungen „DHOARAM" und „SATYENDRA" wird die *Reinkarnation* wie selbstverständlich behandelt. Sind wir denn sicher, dass es sie wirklich gibt? Sollte unserem Gespräch nicht eine Einführung in die Lehre von der Reinkarnation vorangestellt werden? Was verstehen wir unter Reinkarnation, und was verstehen die Menschen unter Reinkarnation?

H: Wenn man sich so umhört, dann gibt es verschiedene Ansichten über die Reinkarnation, oft auch unscharfe, die meistens keine empirische Grundlage haben. Man glaubt, was man irgendwo gehört oder gelesen hat. Schon über die Zeiten zwischen den irdischen Leben gibt es die unterschiedlichsten Meinungen. Kaum jemand will glauben, dass heute die Zeiten zwischen den Inkarnationen durchschnittlich bei nur etwa 4 Jahren liegen, wie wir schon erwähnten. Viele verorten ihr früheres Leben im alten Ägypten, ein unerklärtes Phänomen. Viele machen sich gar nicht klar, vor wie kurzer Zeit sie schon einmal gelebt haben. Manche machen sich auch ganz falsche Vorstellungen von der Häufigkeit des Geschlechterwechsels von Inkarnation zu Inkarnation: Wir wechseln nicht jedes Mal das Geschlecht! [5]

Überdies sind die Ansichten darüber, was genau von Inkarnation zu Inkarnation übertragen wird, meist völlig unklar. Worin gleichen sich mein voriges und mein jetziges Leben? Da muss doch etwas ähnlich sein, dass wir überhaupt von Reinkarnation sprechen können!

M: Weiß man denn Genaueres darüber?

H: Ja. Aus der modernen Reinkarnations-Forschung weiß man, dass viele Kenntnisse und Verhaltensweisen von einem irdischen Leben auf das nächste übertragen werden. Es ist fast

---

[5] siehe Thema A/A0/ §17, Tabelle 3.

so, wie wir das Leben von gestern am heutigen Tage fortset-
zen. Viele Reinkarnations-Lehren in der Welt wissen das
nicht, es ist aber das Ergebnis moderner empirischer Forschung.

Ich füge hier einmal die Tabelle 1 ein aus **Thema A/A0,**
welche die häufigsten Übertragungen von einem Leben zum
nächsten zusammenstellt:

Tabelle 1. Was wird von Leben zu Leben übertragen?

Was schleppt die unsterbliche Seele so alles mit sich herum? Extrakt aus **Thema A/A0,** §3, Abschnitte 2 – 4, und aus den Beispielen in A/A0, §§ 1, 4, 5, 6, 7, 10 und 11.	
Namensge-dächtnis	Erinnerung an Namen von Personen aus dem früheren Leben, auch an den eigenen Namen.
bildhaftes Ge-dächtnis	Erinnerung an Orte, Häuser, Landschaften, Begebenheiten aus dem früheren Leben
szenisches Gedächtnis	Wiedererkennen von Personen und Orten beim Ortstermin. Wiedererkennen ist stärker als Erinnern.
Verhaltens-weisen	Identifikation mit der erinnerten, verstorbenen Person
	Wunsch, wieder in der vorigen Familie zu leben
	Beziehung zu Personen aus dem früheren Leben: Liebe, Zuneigung, Ablehnung, Verachtung, Feindschaft. Der früheren Rolle entsprechendes Verhalten als Vater, Mutter, Ehegatte, Kind, Liebespartner, Freund, Arbeitskollege.
	Vorlieben, Gewohnheiten, Süchte, Abneigungen, Phobien, Traumata
	Grundstimmungen, Gefühle, Reaktionsweisen, Selbstmordneigung
	Wiederholungshandlungen: Beruf, Tanz, Gesang, Todesszene
	Geschicklichkeiten, Kenntnisse, Talente (Musik, Malerei, Handwerk), Berufs-Erfahrung
Körperliche Merkmale [6])	Geburtsnarben und Geburtsdefekte
	ethnische Merkmale: Hautfarbe, Augenfarbe, Augenform, Statur

---

[6]) siehe STEVENSON [1997a] und in Thema A/A0 §12, Abs.15f.

M: Gibt es denn nicht eine Menge Material über die Reinkarnation aus den vielen hypnotischen Rückführungen, die überall betrieben werden?

H: Nein. 99,9 % aller in Rückführungen [7] gesehenen früheren Leben sind nicht verifizierbar, d.h., nicht überprüfbar; man weiß nicht, ob sie wirklich gelebt wurden, oder ob es Geschichten sind, die sich der Traum-Regisseur ausgedacht hat. Es können Inszenierungen aktueller Lebens-Probleme sein. Dafür spricht, dass in diesen ‚früheren Leben‘ oft dieselben Personen auftreten, die dem Erlebenden aus dem jetzigen Leben bekannt sind, natürlich in der damaligen Gestalt [8]. Dann arrangieren wir in der Vision mit den Personen aus dem jetzigen Leben vermeintliche Dramen in der Vergangenheit, um für jetzige Konflikte Lösungen zu finden.

M: Dann wissen wir über die Reinkarnation eigentlich nichts?

H: Doch. Es gibt die moderne Reinkarnations-Forschung auf hohem wissenschaftlichem Niveau, von der bedauerlicherweise und unverständlicherweise kaum jemand etwas weiß oder wissen will. Das Basiswerk sind die „20 Fälle“ von IAN STEVENSON [L, 9], in welchen die Grundlagen der modernen Reinkarnations-Forschung gelegt und dargestellt wurden.

M: Klingt spannend. Muss ich das jetzt lesen?

H: Es ist ziemlich umfangreich und voller Details. Da Joachim über die modernen wissenschaftlichen Forschungen zur

---

[7] Näheres über hypnotische Rückführungen in frühere Leben siehe Kapitel 23 in diesem Dialog.

[8] Siehe z.B. die erstaunlichen Fälle des Autors Brian Weiss [L].

[9] Stevenson, Ian [1974/1995] [L]: "Twenty Cases Suggestive of Reincarnation", englisch und deutsch, im Literaturverzeichnis.

Reinkarnation in **Thema A** [10] sehr ausführlich berichtet, brauchen wir, denke ich, nicht alles noch einmal zu wiederholen und können dorthin verweisen. „Thema A" ist allgemein im Internet zugänglich, und die vorhandenen Forschungen sind dort übersichtlich und, wie ich meine, profund und überzeugend zusammengestellt und besprochen. Ganz ohne Arbeit geht es allerdings nicht. Wenn jemand nur ein klein wenig Näheres wissen will, so seien zum ersten Einstieg die folgenden vier Kapitel in **Thema A** besonders empfohlen: Die erstaunlichen Geschichten der SHANTI DEVI, der SWARN-LATA, des JASBIR und der SHÁRADA in Thema A/A0 [11].

M: Welches sind denn die wesentlichen Erkenntnisse dieser, wie du sagst, „Modernen Reinkarnations-Forschung"?

H: Spontane Erinnerungen von Kindern an überprüfbare frühere Leben sind tatsächlich ziemlich häufig, und zwar in vielen Ländern dieser Welt. IAN STEVENSON und andere Forscher [12] haben dieses Phänomene in Indien, in Sri Lanka, in Burma, in der Türkei, in Brasilien, und bei den INUIT im Norden Kanadas sehr genau erforscht.

M: Und bei uns im Westen gibt es so etwas nicht?

H: Doch. Sehr gut recherchierte Fälle in den USA finden sich bei BANERJEE [1980] [L], und eine Fülle von Material aus jüngerer Zeit in den USA bei CAROL BOWMAN [L].

---

[10] Joachim Felix Hornung: www.mutual-mente.com /Thema A.
[11] www.mutual-mente.com /**Thema A**/A0, §§ 1, 5, 10, 11.
   Ausführlich auf Englisch in der „PSI Encyclopedia im Internet.
[12] Stevenson, Ian [1974/1995]: „Twenty Cases …", sowie Banerjee (1964, 1979, 1980), Bowman, Haraldsson, Keil, Mills, Pasricha, [L,L,L,L]. Alles von diesen Autoren ist Erste-Hand-Information.

M: Wie kann man sicher sein, dass die Erinnerungen der Kinder *echt* sind, d.h., dass sie sich auf ein tatsächlich auf Erden gelebtes früheres Leben beziehen?

H: Die entscheidende Frage! Das Besondere an diesen Forschungen ist, dass die von den Kindern erinnerten früheren Leben **verifiziert** werden konnten, d.h., es gelang, jeweils eine Person zu identifizieren, die kürzlich verstorben war und die genau den Erinnerungen des Kindes entsprach. Die also die Eigenschaften und Erlebnisse gehabt hatte, die von dem Kind angegeben wurden, wie Name, Wohnort, Familien-Angehörige, Lebens-Ereignisse aller Art, Charakter-Eigenschaften, Vorlieben, Abneigungen, oft auch die Umstände des damaligen Todes.

> **Verifikation** *ist die Basis der modernen*
> *Reinkarnations-Forschung.*

M: Wie konnte eine solche Verifikation gelingen?

H: Man nahm zunächst genau zu Protokoll, was das Kind über sein früheres Leben berichtete, häufig spontan, und möglichst, bevor die verstorbene Person gefunden war.

Nachdem dann die verstorbene Person, also die vermutete frühere Inkarnation des Kindes, gefunden war, besuchten die Forscher dessen Familie und verglichen die protokollierten Erinnerungen des Kindes mit dem, was sie dort über die verstorbene Person herausfinden konnten.

M: Und ergaben sich dabei Übereinstimmungen?

H: Erstaunliche, die jenseits jeder Wahrscheinlichkeit lagen. Man machte dann mit einem solchen Kind, wenn möglich, auch ein Experiment, nämlich einen Orts-Termin: Man führte das Kind an den Ort seines vermeintlichen früheren Lebens und beobachtete, ob es alles richtig erkannte: Straßen, Häuser, das Haus, in dem es selbst früher gelebt hatte, evtl. Veränderungen dort, seine Familien-Angehörigen, möglichst mit Namen, das Verhalten des Kindes gegenüber den Familien-Angehörigen entsprechend der Rolle, die der Verstorbene dort gespielt hatte: Sohn, Tochter, Ehepartner, Vater, Mutter, usw.

M: Und wie waren die Ergebnisse der Ortstermine?

H: In den besten Beispielen: hervorragend, überzeugend, zuverlässig nachgewiesen. [13]

M: Und wieso ist diese moderne Reinkarnations-Forschung so weitgehend unbekannt?

H: Da offenbar die Naturwissenschaftler, all diese Leute an unseren Universitäten, ebenso die Christen, die Atheisten, die Gleichgültigen beharrlich bei Seite schieben, was man auf diesem Gebiete *sicher wissen kann,* statt glauben zu müssen, und was in gedruckter Form, auch im Internet, leicht zugänglich ist. Man will nicht von dem naturwissenschaftlichen Weltbild abrücken.

M: *Vorurteile sind stärker als die besten Argumente.*

---

[13] Man muss hierbei bedenken, dass nicht alle Beispiel STEVENSON's, und Nachfolger beste Ergebnisse erzielen können, da nicht alle Kinder ein so gutes Gedächtnis haben. Eigentlich würde es zum Nachweis der Reinkarnation ausreichen, ein einziges überzeugendes Beispiel zu haben. Umso besser, dass sich bei STEVENSON und den anderen genannten Forschern viele bestens belegte Beispiele finden.

H: Es ist eine bewundernswerte Verdrängungs-Leistung. Es gibt heute so umfangreiche, ernsthafte Literatur zur modernen Reinkarnations-Forschung, so viele gut bestätigte, d.h. verifizierte Fälle, dass ich nicht verstehe, wie man diese immer noch ignorieren kann.

> *M:*   *Wir sind heute die Informations-Gesellschaft*
> *und sind zugleich die uninformierte Gesellschaft.*

H: Du liebst die Antinomien.

M: Zum Beispiel: „Eine große Wahrheit ist eine Wahrheit, deren Gegenteil immer noch eine Wahrheit ist." (C.G. JUNG [L]);

„Ich glaube es, denn es ist absurd" (AUGUSTINUS) [14];

„Certum est, quia impossibile." („Es ist gewiss, denn es ist unmöglich.") (TERTULLIAN [L]);

„Alle Wahrheiten sind Paradox." (LEO TOLSTOI [L]).

H: Ich möchte noch einmal betonen, wie wichtig die Erkenntnis ist, dass es Reinkarnation wirklich gibt. Damit ist das naturwissenschaftliche Paradigma entthront, welches besagt, dass alles in dieser Welt auf die Eigenschaften der Materie und der Energie zurückgeführt werden kann: „Alles, was ist, kann naturwissenschaftlich erforscht und verstanden werden."

M: Das kann aber nicht sein, wenn Reinkarnation eine Tatsache ist. Denn nach naturwissenschaftlicher Auffassung ist das menschliche Bewusstsein ein Produkt des menschlichen Gehirns, muss also verschwinden, wenn der Mensch und damit sein Gehirn stirbt.

H: Das Bewusstsein bleibt jedoch von Inkarnation zu Inkarnation erhalten. Wir bringen unsere Bewusstseins-Inhalte aus

---

[14] Hl. Augustinus, Kirchenlehrer. Die Zuschreibung ist unsicher.

dem vorigen Leben in das neue Leben mit. Das zeigt ganz
klar die moderne Reinkarnations-Forschung. Besonders im
Bewusstsein von kleinen Kindern ist oft das vorige Leben
noch sehr präsent. Damit zeigt die moderne Reinkarnations-
forschung ganz klar, dass die menschliche Seele unsterblich
ist, sich in der nächsten Inkarnation einen neuen Körper
schafft, und eine Menge an Kenntnissen und Fähigkeiten ins
neue Leben mit herüber bringt, vrgl. Tabelle 1 weiter oben.
Man denke auch an die echten Wunderkinder [15], deren Talente aus dem jetzigen Leben oder aus der Genetik überhaupt
nicht zu erklären sind.

M: Wir finden uns in einem neuen Leben in einem neuen Körper
wieder mit einem neuen Gehirn, welches sich erst noch entwickeln und vieles lernen muss. Wir sind zunächst klein und
unbeholfen, haben neue Eltern und eine ganz andere Umgebung, andere Lebens-Umstände, andere Wahrnehmungen
und eine andere Erziehung: Wo sind da die alten Bewusstseins-Inhalte?

H: Konkret wissen wir aus den Forschungen STEVENSON's u.a.,
dass viele kleine Kinder (etwa bis zur Einschulung) sich an
ihr früheres Leben mit vielen Einzelheiten erinnern. Darüber
berichten können sie allerdings erst ab einem Alter von etwa
zwei Jahren, wenn sie verständlich sprechen können. Sie fühlen sich oftmals hier am falschen Ort und wollen in ihr altes
Leben zurück. Hinzukommen Vorlieben und Abneigungen,

---

[15] Gute Beispiel für echte Wunderkinder: Laetitia Hahn, Jonah Ho,
Jewgeni Igorewitsch Kissin, im Internet.
s. a. Wikipedia: „Wunderkind". Dort wird auch der Mißbrauch
des Begriffes „Wunderkind" besprochen. Nicht jedes hochbegabte
Kind ist ein echtes Wunderkind im strengen Sinne.

Talente, Phobien und Traumata, die vom früheren Leben in das jetzige mitgebracht wurden. (s. Tabelle 1 weiter oben.)

M: Demnach muss es ein Prinzip geben, nach dem Bewusstseins-Inhalte der menschlichen Seele von einem Leben in das Nächste gelangen.

H: Und dieses Prinzip kann kein mechanisches, kein naturwissenschaftlich greifbares sein.

M: Ich denke, wir wissen einfach nicht, wie das funktioniert.

H: Da es keine naturwissenschaftliche Erklärung gibt, müssen wir das Phänomen „Reinkarnation" einer Anderen Wirklichkeit, einer anderen Dimension des Universums zurechnen, in der andere Gesetze gelten als in unserer gewöhnlichen Welt. Wir können es vielleicht so sehen, dass diese Andere Wirklichkeit neben oder hinter unserer gewohnten Welt existiert.

M: Mir würde es besser gefallen zu sagen: Diese Andere Realität ist umfassender als die Welt, die wir mit unseren Augen sehen und mit unseren Sinnen wahrnehmen; sie durchdringt die materielle Welt und existiert über diese hinaus.

H: Und durch die moderne Reinkarnation-Forschung können wir einen ersten Blick in diese andere Welt werfen. [16]

M: Ich möchte noch kurz darauf zu sprechen kommen, wie unterschiedlich der Reinkarnations-Glaube in den verschiedenen Kulturen ausgeprägt ist: Im Buddhismus, im Hinduismus, im Judentum, im Christentum, im Islam, in der

---

[16] Im weiteren Verlauf dieses Dialogs wird dann auch über die Nahtodes-Forschung, die Jenseits-Forschung, den Schamanismus u.v.a. gesprochen werden, was wir ebenfalls zur Anderen Wirklichkeit, zu den echten(!) spirituellen Phänomene zählen.

Theosophie. Eine gute Übersicht findet sich auf Wikipedia unter „Reinkarnation". Jede Religion macht sich da ihr eigenes Bild [17]; in einigen Religionen, wie z.B. im Christentum, ist der Reinkarnations-Glaube nur vereinzelt vertreten.

Man kann sich nun fragen, woher der Reinkarnations-Glaube eigentlich kommt und immer wieder aufleuchtet.

H: Nach unserer Kenntnis der modernen Reinkarnations-Forschung ist es naheliegend anzunehmen, dass in den Familien in aller Welt bisweilen Einzelfälle von Wiedergeburt beobachtet werden, und dass dadurch das Wissen von der Reinkarnation immer wieder neu belebt wird. Auch wird es vermischt mit dem, was im Volks-Glauben bereits vorhanden war. Dann kommen die Priester und Gelehrten hinzu und schmücken, mit viel Phantasie und in verschiedenen Kulturen ganz unterschiedlich, den Reinkarnations-Glauben nach Belieben aus.

M: Daher stehen wir vor einer Vielzahl von Reinkarnations-Lehren, die mit dem, was wir aus der modernen wissenschafts-basierten Reinkarnations-Forschung wissen, oft wenig zu tun haben. Sie können für unsere Arbeit keine Richtschnur sein. Doch wird die Art und Weise, wie reinkarniert wird, in aller Welt dieselbe oder doch sehr ähnlich sein, wie die Forschungen in den verschiedensten Ländern ergeben haben. So können wir sagen:

> Es gibt nur *eine* Art von Reinkarnation,
> und die ist überall gleich.

---

[17] s. Nagaraj: „The mystery of Reinkarnation" im Literaturverz.

H: Ich finde es trotzdem interessant, einen Blick auch auf die
Geschichte des Reinkarnations-Glaubens zu werfen. Besonders interessiert es mich, wie das in den frühen Kulturen, bei
den Naturvölkern war, und, wie du mich kennst, besonders
bei den Indianern Amerikas. Zu dem Geschichts-Thema
habe ich genüsslich die Bücher von LEE IRWIN, JOE FISHER
und HELMUT ZANDER [L, L, L] angeschaut, und finde diese
eine Lektüre wert. [18]

---

[18] Irwin, Lee: „Reincarnation in Amercica – An Esoteric History";
Fisher, Joe: „Coming Back Alive – The Case for Reincarnation";
Zander, Helmut: „Geschichte der Seelenwanderung in Europa".

02. Nahtodes-Forschung

H: Mit der von STEVENSON [L] eingeleiteten modernen Reinkarnations-Forschung haben wir den Schlüssel in Händen zu einer Wissenschaft echter spiritueller Phänomene.

M: Wovon sprichst Du?

H: Es gibt neben der Reinkarnation ja auch noch andere spirituelle Erscheinungen, die auch im „SATYENDRA" und im „DHO-
ARAM" angesprochen werden, denen wir jetzt mit wissenschaftlichen Methoden zu Leibe rücken können, ohne uns
ständig gegen den Vorwurf wehren zu müssen, dass es das ja
alles gar nicht geben könne. Von der Reinkarnations-Forschung her wissen wir ganz sicher, dass die menschliche
Seele unsterblich ist, dass das menschliche Bewusstsein unabhängig ist vom menschlichen Gehirn, und dass es eine
Geistige Welt gibt, in der die nicht inkarnierten Seelen sich
aufhalten.

M: Frage: Woher weiß man denn, dass das menschliche Bewusstsein unabhängig ist vom physischen Gehirn?

H: Nun, weil die Reinkarnations-Forschung zeigt, dass Kenntnisse, Verhaltensweisen und Emotionen von einem Leben auf
das nächste übertragen werden, z.B. Vorlieben und Abneigungen, Ängste und Sehnsüchte, auch Gefühle wie Liebe und
Wut, vrgl. Tabelle 1 in Kapitel 01. Sie sind Inhalte des Bewusstseins und können nach dem physischen Tode nicht
mehr von dem verstorbenen Gehirn getragen und weitergege-
ben werden.

M: ANNABEL CHAPLIN [L] [2019] schreibt hierzu:

"Es ist weitaus besser, die Notwendigkeit des Loslassens während des Lebens zu erkennen, als zu erwarten, dass der Tod alle Fehler behebt, alles Unrecht wieder gut macht und alle Probleme löst. Dem ist nicht so. Der Tod befreit nur den physischen Körper! Alles andere bleibt gleich, und es gibt kein Entkommen von den Gedanken, Gefühlen und Wünschen, die die Seele und die Persönlichkeit während der Lebensspanne beherrschen." [19], [20]. CHAPLIN weiter:

"Mit dem Tod endet die Gelegenheit zu Wachstum und Entwicklung in der physischen Dimension; und das Lernen aus dem Drehbuch des Lebens ist beendet. Eine andere Art des Lernens findet auf der anderen Seite des Lebens statt, aber auch dort können wir nur so weit gehen, wie wir unserem Bewusstsein erlaubt haben, sich zu entwickeln. Gedanken, Gefühle und Wünsche, die wir auf dieser Seite des Lebens kultiviert haben, werden auf die andere Seite des Lebens übertragen – sie bestimmen die Entscheidungen, bestimmen den Weg im Jenseits." [21].

Wir nehmen also alle Inhalte unseres Bewusstseins mit hinüber ins Jenseits, außer dem physischen Körper, und dem zu Folge nehmen wir auch das alles mit ins nächste Leben.

H: Die Nahtodes-Forschung [L] steht auf einem hohen wissenschaftlichen Niveau und ist durch zahlreiche Bücher, eine sehr gute wissenschaftliche Zeitschrift [22] und eine Sammlung

---

[19] CHAPLIN, Annabel [2019]: "Release into the Light", p.31.3.

[20] Näheres über Chaplin in Anlage 2

[21] Chaplin, p.31.4.

[22] https://iands.org: „Journal of Near-Death Studies" und

der besten wissenschaftlichen Artikel [23] zum Thema NDE vertreten. Von den Kritikern wird immer noch behauptet, Nahtod-Erlebnisse [24] könnten gar keinen Blick ins Jenseits gewähren, weil es ein Jenseits gar nicht gebe. Von solchen Argumenten können wir uns jetzt befreien. Wir sind frei!

M: DHOARAM hatte ein intensives Nahtodes-Erlebnis am Ende seines vorherigen, kurzen irdischen Lebens am Fluss [25], welches so ziemlich alle Einzelheiten enthält, die wir aus der modernen Nahtodes-Forschung kennen, inklusive einer Lebensrückschau. Die Nahtodes-Erlebnisse sind ein Übergang in die rein Geistige Sphäre. [26] Ich habe das selbst erlebt.

H: Vielleicht müssen wir auch auf die Nahtodes-Forschung hier nicht näher eingehen, da sich in **Thema A/A2** hierüber schöne Informationen finden. Das Thema ‚Nahtodes-Erlebnisse' [L] ist seit MOODY (1975) [L], dem Begründer der Nahtodes-Forschung, umfänglichst recherchiert worden. [27]

M: Woher können wir denn wissen, dass es sich bei den Nahtodes-Erlebnissen nicht um Phantasieprodukte im Sterbe-Prozess handelt?

H: Durch die große Zahl sehr ähnlicher Berichte, die auch dann schon auftraten, als das Phänomen ‚Nahtodes-Erlebnisse' noch weitgehend unbekannt war, also vor dem Erscheinen von MOODY's Buch 1975. Siehe z.B. ALBERT HEIM [1891!]

---

[23] Near-Death Experience Foundation: NDERF.org.

[24] Nicht zu verwechseln mit Totenbett-Visionen.

[25] „Dhoaram", Episode 10.

[26] Näheres siehe auf der nächsten Seite unter Whitton.

[27] Siehe im Literatur-Verzeichnis: „Nahtodes-Forschung".

L und JOHANN CHRISTOPH HAMPE [1975] L. Die Fälle in MOODY's Buch selbst liegen auch vor dessen Erscheinen.

Nahtodes-Erlebnisse sind inzwischen auch in vielen anderen Ländern erforscht worden, wobei dort große Ähnlichkeiten mit den westlichen Schilderungen bestehen, aber auch kulturspezifische Unterschiede vorkommen. [28]

M: Hast du ein schlagendes Argument dafür, dass Nahtodes-Erlebnisse tatsächlich den Übergang ins Jenseits darstellen?

H: JOEL WHITTON [29] hat Menschen unter Hypnose in die Zeit zwischen dem vorigen und dem jetzigen Leben zurück geführt. Er sagt: Kommt in diesen Erinnerungen der Übergang vom vorigen Leben ins Jenseits vor, so ist dieser genau so, wie wir ihn heute von der Nahtodes-Forschung her kennen. Mit dem einzigen Unterschied, dass damals nicht ins irdische Leben zurückgekehrt werden musste, wie bei den gewöhnlichen Nahtodes-Erlebnissen, sondern dass wirklich gestorben wurde und ins Jenseits hinüber gewechselt wurde. [30]

M: Wenn das kein Argument ist!

H: Aus WHITTON's Forschungen folgt, dass die Nahtodes-Erlebnisse tatsächlich einen Blick ins Jenseits gewähren. Von manchen Autoren wird dies behauptet [31], [32], von den meisten

---

[28] s. Tabellen 7a–7e in www.mutual-mente.com /Thema A/A3, §9.

[29] Whitton & Fischer [1986] L sowie Thema A/A3, §§4-7a.

[30] Whitton & Fischer [1986], S.46.2.

[31] z.B. P. van Lommel L und auch Eben Alexander L.

[32] Eben Alexander L ist jetzt der bekannteste Autor über NDE geworden. Er beschreibt ein eigenes Nahtodes-Erlebnis, in dem er auch eine Gottesschau (s. Kapitel 11a) hatte.

aber bestritten [33]. Hier haben wir einen ganz klaren Beleg dafür, dass es so ist.

M: Wir überschreiten hier wiederum die Grenze zwischen materialistischer Naturwissenschaft und der Wissenschaft von den spirituellen Phänomenen, also die Grenze zwischen Materialismus und Spiritualismus [34].

Wenn wir davon ausgehen, dass es Reinkarnation (erwiesenermaßen! siehe Kapitel 1) tatsächlich gibt, dann ist es doch naheliegend zu vermuten, dass die Nahtodes-Erlebnisse schon den Beginn des Übergangs der unsterblichen Seele ins Jenseits darstellen.

H: Naheliegend ja, es passt gut zusammen. Doch ist dieses „Naheliegend" noch kein schlüssiger Nachweis. Wir haben aber zwei starke Argumente: Die genannten Beobachtungen von WHITTON (s.o.), und die Jenseits-Erfahrungen der Kinder in Burma bei STEVENSON. [35]

M: Burma ??

H: Lass uns jetzt über Jenseits-Erfahrungen sprechen.

---

[33] siehe z.B. Matthias Eckoldt [L]: „Was ist Bewusstsein?" Deutschlandfunk 14.11.2013. Sehr guter Artikel!

[34] Spiritualismus ist der Gegensatz zum Materialismus. Er geht von der Existenz einer rein Geistigen Welt aus und befasst sich mit den spirituellen Phänomenen (s. Kapitel 11a).

[35] Burma im nächsten Kapitel 03 „Jenseits-Reisen", 7. Absatz.

03. Jenseits-Reisen

H: Soweit ich sehe, gibt es zwei Jenseits-Erfahrungen, die wir im DHOARAM miterleben: Einmal der Aufenthalt DHO-ARAM's im Jenseits im Anschluss an sein Nahtodes-Erlebnis beim Ertrinken im Fluss am Ende seines vorigen Lebens [36], ...

M: ... und zum anderen die Story im Himmel, als DHOARAM's Mutter in ihrer Eigenschaft als Geschichten-Erzählerin berichtet, wie die Menschen auf die Erde kamen. [37] Ich finde, dass Joachim da ziemlich weit geht in der Ausgestaltung des Himmels. Geht ihm da nicht die Phantasie durch?

H: Nicht so sehr, wie man meinen könnte. Wenn man die Bücher von WHITTON & FISCHER [38] und von MICHAEL NEWTON [39] gelesen hat, dann liegen die beiden Geschichten im Jenseits nicht so weit abseits. WHITTON und auch NEWTON hatten ihre Klienten in Hypnose in die Zeit zwischen ihrem vorigen und dem jetzigen Leben geführt, also in den Aufenthalt der unsterblichen Seele im Jenseits zwischen den irdischen Leben. Wenn wir die Schilderungen dieser beiden Autoren ernst nehmen, dann sind die beiden Jenseits-Erfahrungen im DHOARAM gut erklärlich.

M: Das befriedigt mich jetzt nicht so ganz. Ständig muss ich mich irgendwo anders informieren [WHITTON und

---

[36] „Dhoaram", Episode 10.
[37] „Dhoaram", Episode 20.
[38] Whitton & Fischer [1986] ᴸ; auch in Thema A/A3, §4.
[39] Newton, Michael [2009] ᴸ; auch in Thema A/A3, §3.

NEWTON]. Hast du wenigstens noch etwas anderes Überzeugendes über das Jenseits?

H: Ja. Der zu Unrecht weitgehend unbekannte FREDERIC MYERS gibt uns durch seine Kreuzkorrespondenzen [40] wichtige Informationen über das Jenseits. MYERS spricht zu uns aus der vierten Ebene des Jenseits und schildert viele Details über die sieben Ebenen des Jenseits. Es ist schwer, MYERS' Berichte aus dem Jenseits in Frage zu stellen, denn sie sind so angelegt, dass sie unbezweifelbar sind. Um das genauer zu erläutern, schlage ich vor, dass wir eine Anlage anfügen, in der wir das Wichtigste von und über MYERS zusammenstellen [siehe Anlage 4]. Ich verstehe nicht, warum MYERS' Mitteilungen, die uns auf eine sehr spezielle Art und Weise erreichten, nicht als Nachweis für ein Leben nach dem Tode anerkannt werden. Dort erfahren wir vieles über die Struktur des Jenseits und darüber, was wir im Jenseits erleben. Trotzdem glauben viele Menschen immer noch nicht an ein Leben nach dem Tode.

M: Hans, du wolltest noch darüber sprechen, dass die Nahtodes-Erlebnisse wirklich und wahrhaftig einen ersten Einblick in das Jenseits gewähren und sagtest: „Burma".

H: In der Reinkarnations-Forschung konnten etliche Kinder aus Burma mit besonders guten Erinnerungen an ein früheres Leben auch Angaben machen über die Zeit *zwischen* ihren beiden irdischen Leben, von ihrem Tod im vorigen Leben bis hin zur Neugeburt in ihrem jetzigen Leben. [41, 42]

---

[40] Myers, Frederic (*1843, † 1901) [L], siehe Anlage 4.
[41] vrgl. die §§ 9 und 10 in Thema A/A3: „Jenseits-Forschung".
[42] s. Sharma & Tucker [2004] [L] im Literaturverzeichnis

Die Erinnerungen jener Kinder an ihren eigenen Tod im vorigen Leben sind in so hohem Maße vergleichbar mit den aus dem Westen bekannten Nahtodes-Erlebnissen, dass wir schließen können:

> *Die aus westlichen Forschungen bekannten Nahtodes-Erlebnisse geben uns einen ersten Einblick ins Jenseits.*

M: Das heißt also: Die Nahtodes-Erlebnisse sind echt. Unser Bild von der Geistigen Welt wird immer reichhaltiger.

Es bleibt allerdings wiederum die Frage, wie das Gehirn das macht, dass es kurz vor dem körperlichen Tod eine solche Vision bekommt, dass es kurz vor dem Tode einen Blick ins Jenseits werfen kann.

H: Das wissen wir nicht. – Ich möchte noch erwähnen, dass die Kinder aus Burma berichteten, dass im Himmel auch Irrtümer vorkommen, etwa, wenn jemand stirbt, obwohl er noch nicht an der Reihe ist. Wenn das gerade noch rechtzeitig erkannt wird, wird er ins irdische Leben zurückgeschickt, auch wenn er gar nicht zurück ins Leben will, oft unter Angabe der Gründe, welche Aufgabe er noch zu erfüllen habe. [43]. Das Zurück-Geschickt-Werden kommt auch in westlichen Nahtod-Erlebnissen oft vor.

---

[43] Thema A/A3, Tabelle 7e.

04. Unser weiteres Programm

M: Schließlich spielt der *Schamanismus* in beiden Erzählungen eine wichtige Rolle. Im SATYENDRA ist der Heiler in dem entlegenen Dorf im Wald [44] ein Schamane, und SATYENDRA selbst hat sich einige schamanische Fähigkeiten erworben. Der Heiler hatte es ihm vorgemacht.

Auch im DHOARAM ist der Schamanismus grundlegend. DHOARAM's Einweihung [45] ist Schamanismus par excellence, und der Heiler im Dorfe am Fluss ist ein Schamane. [46] Lass uns über den Schamanismus reden, denn in „**Thema A**" findet sich kein Aufsatz speziell zu diesem Thema.

H: DHOARAM's Reisen in die Zukunft sind ihm möglich, da er nach seiner Einweihung zwar nicht zum schamanischen Heiler wurde, aber zum Seher. Dann müssen wir einmal nachschauen, ob es Reisen in die Zukunft überhaupt geben kann, oder ob sie zu Paradoxien führen. [47]

H: Zudem können wir darüber reden, welche Bedeutung der Schamanismus noch in unserer heutigen Zeit hat.

M: Zur Vorbereitung unseres heutigen Gesprächs habe ich meinen ELIADE [L] gelesen (Mircea Eliade [1951]: „Schamanismus und archaische Ekstasetechnik"), das war anstrengend genug mit 472 Seiten, eng bedruckt. Den will ich jetzt loswerden.

---

[44] Satyendra, Kapitel 14.
[45] Dhoaram, Episoden 11 und 12.
[46] Dhoaram, Episode 15.
[47] Näheres hier im Dialog in Kapitel 21.

05. Unser Ausgangspunkt

H: Wir sollten vorher noch kurz festklopfen, welches unsere Grundhaltung zu den spirituellen Themen ist. Wir sind doch sicher keine Atheisten, Agnostiker, keine Materialisten (im philosophischen Sinne)?

M: Sicher nicht. Aber was stattdessen?

H: Vielleicht Menschen offenen Geistes, die sich bemühen, ihre Vorurteile zu erkennen und abtzubauen. Doch kein Eigen-Lob, bitte. Ich fasse einmal drei Grund-Aussagen, von denen wir ausgehen können, zu einer These zusammen:

These I

1. Reinkarnation gibt es tatsächlich, erwiesenermaßen (Kapitel 1);

2. Die menschliche Seele ist unsterblich.

3. Das menschliche Bewusstsein ist unabhängig von unserem physischen Gehirn.

   (2. und 3. ergeben sich zwangsläufig aus der Existenz von Reinkarnation.)

4. Es gibt eine Geistige Welt, eine andere Wirklichkeit: Das ist der Aufenthalts-Ort der nicht inkarnierten Seelen und anderer geistiger Wesenheiten; [48]

5. Alle *echten* (!) spirituellen Erscheinungen spielen sich in der Geistigen Welt ab. [49]

---

[48] Der Spiritualismus geht von der Existenz einer Geistigen Welt aus. Gegensatz = (philosophischer) Materialismus. Siehe Anlage 1, Terminologie: „Geistige Welt" und „Spiritualismus".

[49] Was sind *echte* Spirituelle Erscheinungen? Siehe das Schema „Echte Spiritualität, Religiosität, Gottesschau" in Kapitel 11a.

Diese vier Aussagen können wir als einen festen Boden unter unseren Füßen betrachten, auf den wir uns stellen wollen. Unsere Grund-Aussagen sollten aber auf keinen Fall Glaubensbekenntnisse oder Dogmen sein, denn jede Art von Dogmatismus liegt uns doch gänzlich fern, oder? Bist du mit allem einverstanden?

M: Ich bin grundsätzlich mit allem einverstanden, was du sagst. Erlaube bitte die Frage. Woher nehmen wir diese Gewissheiten? Sind sie aus der Luft gegriffen? Ergeben sie sich schon aus den Forschungen STEVENSON'S?

H: Die Basis unseres Weltbildes sind die genannten *wissenschaftlichen* Forschungen zur Reinkarnation, deren Fundament die „20 Fälle" von STEVENSON [50] sind.

M: Leider habe ich dieses Buch nicht gelesen. Aber ich hatte eine Erinnerung an ein früheres Leben, die so lebhaft, so real, so echt war, dass ich von der Wiedergeburt überzeugt bin.[51]

H: Letztlich baut alles, was wir über die geistigen Dimensionen wissen, auf persönlichen Erfahrungen und Erkenntnissen auf. Persönliche Erfahrungen sind die Grundlage aller Wissenschaft auf dem Gebiete der Reinkarnations-Forschung und der Forschungen über die Geistige Welt.

Überdies: Ohne die umfangreichen Sammlungen, Dokumentationen und Auswertungen solcher individueller Erfahrungen – Reinkarnations-Erlebnisse, Nahtodes-Erlebnisse, Jenseits-Erlebnisse – wären diese Dinge nicht allgemein

---

[50] Stevenson, Ian [1974]: "Twenty Cases Suggestive of Reincarnation", University Press of Virginia.

[51] Maria schildert ihre Erinnerung im Kapitel 24 in diesem Dialog.

bekannt geworden und verfügbar; sie wären nicht auch denen zugänglich, die solche Erfahrungen nicht hatten, und sie wären nicht auch denen zugänglich, die solche Erfahrungen hatten und verzweifelt sind, da sie bei ihren Mitmenschen nur auf Ablehnung stoßen mit ihren Fragen und Problemen, die sich aus ihren spirituellen Erlebnissen ergaben. Deshalb ist die schriftliche, dokumentarische Aufbereitung des Erfahrungsmaterials vieler Einzelner so wichtig:

H: Nur was geschrieben steht, kann Wissenschaft sein.

M: Das heißt also: Die individuellen Erfahrungen allein nützen der Allgemeinheit nichts, wenn sie nicht erfasst, schriftlich niedergelegt und allgemein verfügbar gemacht werden.

H: Nur so kann das Wissen Verbreitung finden und zur Wissenschaft werden, allgemein bekannt werden. Auch wenn Wissenschaftler, die selbst keine Reinkarnations-Erinnerung, kein Nahtodes-Erlebnis, oder keine Gottesschau [52] hatten, die Erfahrungen anderer aufarbeiten, so ist dies für die menschliche Gemeinschaft unendlich wertvoll.

Ich habe noch eine Frage: Hast du deine Erinnerung an ein früheres Leben historisch überprüfen können?

M: Leider nein. Sie liegt auch zu weit zurück; Zeiten und Orte meiner Vision sind unbestimmt. –

Hans, Du bezeichnest die von dir angesprochenen Forschungen als *wissenschaftlich;* die Mehrheit der Nobelpreisträger und Universitätsprofessoren wird sie aber

---

[52] siehe hier in Anlage 1: Terminologie > „Gottesschau",
ausführlich in Thema A/A5.

unwissenschaftlich nennen, da sie dem naturwissenschaftlichen Paradigma widersprechen. Diese Forschungen im spirituellen Bereich beschäftigen sich mit Dingen, die es nach Auffassung des akademischen Establishments gar nicht geben kann.

H: Es ist deren Problem, wenn sie ihren Horizont soweit einengen wollen, dass sie sagen: „Alles, was ich nicht naturwissenschaftlich begreifen kann, das gibt es nicht."

Im Gegenteil können wir bekennen:

> **Ja,** es gibt eine Geistige Welt, in der die Gesetze der Physik keine Gültigkeit haben.

> **Ja,** es gibt eine Geistige Welt, die von Schamanen und Mystikern betreten werden kann.

> **Ja,** es gibt eine Geistige Welt, die zu einem wichtigen Teil planmäßig erforscht werden kann.

Und unsere Haltung können wir mit Literatur belegen, in der auf hohem wissenschaftlichem Niveau [53] die Phänomene der

---

[53] Das Etikett „wissenschaftlich bewiesen" hat inzwischen einen zweifelhaften Ruf, da heute alles Mögliche wissenschaftlich bewiesen genannt wird, was oft manipuliert ist, vor allem im Marketing.

Wir sprechen hier von "seriöser Wissenschaft" und von „streng wissenschaftlich" in einem positiven Sinne, mangels eines anderen Begriffes. Siehe nachfolgend Kapitel 6: „Grundsätze seriöser Wissenschaft".

Reinkarnation und der Jenseits-Erfahrungen zwischen den irdischen Leben [54] nachgewiesen werden.

M: Manche Leute behaupten, die Geistige Welt werde durch die moderne Physik bereits völlig erklärt, da ja die Grenzen der klassischen Physik heute bei weitem überschritten seien. Ich weiß aber nicht, wovon da die Rede ist.

H: Die Reizwörter dazu sind „Quanten-Physik" und „Einstein-Rosen-Podolsky-Paradox". Ich verstehe nichts davon, und ich bin sicher, dass die allermeisten Leute, die heute davon schwärmen, auch nichts davon verstehen. Die Quanten-Physiker selbst sagen, dass die Quanten-Physik unverständlich sei [55]. Die Aufsätze von LARS JAEGER [L] und von FLORIAN AIGNER [56] sind wunderbar erfrischend zu diesem Thema. [57]

Es handelt sich bei dem Gerede über Quantenphysik im Zusammenhang mit spirituellen Erscheinungen um den hilflosen Versuch, die Geistige Welt in das naturwissenschaftliche Weltbild einzupassen, indem man versucht, etwas ganz Anderes, etwas Unbegreifliches oder gänzlich Neues, in ein schon bestehendes Theorie-Gebäude einzubauen. Man nennt

---

[54] Die Nahtodes-Erlebnisse, die es bis hinter den Tunnel schaffen, erhaschen einen Blick ins Jenseits, siehe „Burma" im Kapitel 03: „Jenseitsreisen", 6. Absatz, und Whitton in Kapitel 02.

[55] so der Physiknobelpreisträger Richard Feynman [L]: „If you think you understand quantum mechanics, you don't understand quantum mechanics." https://www.azquotes.com/quote/847297.

[56] siehe Florian Aigner (2018): „Quantenphysik – die missverstandene Wissenschaft" [L] und Jaeger, Lars (2020): „Quantenwirtschaft" [L].

[57] Näheres zur Quanten-Theorie in Anlage 9.

das Reduktionismus [W]. Lars Jaeger [L] spricht in diesem Falle verächtlich von Quanten-Esoterik.

Wenn einer also meint, dass die moderne Physik all' das, was wir zur Geistigen Welt rechnen, erklären könne, dann streite ich das rundheraus ab. Die moderne Physik kann keine einzige Frage beantworten, die wir etwa zur Reinkarnation stellen können.

M: Welche Frage vielleicht?

H: Zum Beispiel [58]:

> Wird *jeder* Mensch wiedergeboren?

> Wie lang sind die Zeiten zwischen den irdischen Inkarnationen?

> Wie oft wird man als Mensch wiedergeboren?

> Wo und was war meine unsterbliche Seele *vor* meiner ersten Inkarnation als Mensch?

> Kann der Mensch als Tier wiedergeboren werden?

Dann frage mal einen dieser Vertreter, welche Antworten die moderne Physik darauf weiß.

M: Darf ich raten: KEINE.

H: Lass uns doch von der entgegengesetzten Annahme ausgehen, dass die Geistige Welt nicht naturwissenschaftlich greifbar ist, sondern ihren eigenen Gesetzen gehorcht. In der Geistigen Welt gibt es vermutlich weder Raum, noch Zeit, noch Materie, noch Kausalität, alles Grundbegriffe, welche uns aus unserer täglichen Erfahrung bekannt und vertraut sind. Erst

---

[58] aus Thema A/A0, Tabelle 4: „Welche Fragen lassen sich durch die moderne Reinkarnations-Forschung (nicht) beantworten?"

wenn wir bereit sind, die Enge der Naturwissenschaften zu verlassen, können wir uns ernsthaft mit der Geistigen Welt befassen.

M: Welchen Vorteil bringt diese neue Einstellung mit sich?

H: Wir müssen nicht erst Quanten-Physiker werden (was allerdings auch nichts nützen würde – wie gesagt), um die Geistige Welt zu verstehen und zu ergründen. Oder sagen wir etwas bescheidener: ... um einige sinnvolle Aussagen über die Geistige Welt machen zu können. Wir können nach allen Regeln der Vernunft und der Urteilskraft zum Beispiel STEVENSON's Forschungen über Reinkarnation studieren und uns schließlich unsere eigene Meinung dazu bilden. Wir können mit unserem eigenen Verstand über diese Dinge nachdenken, Stellung beziehen, die Erkenntnisse verinnerlichen, im wahren Leben anwenden, und vielleicht auf neue Ideen kommen.

M: Du hattest in $\boxed{\text{These I}}$ einen Minimal-Katalog aufgestellt der Dinge, die wir als real und erwiesen ansehen: Die Unsterblichkeit der menschlichen Seele, die Reinkarnation, die Existenz einer Geistigen Welt. Es gibt sicher noch mehr, was von den etablierten Wissenschaften ignoriert wird.

H: Woran denkst du?

M: Ich denke an all die **Psi-Phänomene** wie etwa Telepathie, Gedankenlesen, echte Magie, Wahrnehmungen der Vergangenheit und Zukunft; Erinnerungen an die Zeit zwischen den irdischen Leben, spirituelle Besetzungen.

Ach – diese Aufzählung ist sicher noch unvollständig. Ich meine auch die Existenz von geistigen Wesenheiten, wie z.B. Geister in der Natur, Engel, Geistige Führer und

Ratgeber aus dem Jenseits. Schließlich denke ich auch an ein vom Gehirn unabhängiges Bewusstsein, an ein Bewusstsein, das den physischen Tod überlebt, und an ein universelles Bewusstsein. – Was machen wir denn mit all dem?

H: Eine anspruchsvolle Liste! Um nicht unseriös zu werden, dürfen wir nicht zu allem kritiklos ‚Ja und Amen' sagen. Man müsste im Einzelnen nachsehen, was zu jedem der von dir genannten Begriffe – Psi-Phänomene usw. – zu sagen ist. Man macht es sich zu einfach, wenn man einfach das, was man nicht versteht, für existent oder für nicht existent erklärt.

M: Schon unsere Sprache ist nicht darauf eingerichtet, über solche Dinge zu sprechen. Frage einmal jemanden, was er unter ‚Seele' versteht, oder frage, was der Unterschied zwischen Geist, Seele, Ich und Bewusstsein sei.

H: Es gibt eine herrschende Lehre, nämlich den philosophischen Materialismus der Naturwissenschaften, der alles und jedes erklären und nicht über den Zaun hinausblicken will. Es gab jedoch und es gibt Menschen, die ein Gespür dafür haben, dass das nicht alles sein kann. Schon C.G. JUNG [L] sagte 1971 in seinem Buch „Erinnerungen, Träume, Gedanken":

„Rationalismus und Doktrinarismus sind unsere Zeitkrankheit; sie geben vor, alles zu wissen; man wird aber noch vieles entdecken, was wir heute von unserem beschränkten Standpunkt aus als unmöglich bezeichnen."

M: So werden wir hier versuchen, einen Blick über den Zaun auf die Geistige Welt zu werfen, die es zu entdecken gilt, und die zum Entsetzen der Materialisten wissenschaftlich erforscht werden kann.

06. Grundsätze seriöser Wissenschaft

M: Wir sprechen hier über Forschungen zu Reinkarnation, Nahtod und Jenseits. [59] Welche Argumente lassen sich anführen, dass es sich hierbei wirklich um *streng wissenschaftliche* Forschung handelt?

H: Ich zitiere einmal aus **Thema A** /A2, §1: [60]

„Die wissenschaftliche Erforschung der spirituellen Grenzgebiete ist oftmals schwierig, weil viele ihrer Erscheinungen nur spontan und unerwartet auftreten und sich so dem Experiment entziehen. Umso wichtiger sind daher bei deren Untersuchung sorgfältige Beobachtung, präzise Dokumentation, scharfsinnige Analyse, punktgenaue Veröffentlichung und Selbstkritik der Autoren; kurz gesagt: Es sind strengste wissenschaftliche Maßstäbe anzulegen."

Weiterhin lesen wir im Glossar (**Thema A**/A7) zum Thema „Forschung, wissenschaftliche seriöse" folgendes:

„Einige wichtige Anforderungen sind: Kompetenz, Fleiß und Ehrlichkeit der Forscher, Unabhängigkeit von Interessen, Zwängen und Denkgewohnheiten, Bereitschaft zur Grenzüberschreitung, Freiheit zur Publikation und Meinungsäußerung, ausführliche Beschreibung der Forschungsmethoden und ihrer Schwierigkeiten, sorgfältige Beobachtung, präzise Dokumentation der Untersuchungen und ihrer Ergebnisse. Denn nur dadurch werden die Ergebnisse bekannt und nur dadurch können Methode und Ergebnisse von anderen, also auch von uns, beurteilt werden."

---

[59] Näheres auf www.mutual-mente.com / Thema A/A0-A3 und hier im Dialog Kapitel 01,02,03.
[60] Thema A/A2, §1: Nahtodes-Erlebnisse, Einführung, gegen Ende.

M: Du verlangst viel!

H: Muss ich! Überdies: Vergleichbare Forschungsergebnisse *müssen* von *anderen, unabhängigen* Forschern ebenfalls gefunden werden. Diese sind im Falle der Reinkarnations-Forschung STEVENSON's: BANERJEE [L] (1964, 1980), PASRICHA [L], HARALDSSON [L], MILLS [L] und KEIL [L], alle im Literaturverzeichnis. Deren Forschungen fanden statt in Indien, in Sri Lanka und in Burma. STEVENSON forschte überdies in der Türkei, in Brasilien und bei den INUIT im Norden Kanadas.

M: Und wer will das alles beurteilen?

H: Letztlich die Leser, also *wir*. „Vom Beurteiler ist wiederum zu wünschen, dass er sachkundig sei, dass er das Material sorgfältig studiere und es offenen Geistes würdige, ohne die Maßstäbe seiner persönlichen Vorurteile anzulegen." [61]

H: Da der Mainstream der Wissenschaftler unsere Forschungs-Felder ablehnt, kann man keinen allgemeinen Konsens erwarten. Es ist so, wie auf vielen Gebieten:

> Auf das Establishment ist kein Verlass.

> Die Geschichte der Wissenschaften zeigt,
> dass die Mehrheit oft irrte.

Nehmen wir als Beispiel die Kontinental-Verschiebungs-Theorie von ALFRED WEGENER [L], die er im Jahre 1912 aufstellte und verlacht wurde. Obwohl er sie im Jahre 1915 in einer ausführlichen Publikation noch einmal genau begründete, dauerte es 50 Jahre, bis sie zu Anfang der 1960er Jahre

---

[61] Thema A/A7: Glossar, „Forschung, wissenschaftliche seriöse".

allgemeine Anerkennung fand und seitdem eine der wichtigsten Grundlagen der Geo-Wissenschaften bildet.

MAX PLANCK [L] sagte bezüglich der von ihm begründeten, zunächst aber kaum anerkannten Quanten-Theorie: „Eine neue wissenschaftliche Wahrheit pflegt sich nicht in der Weise durchzusetzen, dass ihre Gegner überzeugt werden und sich als belehrt erklären, sondern vielmehr dadurch, dass ihre Gegner allmählich aussterben.“

Über die Geschichte der Wissenschaften, ihre Entwicklung und ihre vielen Irrtümer spricht THOMAS KUHN [L] in seiner berühmten Veröffentlichung: „The Structure of Scientific Revolutions“, Chicago, 1962.

M: Dann ist das hier eine wissenschaftliche Revolution?

H: Wir wollen es nicht übertreiben. Vieles von dem hier Gesagten wurde auch früher schon gedacht und gesagt. Ein Autor ganz in unserem Sinne ist C.G. JUNG [L], [62]. Eine seiner fundamentalen Aussagen lautet: „Eine wirklich wissenschaftliche Einstellung muss voraussetzungslos sein.“

M: Wir befassen uns mit einer Wissenschaft von den spirituellen Phänomenen, die es offiziell gar nicht gibt. Ist das nicht ein bisschen verwegen?

H: Wenn man sich den Zustand der Welt anschaut, dann kann man gar nicht verwegen genug sein.

M: Hans, lass uns nun endlich über den Schamanismus reden.

---

[62] C.G. Jung: Sechs Zitate in Anlage 7 dieses Dialogs.

Teil II.   Schamanismus

07. Schamanismus im „Dhoaram" und „Satyendra"?

M: Wie kommen wir überhaupt dazu, beim DHOARAM und beim SATYENDRA von Schamanismus zu sprechen, wo doch die Wörter „Schamane" oder „Schamanismus" im laufenden Text der beiden Erzählungen nicht ein einziges Mal vorkommen? [63] Stell dir vor, es schreibt einer ein Buch über Karl den Großen, und Karl der Große kommt darin gar nicht vor.

H: Maria, ich liebe dich.

M: Johannes, ich liebe dich auch. Wie war das mit dem Kaffee?

H: Die Erzählung „DHOARAM" spielt geschätzt 5.000 Jahre vor unserer Zeitrechnung in Mittel-Europa, die Geschichte des SATYENDRA im Mittelalter Indiens. Das Wort ‚Schamane' ist ein Wort der sibirischen Sprache TUNGU [64] und wurde in der Mitte des 19. Jh. von Ethnologen gefunden, als sie in Sibirien den Schamanismus entdeckten. Nach und nach begann man, die Bezeichnung ‚Schamane' auch auf andere Heiler in aller Welt anzuwenden, die mit ähnlichen Methoden arbeiten. [65]

M: Es sind also wir neuzeitlichen Westler, die die Schamanen in aller Welt ‚Schamanen' nennen.

H: In der Kommunikation hier im Westen nennen sich die Schamanen heute selbst so, auf Spanisch im Singular chamán, auf

---

[63] Nur in den Untertiteln, in den Fußnoten und im Literaturverzeichnis, die alle nachträglich hinzugefügt wurden, wird der Schamanismus erwähnt.

[64] Eliade, S.14.1. Auch auf Deutsch: Das Tungusische.

[65] Eliade, S.14.4. Siehe auch „Schamanismus" in Wikipedia.

Englisch shaman. CLIFFORD GEERTZ [L] geht so weit, den Schamanismus eine westliche Erfindung zu nennen. Trotzdem möchte ich vorschlagen, diese ‚westliche Erfindung' zu übernehmen, da sie allgemein üblich und vertraut ist.

M: Wir müssen aufpassen, wen wir einen Schamanen nennen und wen nicht. Sonst bekommen wir ein heilloses Durcheinander und wissen nicht mehr, wovon wir reden. Ich habe darüber nachgedacht und schon etwas vorbereitet. [66]

H: Es zeigt sich immer wieder, wie wichtig es ist, Klarheit in den Worten zu schaffen, in unseren Gedanken, in Gesprächen, und beim Schreiben. Auf Italienisch: „Parole chiare – pensieri chiari." – Konfuzius erinnert uns auch daran [67].

M: Ich denke, der wichtigste Grund, beim DHOARAM von Schamanismus zu sprechen, ist die Art seiner Initiation [68], die ja ganz im Sinne ELIADE's [69] wie eine schamanische Krise verläuft. Sie beginnt mit der Zerfleischung durch einen Bären, bis nachher nur noch die bleichen Knochen verstreut im Mondeslicht herumliegen. Dies Art seiner Einweihung deutet darauf hin, dass DHOARAM zum Schamanen berufen ist. – Ist er auch als Seher ein Schamane?

H: Die Eule passt sicher gut dazu, denn sie ist ein Tier, das gute Augen hat, eine Eigenschaft, die DHOARAM zum Seher befähigt. Was das aber mit dem Moos auf sich hat, weiß ich nicht.

---

[66] s. übernächstes Kapitel 09: „Wer ist ein echter Schamane?"
[67] ein Zitat Konfuzius' über die Wahl der Worte in Anlage 5.
[68] Dhoaram, Episoden 11 und 12.
[69] Mircea Eliade: Zerstückelung, Seiten 46.1, 54.1, 62.4ff.

M: Ich finde, dass das Moos den Charakter DHOARAM's gut widerspiegelt, ist er doch in der ganzen Erzählung kaum Akteur, sondern eher Beobachter, teils Dienender, teils Erduldender. In ihm sehe ich viel Stille, Verwunderung; er versteht alles gar nicht so richtig, und er gibt sich seiner Rolle als Werkzeug für etwas hin, was ihm aufgetragen ist, das er aber nicht durchschaut.

H: Weiterhin ist im DHOARAM der Heiler im Dorf am Fluss eindeutig ein praktizierender Schamane. Er erzählt von seinen Reisen in die Andere Wirklichkeit [70], um mit Hilfe seiner Kraft-Tiere [71] seine Patienten zu heilen. Sein Haupt-Krafttier ist der Biber, und dieser erscheint auch leibhaftig im Leben des Heilers, manchmal sogar in seinem Hause. [72]

M: Und der Heiler in der Geschichte des SATYENDRA ist ja nun ganz offensichtlich ein Schamane. Er erklärt die für den Schamanismus grundlegenden vier Wesens-Glieder des Menschen: Mineral, Pflanze, Tier, Mensch, und beschreibt dann auch seine schamanische Reise zu seinen Kraft-Tieren, um Heilung zu bewirken. SATYENDRA versucht sich dann auch selbst ein wenig in schamanischen Ritualen, um so seine DAJEELA aus der DEYLA zu befreien. [73]

---

[70] s. „Geistige Welt" in Anlage 1: Terminologie.
[71] Der Ausdruck „Kraft-Tier" ist Schamanismus-Jargon und ist die Übersetzung des amerikanischen „power animal".
[72] Dhoaram, Episode 15.
[73] Satyendra, Kapitel 16.

08. Was macht ein Schamane?

M: Und wie definieren wir ‚Schamane' und ‚Schamanismus'?

H: Du wirst in der Literatur verschiedene Definitionen finden, und heute inflationiert der Begriff.

M: ELIADE nennt den Schamanen einen Meister der Ekstase [74]. Genauer gesagt, nennt er jemanden einen Schamanen, der die Fähigkeit besitzt, in Ekstase in die Obere oder in die Untere Welt zu reisen. [75] Dabei tritt beim Schamanen eine vollkommene Veränderung seines Bewusstseins-Zustandes ein. Er findet aber auch aus diesem veränderten Bewusstseins-Zustand wieder heraus, ohne Schaden zu nehmen.

Die Reise des Schamanen in die Andere Welt beginnt bei vielen Völkern in einem veränderten Bewusstseins-Zustand durch eine Öffnung in der Erde, eine Höhle, eine Quelle, einen hohlen Baumstumpf oder sogar durch ein Loch im Fußboden des eigenen Hauses, schreibt MICHAEL HARNER [76].

Auf Seite 71.3 entschließt sich HARNER, diesen Zugang zur Anderen Welt der Schamanen ganz allgemein „Tunnel" zu nennen, was uns an die Nahtodes-Erlebnisse [77] erinnert.

H: Ausdrücklich betont ELIADE, dass nicht jeder Magier, nicht jeder Medizinmann ein Schamane sei. [78] Er möchte den Begriff auf den Spezialisten begrenzt wissen, dessen Seele in

---

[74] Eliade, S.14 Mitte, u.v.a., auch schon im Titel.
[75] Eliade, S.15.3, S.60.3. Harner, S.64.1.
[76] Michael Harner: „Der Weg des Schamanen", S.70.2ff.
[77] s. hier im Dialog Kapitel 02: Nahtodes-Forschung.
[78] Eliade, ganze Seite 13.

Trance und Ekstase den Körper verlässt, um in die Unterwelt oder in die Oberwelt zu reisen, mit dem Ziel zu heilen. [79]

M: Hans, sage mal, könntest du den Schamanismus noch mit anderen Worten beschreiben, da diese Ekstase für mich doch ziemlich schwer einfühlbar ist.

H: Meiner Meinung nach ist der Schamanismus eine Befindlichkeit, eine Art, in der Welt zu sein, die unserem heutigen normalen Verständnis der Welt völlig zuwiderläuft und auch weitgehend verloren gegangen ist.

M: Wer zum Beispiel das genannte Buch von MIRCEA ELIADE [L],

H: …, und das Buch von MICHAEL HARNER [L] , sowie die Schilderungen von BRANT SECUNDA [L], …

M: … aufmerksam gelesen hat, der wird vielleicht wenigstens ein Gefühl dafür bekommen haben, dass es da etwas gibt, was so ganz anders ist als das, was wir für gewöhnlich kennen.

Hans, wer ist BRANT SECUNDA?

H: BRANT SECUNDA ist ein US-Amerikaner, der von dem berühmten mexikanischen Huichol-Schamanen DON JOSÉ MATSUWA als Enkel adoptiert und zu seinem Nachfolger bestimmt wurde. In „Honoring the memory of DON JOSÉ MATSUWA" [L] lesen wir: „Together, BRANT and DON JOSÉ founded the 'Dance of the Deer Foundation' in 1979. The mission of the foundation was and remains to share the teachings of Huichol Shamanism around the world and to support the spiritual heritage of the traditions by giving back to the Huichol people."

---

[79] Genaueres bei Eliade, Seiten 177ff.

Hier ein Zitat von Don JOSÉ MATSUWA': [80]

"The shaman's path is unending.

I am an old, old man and still a baby,

standing before the mystery of the world,

filled with awe."

M: Die Geschichte des BRANT SECUNDA hört sich so ähnlich an wie die Geschichte des CARLOS CASTANEDA, der in den 1970er Jahren unsere Eltern fasziniert hatte. CASTANEDA war ein Anthropologe, der bei einem mexikanischen YAQUI-Schamanen, DON JUAN MATUS, in die Lehre ging und 8 Bücher darüber geschrieben hat. Ich glaube mich zu erinnern, dass das erste Buch hieß: „Die Reise nach Ixtlan". Es ist eine der wenigen ausführlichen Schilderungen aus erster Hand, in denen wir erfahren, wie es ist, ein Schüler eines echten Schamanen zu sein. Zur Zeit meiner Eltern kannte jeder diese Bücher, heute kennt sie niemand mehr.

Eine andere Schilderung aus erster Hand finden wir bei MICHAEL HARNER [L] in dem Buch: „Der Weg des Schamanen", in welchem er uns ausführlich berichtet, wie es war, als er selbst Schamanenschüler war, welche sehr harten Übungen er machen musste, und wie er schließlich selbst zum Schamanen wurde, wie er sagt. Auch dort haben wir eine der seltenen Schilderungen aus erster Hand über die Lehrzeit bei einem Schamanen.

---

[80] Siehe hier im Dialog Anlage 6.

H: Wichtig für den Schamanismus ist die Existenz einer GEIS-
TIGEN WELT [81], die von unserer gewöhnlichen, physikalischen Welt vollkommen verschieden ist. Und der Schamane
hat die Fähigkeit, sich zwischen diesen beiden Welten hin
und her zu bewegen. Diese Andere Welt, in der schamanisti-
schen Literatur auch ‚DIE ANDERE WIRKLICHKEIT‘ [82] genannt, ist absolut real, wirklich, echt, keine Ausgeburt der
Phantasie des Schamanen, keine Illusion. Das betonen ELI-
ADE, CASTANEDA und HARNER ausdrücklich immer wieder.
[Erläuterung in den folgenden Abschnitten.]

M: Wie nennen diese Autoren selbst die ‚Andere Wirklichkeit‘?

H: ELIADE [L] spricht auf Seite 165.1 von der „dem Schamanismus zugrundeliegenden *Geistigen Wirklichkeit*“. [83] In der
amerikanischen Ausgabe heißt es „Divination itself is a
technique particularly adapted to actualizing the *spiritual
realities* that are the basis of shamanism“, p.165.1.

CASTANEDA [L] spricht immer von der ‚non-ordinary reality‘; in der deutschen Übersetzung heißt es ‚nicht-alltägliche
Wirklichkeit‘. Er erklärt diese Begriffe ausführlich. [84]

HARNER [L] benutzt dieselben Worte wie CASTANEDA:
‚non-ordinary reality“, „nicht-alltägliche Wirklichkeit“. Die
beiden haben sich sehr geschätzt: HARNER zitiert CASTANEDA
vielfach in seinem Buch: „Der Weg des Schamanen“, und

---

[81] „Geistige Welt“: s. Anlage 1: Terminologie.
[82] Zu dem Begriff ‚Andere Wirklichkeit‘ s. Anlage 1: „Geistige Welt“.
[83] Ähnlich auf den Seiten 53, 127, 190, 203, 258, 331, 344 in der
deutschen Übersetzung des ELIADE.
[84] Castaneda, Carlos: "Die Lehren des Don Juan“, S.263ff.

CASTANEDA sagt über HARNER'S Buch: „Wonderful, fascinating, ... HARNER really knows what he's talking about." [85]

M: Dear Sir, wozu müssen wir das alles so genau wissen?

H: Dear Madam, weil die Existenz dieser nicht-alltäglichen Wirklichkeit den Unterschied macht zwischen reinem Materialismus, wie ihn die Naturwissenschaften lehren, und dem Spiritualismus, d.h. der Wissenschaft von der Geistigen Welt, von der nicht-alltäglichen Wirklichkeit. Die genannten Autoren sind unsere Kronzeugen für die Existenz dieser schamanischen Anderen Welt, welche ebenso real ist wie unsere gewöhnliche Welt, aber mit ganz anderen Eigenschaften. Es ist eine Welt, die die Menschen schon immer gespürt haben, welche die Mystiker auch früher schon betreten haben, über die wir durch die modernen Forschungen jetzt doch einige neue Kenntnisse gewinnen konnten. Das ganze **Thema A** auf www.mutual-mente.com handelt davon.

M: Du hast den ELIADE jetzt auch selbst gelesen?

H: Ja, ich habe ihn mir am Wochenende zu Gemüte geführt, um hier, in diesem erlauchten Kreise, mitreden zu können. 472 Seiten, kleine Schrift; auf Englisch ist er noch umfangreicher.

M: Hans, du sagtest, dass die schamanische Unterwelt und die schamanische Oberwelt genauso real sind wie unsere Alltags-Welt hier? (Ergreift mit festem Griff den Tisch.)

H: Ja. Ich möchte mich ELIADE, CASTANEDA und HARNER [L,L,L] hier anschließen:

---

[85] Michael Harner [L]: „The Way of the Shaman": "About the Book".

> **These II.** Die Andere Wirklichkeit der Schamanen, die Welt der Krafttiere, der Kraft-Pflanzen und der Steine der Kraft, die Welt der unsterblichen Seelen ist Wirklichkeit, sie ist genauso wirklich, wie die Welt, in der wir hier leben, allerdings ist sie eine *Andere* Wirklichkeit, mit ganz anderen Eigenschaften.

Ich hoffe, liebe Mary, du kannst dem zustimmen.

M: Ich bin beeindruckt.

H: Der Schamane lebt in beiden Welten zugleich, kann sich aber als Mystiker, der er ist, willentlich mit seinem Bewusstsein einmal in diesem Seins-Aspekt, einmal in jenem Seins-Aspekt aufhalten.

Für einen gewöhnlichen Menschen sind Versuche solcher Reisen, etwa mit Hilfe von Drogen, gefährlich. Doch der Schamane hat die Meisterschaft.

Der Schamane reist also in eine ANDERE WELT, um seine Kraft-Tiere zu treffen, die ihm dabei helfen, für seine Patienten Heilmittel zu finden. Oder um verlorene Seelen-Anteile seiner Patienten einzufangen und hierher in die gewöhnliche Welt mitzubringen, um sie den Patienten zurückzugeben, das sogenannte *soul hunting*. [86]

WILLIAM BALDWIN [L], der Hypnotherapeut, schreibt über verlorene Seelen-Anteile: „Ein physisches oder emotionales Trauma kann offenbar den Verlust von Seelen-Anteilen bewirken. Ein solches Trauma und der Verlust eines Seelen-Fragments

---

[86] Eliade, S. 210f. Siehe auch Lumi, Miko unter Schamanismus [L].

können in diesem oder einem früheren Leben gefunden werden. Die Therapie des früheren Lebens kann bei der Heilung dieses Zustands helfen." [87]

An anderer Stelle schreibt BALDWIN: "Seelenfragmentierung und -verlust können zu Depression, Aufmerksamkeitsdefizit, Gedächtnisschwäche und Müdigkeit beitragen. Nicht inkarnierte menschliche Wesenheiten können jeden Aspekt des menschlichen Lebens beeinflussen. Einstellungen und Glaubenssätze, Phobien und emotionale Verstimmungen, Verhalten, Süchte und Beziehungsprobleme sind nur einige Bereiche, die beeinflusst werden können."[88]

M: Da haben wir eine erstaunliche Verbindung zwischen dem soul-hunting in traditioneller schamanischer Arbeit, und der Therapie von spirituellen Besetzungen. [89] –

M: Wir gehen also davon aus, dass die Andere Wirklichkeit der Schamanen ganz wirklich wirklich ist, real, echt, wahr.

H: Ja, genauso wie das Jenseits, in dem sich die unsterblichen, derzeit nicht inkarnierten menschlichen Seelen aufhalten. Ich möchte daran erinnern, dass wir Reinkarnation als eine wissenschaftlich erwiesene Tatsache ansehen [90], ebenso wie die Nahtodes-Erlebnisse einen ersten Blick ins Jenseits gewähren. Dann wissen wir, dass es diese Andere Welt gibt; wir müssen nicht daran glauben.

---

[87] Baldwin, p.xxii.1; s.a. Baldwin, p. 56.2.
[88] Baldwin, p.xx.1.
[89] zu spirituellen Besetzungen im Allgemeinen s. Anlage 2.
[90] s. Kapitel 1, S. 17, und Thema A, A0-A10 und §21.

M: Können wir die Aufgaben eines Schamanen noch etwas näher beschreiben?

H: Die Schamanen sind Fachleute mit besonderen Aufgaben und besonderen Fähigkeiten, die sich im Rahmen der spirituellen Kultur eines Volkes bewegen.

M: Oft versieht der Schamane mehrere Aufgaben in Personal-Union, indem er auch als Sänger, Dichter, Musiker, Wahrsager, Priester oder gewöhnlicher Heiler tätig ist.[91] Ebenso kann er zugleich der Bewahrer der Geschichte seines Volkes, ein Rezitator und ein Zeremonien-Meister sein. [92]

H: Das ändert aber nichts daran, dass der Schamane als solcher eine Sonderstellung in der Gesellschaft hat. Man kann ihn den *Mystiker* der Gemeinschaft nennen. [93] Natürlich beeinflusst der Schamanismus das Lebensgefühl aller Mitglieder des Volkes, das Weltverständnis, die Grund-Befindlichkeit, auch wenn die meisten Menschen nicht selbst Schamanen sind, und auch nicht die Fähigkeit haben, sich mit ihrem Bewusstsein in die Andere Welt zu begeben. Doch alle wissen, dass es eine Obere und eine Untere Welt gibt, die der Schamane bereisen kann, dass es die Kraft-Tiere gibt und die besonderen Heil-Pflanzen; und man ruft den Schamanen, wenn man ihn braucht.

H: Schamane zu sein ist oft keine Vollzeit-Beschäftigung. Oftmals geht der Schamane im Alltag einer ganz gewöhnlichen Tätigkeit nach, etwa als Bauer oder als Jäger. Erst wenn er als Schamane gerufen wird, kleidet er sich entsprechend und

---

[91] Eliade, Seite 40.1.
[92] Eliade, Seite 40.1.
[93] Eliade, Seite 17.5f.

schlüpft in diese Rolle. Das Salär für die schamanische Arbeit ist oft karg, meist nur symbolisch. Einen Gutteil seiner Zeit verwendet der Schamane auf das Sammeln von Kräutern und auf deren Zubereitung.

M: Schamane zu sein ist eine Berufung.

H: Nicht nur das, es ist auch harte Arbeit. Der Chemehuevi-Schamane Tsakara sagte zu seinen sechs Kindern: „Ich möchte euch die Schamanenkraft nicht geben; ich möchte, dass ihr normal lebt und nicht zu leiden habt." (zitiert nach Holger Kalweit: „Die Welt der Schamanen") [L]. (Die Chemehuevi leben in California und Arizona.)

09. Wer ist ein echter Schamane?

M: Da das Wort ‚Schamane' heutzutage in aller Munde ist,
sollten wir einmal deutlich sagen, wer ein Schamane ist, und
wer nicht. Wo ist das definiert?

H: Wir bestimmen das jetzt!

M: Ich schlage vor:

Definition I. Ein Schamane ist ein Heiler, der in einer traditionellen Gesellschaft nach traditionellen Methoden heilt.

H: Wenn wir uns einigermaßen einigen können, was ‚traditionelle Gesellschaft' und 'traditionelle Methoden' sind, dann
klingt das brauchbar. Es ist damit aber noch nicht gesagt, dass
dieser Heiler nach ähnlichen Methoden vorgeht, wie die sibirischen Schamanen, nach Methoden also, die man später in
ähnlicher Form in aller Welt gefunden hat. Es fehlt noch das
Spezifische des Schamanismus.

M: Das habe ich erwartet. Neuer Vorschlag, nach ELIADE [94]:

Definition II. Ein Schamane ist ein Meister der Ekstase, ein
Mensch also, der willentlich in einen Trance-Zustand gehen
kann, in welchem er in eine Andere Wirklichkeit eintritt.
Dadurch wird er in die Lage versetzt zu heilen. Er kommt
unbeschadet aus der Trance wieder heraus.

H: Wenn wir einmal annehmen, dass die Begriffe ‚Ekstase',
‚Trance-Zustand', ‚Andere Wirklichkeit' hinreichen gut verstanden werden, dann kommen wir der Sache damit doch
wohl deutlich näher.

---

[94] vrgl. Eliade, ganze Seite 13.

M: Wenn ich mir es jetzt recht überlege, möchte ich am liebsten beide Definitionen, **I** und **II,** zugleich gelten lassen. Demnach ist der Heiler bei SATYENDRA also ein Schamane.

H: Ja, und Joachim's Erzählungen „Dhoaram" und „Satyendra" wären ein ganz kleiner, aller-erster Einstieg in die Kenntnis des Schamanismus. Ich sage absichtlich ,Kenntnis' und nicht: ,Verständnis'.

M: Den Schamanismus erklären kann nur jemand, der selbst Schamane ist. Der tut das aber nicht, denn es gilt:

> *Wer zaubern kann, der schreibt keine Bücher darüber.*

H: Das heißt also, zu der Frage, was Schamanismus in seinem Wesen sei, tappen wir jetzt und für alle Zeiten im Dunkeln, es sei denn, wir werden selbst Schamanen. [95, 96].

M: Jedoch können wir sehr wohl über den Schamanismus reden, wo es ihn und wann es ihn gab, ob es ihn immer noch gibt, ohne zu wissen, wie Schamanismus im Innern funktioniert, was ein Schamane erlebt, wenn er in die andere Welt reist, und wie er das macht. Auch können wir uns darüber unterhalten, welche Bedeutung der Schamanismus einmal hatte, und welche Bedeutung er für uns und für die heutige Welt immer noch hat.

H: Genau. Wir müssen uns aber davor hüten, so zu tun, als ob wir wüssten, was Schamanismus in seinem Wesenskern ist.

---

[95] Eliade, Seite 4.4.

[96] Eine Ausnahme ist Colin Campbell, s. Kapitel 19. Das Interview mit Colin Campbell hat Maria erst dort entdeckt.

M: Wenn wir von einem echten Schamanen hören würden, der irgendwo in den Bergen von Perú lebt und wirkt, und wir hätten ein gesundheitliches Problem, welches unsere hervorragende Schulmedizin nicht in den Griff bekommt, würden wir ihn aufsuchen und um Hilfe bitten?

H: Ich halte das für problematisch: Wie SATYENDRA weiß und berichtet, sind die traditionellen Kulturen in Gefahr, in den Sog unseres ‚Fortschritts' zu geraten und aufgelöst zu werden. [97] Das hat sich im Laufe der Geschichte seit SATYENDRA's Zeiten bis zu uns auf schreckliche Weise bestätigt. Es gibt kaum noch traditionell lebende Völker, und die wenigen kläglichen Reste sind dabei, zu verschwinden. Daran hat der Tourismus zu den wenigen noch verbliebenen alten Naturvölkern und zu deren Heilern eine Mitschuld, und wir sollten uns dem nicht noch anschließen.

M: Es besteht auch die Gefahr, dass die wenigen noch lebenden echten Schamanen korrumpiert werden und bald keine echten Schamanen mehr sind. Schlimm ist es zum Beispiel, sie zu uns einzuladen und mit Geld und Luxus zu verwöhnen, was durchaus geschieht. Geld und moderner Luxus sind dem Schamanismus völlig fremd. Echter Schamanismus ist nur in der traditionell lebenden Gemeinschaft möglich und wird, wie gesagt, mit dieser vom Erdboden verschwinden. Das Abholzen der großen Wälder, wie es mit zunehmender Brutalität in Brasilien, im Kongo und in Indonesien betrieben wird, raubt nicht nur den Bären den

---

[97] Satyendra, Seiten 51.2, 53.1, 60.5, 61.2.

Lebensraum, wie SATYENDRA's Bär beklagt [98], sondern auch den dort lebenden Naturvölkern.

H: Horribile dictu! Dann stellt sich die Frage, ob wir, oder vielleicht einige von uns, schamanisches Wissen und Können sozusagen aus dem Nichts heraus reaktivieren können, ob die Möglichkeiten des Schamanismus in uns verborgen sind und heute wiederentdeckt, wieder entwickelt werden können.

M: Ein echter Schamane hat eine schamanische Krise durchlebt, durch die er in die Lage versetzt wurde, in die andere Welt zu reisen, zu heilen, und, ohne Schaden zu nehmen, wieder hierher zurückzukehren.

> ***Nur wer die schamanische Krise durchlebt hat,***
> ***kann ein echter Schamane sein.***

Wie eine solche Krise abläuft, haben die frühen Schamanismus-Forscher in Sibirien genau beobachtet und beschrieben, und im DHOARAM findet man eine eindrückliche Schilderung einer solchen Krise aus zwei Perspektiven in den Episoden 11 und 12. Eine solche Krise kann tödlich enden oder in einer schweren Geistes-Krankheit. Eine solche Krise absichtlich herbeiführen zu wollen, ist weniger empfehlenswert, obwohl bei einigen nordamerikanischen Indianern üblich, in dem sehr harten VISION QUEST. [99]

H: So sind wir der Meinung, dass diese Wochenend-Kurse, die vielfach angeboten werden, keine Schamanen hervorbringen

---

[98] Satyendra, Kapitel 16.
[99] s. Wikipedia: „Vision Quest" und „Visionssuche".

können, und dass die jungen Leute, die heutzutage herum-
laufen und sich Schamanen nennen, keine Schamanen sind.

M: Da bin ich ganz deiner Meinung. Wenn einem nun ein
Großstadt-Mensch begegnet, der behauptet, Schamane zu
sein, wie kann man das überprüfen?

H: Ein wichtiges Kriterium ist das Geld. Ein echter Schamane
nimmt kein Geld, und wenn ein echter Schamane hierher
nach Europa transportiert wird und Heilung gegen Geld ver-
spricht, dann ist er soeben dabei, seine Echtheit zu verlieren.
Dann ist daraus ein Geschäft geworden für den Schamanen
selbst und für seine Organisatoren. Es gibt ein Sprichwort:

„Gott kann man nicht verkaufen. "

Hierher etwas abgewandelt:

„Den Schamanismus kann man nicht verkaufen. "

H: Der Schamanismus stammt aus einer Zeit, als das Geld
noch gar nicht erfunden war.

M: Wir haben also keine Chance, den Schamanismus genauer
kennen zu lernen. Könnte denn ein echter Schamane, wenn
er denn wollte und unsere Sprache spräche, oder wir die sei-
nige, uns den Schamanismus erklären?

H: Ich glaube nicht. Das wäre so, als wenn du einen Musiker
bitten würdest, dir die Musik zu erklären, ohne sie zu spielen. Oder als wenn du einem anderen Menschen erklären
wolltest, wie dein Bewusstsein funktioniert. Du bist dir deiner selbst bewusst, du kannst auch beobachten, was sich so
alles in deinem Bewusstsein abspielt, aber du kannst dein
Bewusstsein nicht erklären.

M: Das geht schon bei ganz einfachen Dingen los. Du kannst einem von Geburt an Blinden nicht erklären, was ‚ROT‘ ist, und zwei Sehende können nicht feststellen, ob sie ein- und denselben roten Kreis in dem gleichen Ton von ROT sehen.

H: Ich glaube auch, der Schamane kann den Schamanismus selbst nicht erklären. Er weiß, was er tun muss, er weiß, was er erlebt, er weiß, was er bewirken kann, aber erklären kann er es nicht.

M: Ich möchte noch auf einen Punkt zurückkommen, den wir schon kurz ansprachen: Nach heutiger Auffassung sind Schamanen nicht geisteskrank, wie die frühen Schamanismus-Forscher in Sibirien behauptet haben. [100] Wenn sie einen Adepten in der schamanischen Krise sahen, haben die damaligen Ethnologen ihn schlicht für epileptisch und schizophren erklärt.

H: Gottseidank gibt es inzwischen Forscher, wie STANLEY KRIPPNER [L], einem der bedeutendsten Anthropologen, und auch CASTANEDA, HARNER und SECUNDA, die in fremde Kulturen hineingehen, dort die Zauberer, Medizinleute, spirituelle Medien nicht für verrückt erklären, sondern sie ernst nehmen, so wie sie sind. Sie beschreiben, was sie wahrnehmen, ohne zu urteilen, vor allem dann, wenn sie es nicht verstehen. Sie versuchen, nicht immer alles durch die europäische Vernunft-Brille zu sehen und zu bekritteln. Diese Toleranz kann nur jemand aufbringen, der nicht im modernen westlichen Denken verhaftet ist, der nichts tabuisiert, der nicht sagt. „Das gibt es nicht, das kann es nicht geben", nur weil es nicht unserer ‚aufgeklärten‘, europäischen Denkweise entspricht. Am

---

[100] Eliade, Seite 33.2 ff.

besten bekommt man die Einsichten in fremde Kulturen durch TEILNEHMENDE BEOBACHTUNG [101], was inzwischen die Königs-Disziplin der Ethnologie geworden ist.

M: So müssen wir uns damit abfinden, vieles nicht zu verstehen und trotzdem damit umgehen zu müssen. Es wird mir immer klarer, dass wir in einer Welt zurechtkommen müssen, die wir nicht begreifen. Dieses Zurecht-Kommen-Müssen und Nicht-Wirklich-Verstehen begleitet uns schon von Kindes-Beinen an, ein Leben lang. Im günstigen Falle werden wir Meister im Zurecht-Kommen mit dem Unbegreiflichen."

---

[101] „Teilnehmende Beobachtung": s. Wikipedia u.a. im Internet.

10. Wie wurde man traditionell ein Schamane?

M: DHOARAM erlebt eine schamanische Einweihung, wird aber nicht zum Schamanen im Sinne eines spirituellen Heilers, sondern zu einem Seher, also zu etwas gänzlich Unerwartetem. Von allen Episoden des Büchleins hat mich die schamanische Krise DHOARAM's, die ja gleich zweimal erzählt wird aus verschiedenen Blickwinkeln, am meisten beeindruckt. [102]

Hans, wie wurde man denn bei den Naturvölkern ein Schamane? [103]

H: Es gibt zwei Möglichkeiten: Entweder man wird Schamane durch die schamanische Krise, so, wie wir es doppelt im DHO-ARAM erleben, mit Zerfleischung und wieder Zusammensetzung des Körpers.[104] Die Krise kann durch ein besonderes Ereignis ausgelöst werden, durch einen Blitzschlag, einen Schlangenbiss, einen Sturz von einem Baum, durch einen Traum. [105] Sie kann auch spontan eintreten ohne erkennbaren Anlass. In dieser Krise macht der Adept die verrücktesten Sachen und scheint wirklich geisteskrank zu sein.

Eine solche Krise ist durchaus kritisch und kann tödlich verlaufen oder im Wahnsinn enden. Wenn aber alles gut geht, dann ist es wie eine Neugeburt, und der junge Mann oder die junge Frau ist dann zum Schamanen oder zur Schamanin berufen. Die nötigen Fähigkeiten sind im Prinzip dann schon vorhanden, insbesondere die Fähigkeit zur Trance-Reise; sie müssen aber unter Anleitung eines erfahrenen Lehrers, eines

---

[102] Dhoaram, Episoden 11 und 12.
[103] Eliade, S.22.3ff.
[104] Eliade, Seite 44 oben, ganze Seite 46, u.v.a.
[105] Eliade, S.41.3, S.43ff.

älteren Schamanen, noch weiter eingeübt werden. Es folgt eine lange Ausbildung, in welcher die schamanischen Rituale und Gesänge erlernt werden, in welcher die schamanischen Heilkräuter und ihre Zubereitungen gelernt werden, die schamanische Geheimsprache [106], Herstellung und Gebrauch der besonderen Kleidung und der Kult-Gegenstände.

Der Schamane hat in der Gemeinschaft eine wichtige Funktion, nämlich die eines Heilers, und muss von der Gesellschaft als Schamane anerkannt werden. Wenn er aber seine Fähigkeit zu heilen verliert, dann ist er ganz schnell die längste Zeit Schamane gewesen.

M: Und die andere Möglichkeit, Schamane zu werden?

H: Ja. Es kann sein, dass ein junger Mann oder eine junge Frau dazu erkoren wird, Schamane zu werden, ohne dass er oder sie eine spontane schamanische Krise durchlebt hat. Etwa als Sohn oder Tochter eines Schamanen. In solchen Fällen wird die spontane schamanische Krise ersetzt durch sehr harte Übungen, durch eine Art Überlebens-Training unter grausamen Bedingungen.

Diese Übungen haben den Zweck der Visions-Suche, des VISION QUEST, in welcher das eigene Kraft-Tier gefunden wird. Erst wenn alle diese Übungen gemeistert sind und wenn der Schüler solcherart die Fähigkeit zur Trance-Reise erworben und sein Kraft-Tier und die persönlichen Heil-Pflanzen gefunden hat, erst wenn er die notwendigen umfänglichen Unterweisungen durch einen älteren Schamanen erhalten hat,

---

[106] Eliade, S.103ff.

kann er zum Schamanen geweiht und von der Gemeinschaft als solcher anerkannt werden.

M: Frage: Kann die Berufung zum Schamanen erblich sein?

H: In manchen Kulturen gibt es eine schamanische Erbfolge, bisweilen auch in weiblicher Linie [107], [108], [109]. Wir können vermuten, dass der erbliche Schamanismus nur *scheinbar* erblich ist [110]. Es ist auffällig, dass häufig der Sohn oder der Enkel eines Schamanen erst <u>nach</u> dessen Tode als dessen Nachfolger erkannt und benannt wird. Eine mögliche Erklärung dafür ist, dass die Seele eines Schamanen, die dessen Tod überlebt, sich in dessen Familie einen würdigen Nachfolger sucht, und sich in dem Sohn oder Enkel verkörpert. Dabei ist auch daran zu denken, dass in traditionellen Gesellschaften oft in dieselbe Familie hinein reinkarniert (wiedergeboren) wird. Dann kann z.B. der Enkel die Wiedergeburt seines eigenen Großvaters sein [111], oder auch seines eigenen Großonkels [112]; es wäre kein Wunder, dass er dann auch Schamane wird, wenn jener Schamane war.

M: Ein Mensch kann nicht nur der biologische Abkömmling seiner Vorfahren sein, sondern auch der spirituelle, durch

---

[107] Schamaninnen kommen durchaus vor, sind aber seltener als ihre männlichen Kollegen. siehe im Index der amerikanischen Ausgabe des Eliade: shamaness (-es). s.a. Catrin von Nahodyl [L].

[108] Eliade S.24.2.

[109] Bei den Tschuktschen und anderen Völkern kommt es bisweilen bei Schamanen zur rituellen Geschlechts-Umwandlung vom Manne zur Frau, siehe Eliade, Seite 248. Hier im Literaturverzeichnis: Geschlechtsumwandlung.

[110] Eliade, Seite 24 unten ff., sowie S. 38.2.

[111] William George bei den Tlingit, in Thema A/A0, §7.

[112] Malidoma Somé „Vom Geist Afrikas", Diederichs, 2004.

Reinkarnation. Daraus ergibt sich ein völlig neues Verständnis des Ahnenkults bei alten Völkern, dem wir ja für gewöhnlich ziemlich verständnislos gegenüberstehen. – Hans, sage doch bitte noch etwas zu den Kraft-Tieren der Schamanen.

H: Ein Kraft-Tier eines Schamanen ist eine Seins-Form des Schamanen selbst, in die er sich verwandeln kann. Dabei tritt er in eine Andere Wirklichkeit ein. Der Schamane ist beides zugleich: Mensch und Tier. Und nicht nur der Schamane: Jeder von uns hat beide Aspekte!

M: Du meinst: Alle anderen Menschen haben auch ihre Kraft-Tiere; wir auch, du und ich?

H: Konsequent gedacht: Ja. Ich vermute, dass *jeder von uns* sein Kraft-Tier hat, nur besitzt nicht jeder die Fähigkeit, die Bewusstseins-Ebene zu wechseln. Daher weiß der normale Mensch auch nichts von seinem Kraft-Tier. Denn kaum jemand von uns durchlebt eine schamanische Krise.

M: Hans, hattest du nicht einmal erzählt, dass einige der Teilnehmer der Schamanen-Kurse von MICHAEL HARNER bei der Trommel-Reise ihr persönliches Kraft-Tier erlebt haben?

H: Ja, das stimmt, nach deren Aussagen. Vielleicht kann unter günstigen Umständen jeder sein Krafttier erleben, auch ohne schamanische Krise. [113]

---

[113] Näheres in Kapitel 20, ab Absatz „Ein Kurs-Teilnehmer ...“

11. War Schamanismus *die* Ur-Religion?

H: Mary, bist du der Meinung, dass wir den Schamanismus *die* Ur-Religion der Menschheit nennen können?

M: Dazu müssen wir zunächst einmal wissen: Was ist Schamanismus? Und was ist Religion? Ich möchte vorschlagen, dass wir den Schamanismus *nicht* eine Religion nennen, da sehr vieles von dem, was wir mit den Götter-Religionen und schließlich mit den monotheistischen Religionen verbinden, mit Schamanismus gar nichts zu tun hat.

H: Das wäre?

M: In den Religionen haben wir: Anbetung von Göttern und Heiligen; Hierarchien von Priestern, die angeblich einen Draht zum Göttlichen haben; weiterhin die Ausübung gesellschaftlicher Macht des Klerus; Anhäufung von Besitztümern und Errichtung von imposanten Gotteshäusern, Vorschriften darüber, was man zu glauben hat und was man nicht glauben darf, Intoleranz gegenüber Anders-Gläubigen und Abweichlern, Vorschriften, wie man sein Leben zu führen hat, die oft gar nichts mit dem Glauben selbst zu tun haben, mit vielen Geboten und Verboten.

All das gibt es bei Naturvölkern nicht und gab es beim DHOARAM auch nicht. Das, was an ursprünglicher Religiosität [114] da war, war einfach da, ohne Regeln, ohne Zwang, ohne Autoritäten.

H: Und wie siehst du den Schamanismus dann?

---

[114] Näheres zur Religiosität im folgenden Kapitel 11a.

M: Eine ursprüngliche Form von Mystik [115] und Magie [116]. Der Schamanismus selbst wird nur von Schamanen ausgeübt, jedoch zu aller Nutzen, hauptsächlich bei Heilungen, aber auch zu Zauberei und Wahrsagen, bei Ritualen zu Geburt und Tod.

Außerdem gab es zu Zeiten des frühen Schamanismus ganz allgemein unter den Menschen einen hohen Grad an Spiritualität, Hellsichtigkeit, Vorausschau, Gedankenlesen, das Wissen um die Reinkarnation, sowie ein starkes Gemeinschaftsgefühl und eine enge Verbundenheit mit der Natur. Die Naturvölker heißen ja nicht umsonst Natur-Völker. Das alles ist im Laufe der sieben Jahrtausende seit DHOARAM bis heute weitgehend verschwunden.

H: Der Schamanismus ist also nicht die Ur-Religion der Menschheit, wie vielfach angenommen wird. [117]?

M: Nein. Er ist überhaupt keine Religion. Ich zitiere einmal ELIADE, den großen Kenner der frühen Religionen [118]:

> „Nur Bequemlichkeit und Begriffsverwirrung konnten dazu führen, dass man die Religion der arktischen oder turktatarischen Völker [119] einfach als Schamanismus betrachtete. Die Religionen Zentral- und Nordasiens gehen auf allen Seiten über den Schamanismus hinaus, so wie eine jede Religion über das mystische Erlebnis einiger Privilegierter hinausgeht.

---

[115] Eliade, S. 17.5.

[116] Eliade, S. 21.5.

[117] Wie z.B. in dem Artikel „Schamanismus" der Wikipedia, in welchem das soeben Gesagte falsch dargestellt wird. Wir halten uns da lieber an das Original-Werk von Eliade [L].

[118] Eliade, S.17.1f.

[119] die frühen Turktataren nennt Eliade die Urtürken, Eliade, S.20.3.

Die Schamanen sind ‚Auserwählte', und als solche haben sie Zutritt zu einem Bereich des Heiligen, der für die übrigen Mitglieder der Gemeinschaft unzugänglich ist. ... Ideologie wie Mythologie und Riten der arktischen, sibirischen und zentralasiatischen Völkerschaften sind nicht die Schöpfung der Schamanen. Alle diese [religiösen] Elemente waren früher als der Schamanismus und gehen ihm zumindest parallel, das heißt, sie sind die Frucht des religiösen Erlebnisses *aller* und nicht einer bestimmten Klasse von Privilegierten, der Ekstatiker."

H: ELIADE, der große Religions-Forscher, sagt also, dass in den genannten frühen Gesellschaften die religiösen Vorstellungen der Menschen neben oder schon vor dem Schamanismus existierten.

M: Immerhin können wir davon ausgehen, dass sich die religiösen Einstellungen der Menschen im Laufe der Jahrtausende stark gewandelt haben: Von sehr naturnahen Anschauungen hin zu den Götter-Religionen in jüngerer Zeit und schließlich zum Monotheismus und zum Schluss zum Atheismus.

Der *echte* Schamanismus hingegen hat sich überhaupt nicht gewandelt, denn er ist ein Urphänomen des menschlichen Bewusstseins, eingebettet in eine Welt, die einen materiellen und einen spirituellen Aspekt hat.

M: Was sagen denn DHOARAM und SATYENDRA dazu?

H: Im DHOARAM, also 7.000 Jahre vor unserer Zeit, ist der Heiler im Dorf am Fluss ein Schamane, und DHOARAM selbst ist ein schamanisch initiierter Seher. DHOARAM hat ein Nahtodes-Erlebnis mit anschließendem Aufenthalt im Jenseits.

Zudem haben wir im „DHOARAM" bei den Menschen eine ausgeprägte Spiritualität in Form von Fernwahrnehmung, Gedankenlesen, Zukunfts-Schau. Und viel Reinkarnation. Über die religiösen Vorstellungen in seinem Volke berichtet DHOARAM allerdings nichts.

M: Schade. Im SATYENDRA ist das anders. Die wunderbaren Götter, die heiligen Schriften, die religiösen Zeremonien kommen mehrfach vor. Der Heiler im Wald ist ein Schamane, und SATYENDRA versucht sich selbst nach dessen Lehren in einigen schamanischen Übungen. Die vier Wesensglieder des Menschen werden durchbuchstabiert. Reinkarnation und Seelen-Übersprung [120] sind zentrale Themen.

H: Die Frühformen der Religionen müssen wir nicht so denken wie die späteren Götter-Religionen, von denen wir eine Vorstellung haben aus dem alten Germanien, von den alten Ägyptern und von den alten Griechen, und auch vom heutigen Indien. In der Frühzeit, in der Steinzeit, gab es keine Vorstellung der Gestalt des obersten Gottes; er wurde einfach identifiziert mit dem blauen Himmel. ELIADE sagt: „Mitunter bedeutet schon der Name des Großen Gottes ,Himmel'" [121] Er wurde als leuchtend, erhaben, als das Licht, als der Meister der Höhe, als Vater bezeichnet. [122] Er war der Große Himmelsgott, der Schöpfer und Allmächtige. Bei den ALGONKIN in Nordamerika ist er MANITU [W], das Allumfassende Geheimnis, die Große Kraft, die in allem vorhanden ist, die

---

[120] s. Anlage 1: Terminologie > Seelen-Übersprung.
[121] Eliade, S.18.5.
[122] Eliade, S.19.1 f.

Weltenseele. [123] MANITU wurde *nicht* personifiziert, und erst die ahnungslosen europäischen Eroberer identifizierten ihn mit ihrem Christen-Gott. [124]

M: Ich stelle mir das so vor: Der frühe Mensch wurde sich, spätestens beim Übergang zum homo sapiens sapiens, seiner selbst und seiner Umwelt bewusst. [125] Die Umwelt verhielt sich unberechenbar mit Stürmen, Blitz und Donner, starkem Regen und Trockenheit, mit Hitze und Kälte. Man war diesen Launen der Natur ausgeliefert, viel stärker, als wir es heute sind.

Die Menschen erkannten ihre Abhängigkeit von der Erde, auf der sie lebten, von allen ihren Geschenken, die sie ihnen gibt, mit ihren Pflanzen und Tieren, Nahrung und Wasser, Schutz vor Regen, Hitze und Kälte. Da war es naheliegend, in diesen Naturgewalten bewusste Wesenheiten zu sehen, die einen eigenen Willen haben, uns helfen oder strafen, von denen wir abhängig sind.

H: Wie wir bei ELIADE lesen [126], wurden die Götter mit real vorhandenen Gegebenheiten gleichgesetzt: Der Große Gott war der blaue Himmel, die Große Göttin oder auch Mutter Erde oder GAYA war die Erde zu unseren Füßen, mit allem Lebendigen um uns herum, der Donnergott waren Donner,

---

[123] s. den Artikel „La palabra LÓGOS" in Thema A/A6.

[124] SWR2 Glauben: „Manitu und der Gott des weißen Mannes. Wie die Indianer Nordamerikas von allen guten Geistern verlassen wurden". s.a. „Indianer" im Literaturverzeichnis.

[125] s. im nächsten Kapitel 11b: „Der homo sapiens sapiens".

[126] Eliade.de, S 18.4ff. Eliade.en, p.9ff, im Index: god(s).

Sturm, Regen und Blitz, der Sonnengott war die Sonne, die Mondgöttin war der Mond.

H: Es ist also eigentlich falsch, für die Steinzeit von ‚Göttern‘ zu sprechen, denn diese Wörter sind hier irreführend, weil wir uns dabei sogleich Wesen in Menschengestalt vorstellen, was sie aber in der Frühzeit nicht waren. Es sind zunächst Naturgewalten, denen dann, als der Mensch sich seiner selbst bewusst wurde, auch ein eigenes Bewusstsein, ein eigener Wille zugesprochen wurde.

M: ELIADE, der große Religions-Forscher, spricht auch bei diesen frühen Vorstellungen schon von Göttern. [127] Daher schlage ich vor, diese Redeweise beizubehalten, wohl wissend, dass sie missverständlich ist.

H: Von welcher Zeit sprechen wir, wenn wir über die frühen Götter sprechen, die noch keine Menschengestalt hatten?

M: Das kann man nicht sagen, denn den Himmel, Sonne und Mond, GAYA, die Mutter Erde, Blitz und Donner, gab es schon immer. Jedenfalls liegen wir richtig, wenn wir diese frühen ‚Götter‘ in der Steinzeit ansiedeln.

---

[127] Eliade, S.18.4, S.19.1 f. S.19.5, S.20.1.

11a. Echte Spiritualität, Religiosität, Gottesschau

H: Maria, wir reden hier viel über Spiritualität und Religiosität. Was verstehen wir darunter?

M: Ich versuche einmal eine Einteilung:

I. *Echte* Spiritualität

> **a.) Jenseitsreisen,** welche Raum und Zeit sowie die Grenze zwischen Diesseits und Jenseits überwinden: Reinkarnations-Erinnerungen, Nahtodes-Erlebnisse, die Erlebnisse zwischen den Leben bei WHITTON [L, 128], spirituelle Besetzungen, Mediumismus (Kontakt mit den Seelen Verstorbener), Schamanische Reisen, Außerkörperliche Erfahrungen (OBE = Out-of-Body-Experiences, auch bei Nahtodes-Erlebnissen), Astralreisen.

> **b.) Die Gottesschau,** Visio mystica, Unio mystica, Visio Dei, Theosis, Presencia inmediata de Dios, Bewusstsein von Gottes unmittelbarer Gegenwart, Seligmachende Gottesschau = visio beatífica. Dieses alles ist in der abendländischen Kultur gleichbedeutend. Solche Erlebnisse sind bekannt geworden durch die Mystiker FRANZ VON ASSISI, HILDEGARD VON BINGEN, NIKOLAUS VON KUES, THOMAS VON AQUIN, MEISTER ECKART, unter anderen. [129]. Die gleiche Bedeutung hat das Erleuchtungs-Erlebnis SAMADHI im Hinduismus und im Buddhismus = Verbindung des individuellen

---

[128] Whitton & Fischer: „Life between Life"; s.a. Thema A/A3, §4.

[129] siehe hier in Anlage 1: Terminologie > „Gottesschau"; s. auch: Die Gottesschau in verschiedenen Kulturen in Thema A/A5.

Bewusstseins ATMAN mit dem Universellen Bewusstsein BRAHMAN. Das Gleiche ist das SATORI der Zen-Mönche.

(Näheres über die Gottesschau des Thomas von Aquin siehe etwas weiter unten in diesem Kapitel 11a.)

c.) Psi-Phänomene, unerklärliche Erscheinungen des menschlichen Geistes.

Psi-Phänomene lassen sich einteilen in:

c1) **Außersinnliche Wahrnehmungen:** Hellsehen (remote viewing), Gedanken-Übertragung (Telepathie), Gedankenlesen, Zukunfts-Visionen (Präkognition), Schauen in die Vergangenheit (Retrokognition), echtes déjà vu, Xenoglossie.

c2) **Magische Beeinflussung von physikalischen Vorgängen:** Levitation, Teleportation, Materialisierung, Entmaterialisierung, Psycho-Kinese, Bilokation, Beamen. (Hier unter Punkt c2 kann man sich fragen, ob es das überhaupt gibt.)

c3) **Magische Beeinflussung von Menschen** (und Tieren ?) durch einen anderen Menschen: Steuerung von deren Verhaltensweisen; auch Synchronisation von Gedanken, von Wahrnehmungen und von Hirnaktivitäten anderer Menschen.

II: Religiosität

Religiosität: Gottes-Vorstellungen, Gottes-Verehrung, Gebete, Anrufungen, das Gefühl, von höheren Mächten geführt zu werden, Vertrauen in höhere Mächte, Mythen, Gottesdienste, jahreszeitliche Feste, Prozessionen,

> Jagd-Riten, Geburts-Riten, Begräbnis-Riten, Initiationen, heilige Schriften. Die Religiosität in ihrer ursprünglichen Form wird von dem gesamten Volke getragen. Religiosität eines Menschen setzt nicht notwendig spirituelle Begabung (im engeren Sinn, s.o.) voraus.

Die Jenseits-Reisen (a), die Gottesschau (b), und die Psi-Phänomene (c) können wir insgesamt zur **Spiritualität im strengen Sinne** [130] zusammenfassen, wobei es durchaus vorkommt, dass auch religiöse Menschen spirituell sind: z.B. die Mystiker in obigem Schema. Spiritualität ist jedoch keine Voraussetzung, um religiös zu sein.

H: Jetzt bin ich froh, dass du da einmal etwas Ordnung hineingebracht hast. Von echter Spiritualität im engeren Sinne wollen wir also dann sprechen, wenn jemand einen direkten Draht zur Anderen Wirklichkeit hat.

H: Und was verstehen wir unter „**Meta-Spiritualität**", dem Begriff im Titel dieses Dialogs?

M: **Meta-Spiritualität** möchte ich es nennen, wenn wir über Spiritualität sprechen, uns Gedanken über Spiritualität machen, Literatur lesen, darüber forschen, diesen Dialog führen.

H: Muss man spirituell sein, um über Spiritualität zu reden?

M: Nein, das muss man nicht. Man kann auch über die Malerei sprechen, ohne selbst ein Maler zu sein. Man kann darüber

---

[130] Die Bedeutung der Wörter „spirituell" und „Spiritualität" ist im heutigen Sprachgebrauch oft unscharf, s. Wikipedia: „Spiritualität". Wir benutzen sie hier trotzdem mangels besserer Bezeichnungen und betonen stets, dass hier „*echte* Spiritualität" gemeint ist, im Sinne des obigen Schemas.

sprechen, welche Formen von Spiritualität es gab und gibt, wie wichtig die Spiritualität bei den Naturvölkern war, und wie wichtig ihr Fortbestand gewesen wäre, um zu verhindern, dass wir jetzt unsere eigenen Lebensgrundlagen vernichten.

H: Dieses sind ja gerade die Themen unseres Dialogs.

M: Für uns und unseren Dialog ist es nicht nur von Bedeutung, dass wir über echte Spiritualität reden, sondern auch, dass wir das, worüber wir reden, für real, für existent halten.

H: Die Phänomene, die du in deinem Schema aufführst, sind für uns wirklich in der Welt vorhanden. (Ausnahme: Unter Punkt c2 können wir nicht so sicher sein.)

M: Und nicht nur, weil wir daran glauben, sondern weil sie experimentell und durch genaue Beobachtung zweifelsfrei nachgewiesen sind.

H: Maria, einen wichtigen Platz in deinem Schema nimmt die Gottesschau ein. Kannst Du darüber Näheres sagen?

M: Die **Gottesschau** gibt es und gab es in allen Kulturen unter verschiedenen Namen. Näheres darüber in Thema A/A5 auf www.mutual-mente.com. Ich möchte in diesem Zusammenhang etwas genauer auf die Gottesschau des THOMAS VON AQUIN eingehen:

THOMAS VON AQUIN stellte die Frage nach dem letzten Ziel des Menschen und nach seiner Glückseligkeit. Er sagte, dass die Glückseligkeit als Ziel des Menschen allein in der Schau des Wesens Gottes bestehen könne. Deshalb suche der Mensch die Vereinigung mit Gott. In diesem

Leben kann er aber nur ein teilhabendes Glück erlangen, die volle Glückseligkeit bleibt dem ewigen Leben vorbehalten.

Am Nikolaustag 1273 soll THOMAS laut einem Bericht des BARTHOLOMÄUS VON CAPUA während einer Feier der heiligen Messe von etwas ihn zutiefst Berührendem betroffen worden sein, und anschließend jegliche Arbeit an seinen Schriften eingestellt haben, insbesondere an seinem Hauptwerk, der „Summa Theologica", welches demzufolge unvollendet geblieben sei. Auf die Aufforderung zur Weiterarbeit soll er mit den Worten reagiert haben:

„Alles, was ich geschrieben habe, kommt mir vor wie Stroh im Vergleich zu dem, was ich gesehen habe." [131]

Und er hatte viel geschrieben. Soviel, dass man annimmt, Thomas habe drei oder vier Sekretären zu gleicher Zeit diktiert. [132] Er wurde heilig gesprochen und sogar zum Kirchenlehrer der katholischen Kirche ernannt, die höchste Ehre, die katholische Kirche zu vergeben hat. Tatsächlich beeinflusst er die katholische Lehre bis heute.

Es wird berichtet, THOMAS VON AQUIN habe nach seiner mystischen Erfahrung [133] seine Bücher verbrennen wollen, da er erkannt habe,

---

[131] Wikipedia: Thomas von Aquin > Spiritualität. (Quellen dort);
Anthrowiki: Thomas von Aquin > Mystik. (Quellen dort);
[132] Wikipedia: Thomas von Aquin.
[133] Wir interpretieren sie als Gottesschau.

> …, dass alle Gott zuschreibbaren Begriffe
> mehr falsch als richtig seien. [134]

Diese Aussage trifft sich gut mit einem Wort von MEIS-
TER ECKART, der ja ebenfalls ein Mystiker war, also ein
Gott Schauender. Er sagte:

> „Alles, was man von Gott aussagen kann,
> das ist Gott nicht." [135]

H: Man stelle sich vor, wieviel schon über Gott gesagt und geschrieben wurde!

M: Ich bin ja sowieso mit Joachim der Meinung, dass es nicht
Dutzende von verschiedenen Arten der Ander-Welt und Rei-
sen in dieselbe gibt, sondern dass z.B. Nahtodes-Erlebnisse,
Erleuchtungs-Erlebnisse, die Gottes-Schau [136], das Satori der
Zen-Mönche Japans, und die schamanische Reise im Grunde
genommen das Gleiche sind.

H: Diese Meinung wird unterstützt durch eine Stelle, die ich bei
MICHAEL HARNER gefunden habe: [137]

> „Nachdem ich persönlich mehr als ein halbes Jahrhundert
> lang Schamanismus, schamanische Heilung und schama-
> nische Reisen praktiziert habe, kann ich sagen, dass ich in
> den Berichten über spirituelle Erfahrungen von Heiligen,

---

[134] Wikipedia > Mystik > 7. Unsagbarkeit
[135] Eckhart von Hochheim, bekannter als Meister Eckhart,
https://www.bk-luebeck.eu/zitate-eckhart-von-hochheim-meister-eckhart.html;
[136] siehe www.mutual-mente.com: Thema A/A5.
[137] s. Chen Lu Wang [2018]: „Krafttiere: …" im Literaturverzeichnis.

Propheten, psychedelischen Drogen-Experimentatoren, Überlebenden von Nahtoderfahrungen, Avataren [138] und anderen Mystikern nichts gefunden habe, was nicht häufig erlebt wird, wenn man den klassischen Reisemethoden [des Schamanismus] folgt, die eine Trommel verwenden."

M: Das würde heißen, dass wir in den unterschiedlichsten Kulturen die gleichen mystischen Erfahrungen unter unterschiedlichen Namen vorfinden. [139]

H: HARNER sagt über die Schamanen: „Sie reden verständig mit Menschen, die Nahtodes-Erlebnisse hatten, weil sie solches aus eigener Erfahrung kennen, und sie haben Hoffnung dort, wo andere keine haben." [140]

H: Was meinst Du denn, welches sind die Kennzeichen, die in diesen ganz unterschiedlich benannten Jenseits-Erfahrungen dieselben sind?

M: Ich zähle einmal die wichtigsten Besonderheiten auf auf, wie wir sie auch von den Nahtodes-Erlebnissen her kennen:

• die Intensität der Erlebnisse;
• Die tiefe Ergriffenheit der Betroffenen;
• das Gefühl, dass das Erlebte echt, wahr, wahrhaftig ist;
• die Unvergesslichkeit der Erlebnisse;
• die Veränderung des gesamten Lebens-Konzeptes der Betroffenen durch diese Erfahrung;
• Die Unmöglichkeit, das Erlebte in Worte zu fassen;
• Auf jede Frage eine Antwort bekommen zu haben;

---

[138] im Hinduismus: die Verkörperungen eines Gottes auf Erden.
[139] s. „Die Gottesschau in verschiedene Kulturen" in Thema A/A5.
[140] Michael Harner: „Der Weg des Schamanen", S.22.4.

- Die Erkenntnis des Sinns des Lebens und des Sinns von allem Sein während der Jenseits-Schau, ohne diese Erkenntnis hierher ins gewöhnliche Leben mitbringen zu können;
- Oftmals die Erfahrung, mit dem Universellen Bewusstsein eins geworden zu sein.

H: WOW! Ein Jenseits-Erlebnis ist das ultimative Erlebnis schlechthin.

M: Ich bin von meinen eigenen Worten beeindruckt. Sind wir jetzt im Zentrum echter Spiritualität angekommen?

H: Zumindest im Zentrum der Jenseits-Erfahrungen.

M: Ich möchte noch auf einen Punkt näher eingehen, dass wir im Jenseits den Sinn des Lebens erkennen, aber dieses Wissen wieder vergessen, wenn wir ins gewöhnliche Bewusstsein zurück kehren.

H: „Vergessen ist vielleicht nicht der richtige Ausdruck. Wie wir von THOMAS und von MEISTER ECKART her wissen [s.o.], ist das, was wir im Jenseits erleben, oft gar nicht mit Worten zu beschreiben. Es entspricht einfach nicht unserer Erfahrung im gewöhnlichen Leben, und kann daher mit den Worten, die uns zur Verfügung stehen, nicht ausgedrückt werden. Uns fehlen die Begriffe. Ich halte es also für möglich, dass das Wissen durchaus da ist, aber nicht kommuniziert werden kann.

M: Die Jenseits-Erfahrenen ändern ja oft ihr ganzes Leben. –

11b. Der homo sapiens sapiens [141]

M: Ich möchte noch einmal auf die frühen Götter zurück kommen. Um eine Aussage darüber zu machen, seit wann es die frühen, nicht anthropomorphen Götter gab, sagen wir als eine naheliegende Annahme: Mindestens seitdem es den homo sapiens sapiens gibt, also mindestens seit rund 72.000 Jahren. Demnach mindestens 67.000 Jahre, bevor die ersten Götter-Skulpturen in Menschengestalt um 3.000 v.Chr. in Ägypten auftraten; in Germanien gab es anthropomorphe Götter erst ab 800 v.Chr.

H: Und wann und wo entstand der homo sapiens sapiens, mit dem du die frühen Götter verbindest?

M: Gemäß der heute weitgehend akzeptierten Out-of-Africa-These [L] in Afrika. Der Mensch entwickelte sich dort nach und nach vom homo rudolfensis, über den homo erectus, zum homo sapiens, der sich vor rund 200.000, nach neuesten Funden schon vor 300.000 Jahren, herausbildete. Das war zunächst der „anatomisch ältere homo sapiens", aus dem vor ca. 72.000 Jahren der „anatomisch jüngere homo sapiens" entstand, den wir hier den „homo sapiens sapiens" nennen. Dieser sind wir.

H: Schauen wir uns das doch einmal in einer Tafel an:

---

[141] zu unserer Wortwahl „homo sapiens sapiens" siehe diesen Begriff im Literaturverzeichnis. In der Literatur herrscht ein vollständiges Durcheinander der Bezeichnungen. Wir hoffen, hier eine verständliche und konsistente Bezeichnungsweise gefunden zu haben.

Tafel 1. Der homo sapiens sapiens

Altsteinzeit	= Paläolithikum, herrschte in Afrika ab	< 2 Mio. J
homo erectus	richtete sich in Afrika auf. Erste Stein-Werkzeuge, Nutzung des Feuers, ging auf die Jagd. Dafür gesicherte Funde:	< 2 Mio. J < 1 Mio. J
Anatomisch älterer homo sapiens	Knochenfunde ab etwa: Der anatomisch ältere und der anatomisch jüngere homo sapiens heißen zusammen der ‚homo sapiens‘.	~200.000 v. Chr.,
Anatomisch jüngerer homo sapiens	= **homo sapiens sapiens** [142] , ab: Lernfähigkeit, Gedächtnis, kommunikative Fähigkeiten, Kunst und Schmuck.	~70.000 v. Chr.
Die TOBA-Katastrophentheorie von AMBROSE [L]	= Supervulkan auf Sumatra. Ausbruch: nach der Toba-Katastrophen-Theorie [L] wurde der Homo sapiens in Afrika durch den Vulkanausbruch auf wenige 1.000 Individuen reduziert, wodurch die Entstehung des homo sapiens sapiens angeregt wurde. s. Kapitel 11b.	~74.000 v. Chr.
Mittelsteinzeit = Mesolithikum	In Mitteleuropa nach der letzten Eiszeit, die ~10.000 v. Chr. mit der Wiederbewaldung endete. Neue Jagdmethoden.	in Mittel-Europa ~ 10.000 – 8.000 v.
Jungsteinzeit Neolithikum. Neolithische Revolution: s. Kapitel 13	Neu sind: Sesshaftigkeit mit Ackerbau, Sortenzüchtung, Vieh-Haltung, Besitztum, Erfindung der Bronze = Neolithische Revolution. Im Vorderen Orient: in Süd-Europa: in Mitteleuropa:	ab 8000 v. ab 5500 v. ab 4300 v.
DHOARAM	Lebte in Mitteleuropa, geschätzt um:	~ 5000 v.
	weiter in Tafel 2	

[142] Wir benutzen hier den griffigen Terminus ‚homo sapiens sapiens‘ [L] für den „anatomisch jüngeren homo sapiens". Die Erklärung dafür steht im Literaturverzeichnis unter „Homo sapiens sapiens".

M: Zunächst der homo erectus, später der anatomisch ältere und dann der anatomisch jüngere homo sapiens, wanderten in Wellen von Afrika aus in die anderen Erdteile, sind dort aber ebenso wie in Afrika alle ausgestorben, bis auf uns, den homo sapiens sapiens, der heute die ganze Welt bevölkert. [143]

H: Wie kam es denn, dass der anatomisch ältere homo sapiens sich zwar nicht an einem Tage, aber doch in ziemlich kurzer Zeit in die anatomisch jüngere Variante, also in uns, verwandelt hat?

M: Es gibt da die TOBA-Katastrophen-Theorie von STANLEY AMBROSE [L]: Der Vulkan TOBA auf Sumatra brach vor 74.000 Jahren aus und spuckte 10-mal soviel Lava und Asche, wie der heftigste Vulkanausbruch in historischer Zeit, nämlich der des TAMBORA in Südost-Asien im Jahre 1815. Besser erinnerlich ist der Ausbruch des PINATUBO auf den Philippinen im Jahre 1991, der trotz umfangreicher Evakuierungen noch 847 Menschen das Leben kostete, obwohl er weniger Material auswarf als der TAMBORA.

H: Und was machte der TOBA mit der Menschheit? Sumatra liegt ja nun nicht gerade vor der Haustüre Afrikas.

M: Er hat sicher durch den Staub, den er in die Höhe geschleudert hat, eine Abkühlung der gesamten Erd-Atmosphäre bewirkt, wie wir es ja auch bei den späteren genannten Vulkan-Ausbrüchen beobachten konnten. Diese Abkühlung bewirkte nach AMBROSE fast ein Aussterben des modernen

---

[143] s. Jürgen Paeger [L], unter „Out-of-Africa-Hypothese" im Literaturverzeichnis.

Menschen in Afrika – es gab ihn damals nur dort – und so erklärt sich der Genetische Flaschenhals, der der Wissenschaft schon *vor* AMBROSE's Theorie bekannt war und zwischen 80.000 und 70.000 vor unserer Zeit den modernen Menschen betroffen haben muss.

H: Maria, kannst du bitte erklären, was ein Genetischer Flaschenhals ist?

M: Nein. Der GENETISCHE FLASCHENHALS ^W ist ein Begriff der Populationsgenetik und tritt im Tierreich und auch beim Menschen dann auf, wenn die Anzahl der Individuen einer Art stark dezimiert wird und nur wenige Exemplare überleben. Dann gibt es eine genetische Verarmung, die zum Aussterben, zu Inzucht oder zu Erbkrankheiten führen kann, oder, wie in Falle des modernen Menschen, laut AMBROSE zu einem genetischen Entwicklungs-Schub.

H: Und diesen Entwicklungs-Schub hin zum homo sapiens sapiens bewirkte der Ausbruch des Toba-Vulkans?

M: Ambrose hat das vermutet und damit viel Aufmerksamkeit erregt. Inzwischen ist seine Theorie in Zweifel geraten [144]. Es gibt aber keine andere plausible Erklärung für den *schon vorher* bekannt gewesenen GENETISCHEN FLASCHENHALS, durch den wir jedenfalls zwischen 80.000 und 70.000 vor unserer Zeit hindurch mussten und uns höher entwickelten.

H: Maria, kannst du bitte noch einmal sagen, welche Neuerungen der homo sapiens sapiens gegenüber dem anatomisch älteren homo sapiens aufweist?

---

[144] siehe z.B. Roland Knauer [2018] ^L.

M: Er ist einerseits anatomisch verändert: Der „anatomisch jüngerer homo sapiens" Er ist körperlich größer als seine Vorgänger, seine Arme und Beine sind im Vergleich zu seiner Körpergröße aber nicht mehr so lang. Er hat einen kürzeren Verdauungstrakt. Sein Gehirn hat ein deutlich größeres Volumen und Gewicht [145]. Alle diese Veränderungen sieht man an den Knochenfunden, die ja überhaupt erst diese Unterscheidung möglich machten.

H: Gingen mit seinen körperlichen auch geistigen Veränderungen einher?

M: Na klar, da sein Gehirn deutlich an Größe zugenommen hatte. Man schreibt ihm Fortschritte in vielen Bereichen zu: Verstand, Sprache, Kommunikation und Kooperation, gesellschaftliche Formen und Regeln, Kreativität, Vorstellungskraft, Reflexion und Selbstreflexion, Vorstellungen von Leben, Tod, Jenseits und Wiedergeburt, Begräbnis-Riten, Ahnenkult. Er sieht sich nicht mehr nur als Teil seiner Umwelt, sondern auch als selbständiges, selbstbewusstes Wesen ihr gegenüber. Wikipedia fasst die Erkenntnisse von YUVAL NOAH HARARI [L, 146] zu diesem Thema wie folgt zusammen:

„Lernfähigkeit, Gedächtnis und kommunikative Kompetenz bezeichnet Harari als die kognitiven Fähigkeiten, die sich ab ca. 70.000 Jahren v. Chr. beim homo sapiens in Verbindung mit erstaunlichen Leistungen entwickelt haben. Es begann der Aufbau komplexer Strukturen, die wir heute Kulturen nennen. Der Mensch begann seinen Lebensraum auszudehnen, zuerst in den

---

[145] s. Biology online unter „Homo sapiens sapiens" [L].
[146] „Eine kurze Geschichte der Menschheit", s. Wikipedia.

Nahen Osten und dann in den gesamten Eurasischen Raum hinein, später per Boot auch nach Australien sowie Ozeanien. Die
ersten Gegenstände, die man als Kunst und Schmuck bezeichnen kann, stammen aus dieser Zeit. Mit Hilfe von Sprache entwickelte er Legenden, Mythen, Werte, Normen, Wissen, Religionen und andere Fantasieprodukte, die die Grundlage waren,
um Kollektive und sonstige Formen der Zusammengehörigkeit
zu entwickeln und zu festigen. Dieser Prozess ermöglichte effektive Organisationsformen, um gemeinsam komplexe Handlungen erfolgreich zu vollziehen. Er ist die Grundlage für ein
geregeltes Sozialverhalten und für die Dominanz des homo sapiens [147] im Ökosystem. Im Laufe der Zeit verdrängte der homo
sapiens alle anderen Menschenarten, wobei die Wissenschaft
die Einzelheiten dieses Prozesses, der vor ca. 50.000 Jahren en-
dete, noch nicht abschließend geklärt hat. Bei der Ausdehnung
seines Lebensraums verursachte der Jäger und Sammler ein
großes Artensterben insbesondere in der Tierwelt (Quartäre
Aussterbe-Welle) [148]. Schon damals hielt der homo sapiens den
traurigen Rekord als dasjenige Lebewesen, welches das Aussterben der meisten Tier- und Pflanzenarten verantwortet."

M: Eine aussagekräftige Zusammenfassung. Und am Ende be-
drückend, erschreckend! – Und das sind wir, denn der
homo sapiens sapiens hat sich seit seiner Entstehung vor
ca. 72.000 Jahren genetisch nicht wesentlich verändert.

---

[147] Den wir hier im Dialog „homo sapiens sapiens" nennen.

[148] Die Quartäre Aussterbe-Welle zahlreicher Tierarten fand gegen
Ende der letzten großen Eiszeit statt. Diese dauerte von 110.000
bis 12.000 vor heute. s. Tafel 1 hier im Dialog. s. Quartäre
Aussterbe-Welle bei Wikipedia. Nicht zu verwechseln mit dem
Begriff „Massen-Aussterben", welcher Ereignisse vor Millionen
von Jahren bezeichnet; s. Wikipedia.

Alle Menschen, die derzeit auf der Erde leben, gehören zu der Art homo sapiens sapiens.

H: Ja. Und was hat das jetzt alles mit den frühen Gottes-Vorstellungen zu tun?

M: Wir Menschen waren jetzt als homo sapiens sapiens in der Lage, über uns selbst und über die Welt, in der wir leben, nachzudenken. Da die uns umgebenden Naturgewalten unser Leben fundamental beeinflussten, mehr als wir es heute in unseren Stadt-Wohnungen wahrnehmen, empfanden wir uns nicht mehr nur als ein Teil unserer Umwelt, sondern auch als deren Gegenpol. Die Umwelt mit ihren enormen Kräften stand uns jetzt *gegenüber*, wir empfanden uns selbst als Individuen und die uns umgebenden Mächte ebenfalls. Diese Mächte hatten ein eigenes Bewusstsein und einen eigenen Willen, genauso wie wir selbst.

Die Mächte der Natur waren bestimmend für unser eigenes Leben, sie waren gnädig oder ungnädig, sie lohnten oder straften. Daher konnten wir versuchen, diese Mächte gewogen zu stimmen, sie zu beeinflussen. Wir fanden oder erfanden die ersten Gebete und Rituale. Wir konnten das Verhalten der Mächte verändern im Sinne unserer eigenen Wünsche und Bedürfnisse; vielleicht haben wir es uns auch nur eingebildet. Es fanden sich die ersten Priester, die so etwas konnten oder vorgaben zu können, und so hatten wir die ersten Formen von Religion.

M: In der Frühzeit der Religionen, zu Zeiten der nicht-anthropomorphen Götter, gab es noch keinen Begriff des Himmels im religiösen Sinne, also von dem Ort, wo die Götter wohnen, da es für einen solchen Ort keinen Bedarf gab. Die Götter waren *identisch* mit dem blauen Himmel, der Sonne, dem Mond, der Erde, dem Donner, dem Regen, dem Erdbeben, der Fruchtbarkeit.

H: Die Fruchtbarkeit ist ein abstrakter Begriff. Sie wird jedoch greifbar dargestellt durch die vielen Venusfiguren [W], die man archäologisch überall mit einem Alter von bis zu 38.000 Jahren gefunden hat, also aus der jüngeren Altsteinzeit. [149] Sie stammen aus dem damals eisfreien Europa der späten Eiszeit und aus dem sibirischen und asiatischen Teil Russlands. Damit hat man schon früh der Fruchtbarkeit als Göttin eine Gestalt verliehen und sie anschaulich gemacht, was bei den anderen Göttern nicht nötig war, da sie in der Natur erblickt werden konnten.

M: Es ist auffällig, dass bei Ausgrabungen aus der Steinzeit die Venusfiguren die einzigen Götter-Gestalten sind, die gefunden wurden. Sonst waren es nur Dorfanlagen, Mauern und Gräben, Gräber, Skelette, oft nur die Schädel, und Grabbeigaben, etwa Waffen und Schmuck; weiterhin Werkzeuge und Gebrauchsgegenstände, und vor allem viele Tongefäße, die man gefunden hat.

H: Das ist ein Fall, wo nicht nur das wichtig ist, was man findet, sondern auch das, was man nicht findet.

M: Es harmoniert wunderbar damit, dass die frühen ‚Götter‘, die wir so nennen, ja sowieso schon in der Wirklichkeit angeschaut werden konnten, wie der Himmelsgott, der Sonnengott, die Mondgöttin, der Donnergott, die Mutter Erde, somit

---

[149] Eine der beiden ältesten Figurinen ist die Venus von Hohlefels [W].

keine figürlichen, vom Menschen erfundene Gestalten brauchten.

H: Man hat einfach deswegen keine anderen Götter-Figuren gefunden, weil es keine gab. Was sowieso schon physisch da war, in Figuren aus Ton oder Stein darzustellen, machte keinen Sinn. Wie hätte man sie darstellen sollen, da sie ja noch nicht vermenschlicht gedacht wurden?

M: Die frühesten Götter in Menschen-Gestalt finden wir im alten Ägypten ab etwa 3.000 vor Chr. Die germanischen Götter in Menschengestalt entstanden in der Eisenzeit erst ab etwa 800 v. Chr., sind also noch deutlich jünger als die ägyptischen. [Die Eisenzeit löste die Bronzezeit ab.]

H: Wir sprechen von den *alten* Germanen, vom *alten* Ägypten. Diese sind aber nicht alt, wenn wir unsere gesamte Geschichte als homo sapiens sapiens, von etwa 72.000 Jahren in Betracht ziehen.

M: Auch die alten Höhlen-Malereien aus Afrika und Europa zeigen keineswegs Götter, sondern überwiegend Tiere. Die frühesten Höhlen-Malereien stammen aus einer Zeit um 40.000 vor Chr., also auch aus der späten Altsteinzeit, aber schon aus der Zeit des homo sapiens sapiens. Die Jagd war zu jener Zeit die Hauptnahrungsquelle des Menschen.

H: Erst später kam man auf die Idee, die Götter zu personifizieren und ihnen menschliche Namen zu geben. Und noch später hat man ihnen menschliche Körper angedichtet.

M: Da man diese menschlichen Körper nicht sehen konnte, musste man für sie einen besonderen Wohnort erfinden, nämlich den religiösen Himmel, wo sie zwar vorhanden, aber für uns unsichtbar sind und nur in der Vorstellung existieren.

H: In den religiösen Himmel packte man dann alles hinein, was nicht anders unterzubringen war: Die Götter, die Engel und die Geister, die Seelen Verstorbener und die Seelen noch nicht Geborener.

M: Es ist gut verständlich, dass man die Götter vermenschlicht hat. Man denke an die Unmöglichkeit, sich den Christen-Gott vorzustellen: Einerseits wissen wir, dass der nicht so aussieht wie ein Opa mit langem Bart, andererseits malte MICHELAN- GELO ihn genau so an die Decke der Sixtinischen Kapelle.

H: Jetzt konnte man sich die Götter vorstellen, sie in Skulpturen darstellen, ihnen nicht nur menschliche Körper verleihen, sondern ihnen auch andere menschliche Eigenschaften an- dichten, wie z.B. Leidenschaften, Herrschsucht, Liebe und Eifersucht, Mord und Totschlag. Man denke an den griechi- schen Götterhimmel, da war richtig was los. Jetzt konnte man die ganzen menschlichen Probleme in den Himmel hinein projizieren. Heute geschieht dasselbe mangels Göttern in der Science-Fiction-Literatur in das Weltall hinein.

H: Mary, findest du nicht, dass wir ein wenig abschätzig mit den jüngeren Religionen umgehen?

M: Doch. Um hier nur einen Aspekt herauszugreifen: Ich habe soeben die Zeitschrift „Mental Disorders, Religion and Spiri- tuality" im Internet gefunden. Darin gibt es eine Meta-Ana- lyse über 43 Studien, in der herauskommt, dass Religiosität mit weniger Depressionen, weniger Drogen-Missbrauch und weniger Selbstmorden einhergeht. Stress-bedingte Krankheiten und Demenz scheinen bei Gläubigen reduziert zu sein. [150]

H: Immerhin erstaunlich, dass es zu diesem Thema eine ganze medizinisch-wissenschaftliche Fach-Zeitschrift gibt.

Das Ergebnis bedeutet, dass wir mit mehr Achtung und Respekt mit unseren religiösen Mitbürgern umgehen sollten, auch dann, wenn wir die Inhalte ihres Glaubens nicht teilen. Es kommt offenbar gar nicht darauf an, *was* man glaubt, sondern, *dass* man glaubt.

M: Dann stehen wir beide ein wenig dumm da. –

M: Unsere Kenntnisse über die frühen Religionen stammen aus den Forschungen im 19. Jh. in Sibirien und in Nordamerika, zum Beispiel. Wir wollten aber über die frühen Religionen in der Steinzeit reden. Haben wir da nicht haarscharf am Thema vorbei geredet?

H: Es ist das Gleiche, denn die Naturvölker, die wir im 19. Jh. noch in ihrer ursprünglichen Lebensweise angetroffen hatten, waren lebende Relikte aus der Steinzeit, sofern sie noch keinen Kontakt mit uns gehabt hatten. Das betrifft ihre gesamte Lebensweise, für unsere Betrachtungen hier insbesondere ihre Religion, ihre Spiritualität und den Schamanismus. Es war die Kunst der Ethnologen, das Alte unverfälscht dort noch zu erkennen, ehe es durch unseren europäischen Einfluss verändert und entstellt wurde. Seitdem ist das Meiste verwestlicht und verloren.

---

[150] Literatur unter „Glaube und Gesundheit" im Literaturverzeichnis.

H: Bezüglich der Forschungen bei den Noch-Naturvölkern muss man zwei Dinge bedenken:

• Die Naturvölker wurden schon bald nach ihrer Entdeckung von Missionaren heimgesucht, und es verbanden sich ihre ganz ursprüngliche Glauben-Vorstellungen mit dem Christentum zu einem seltsamen Mischmasch.

• Wir sind in Versuchung, deren Großen Gott, z.B. MANITU, so zu verstehen, als wäre er unser Christen-Gott. Damit liegen wir grob daneben. Wir müssen uns davor hüten, unsere Vorstellungen in diese Menschen hinein zu projizieren. Das wäre die eurozentrische Sichtweise. Schrecklich! Eine Missachtung der kulturellen Identität dieser Völker.

M: Wir haben diesen Menschen in ihrem Leben und auch in unserem Denken viel Unrecht angetan und tun es immer noch, wenn man verfolgt, was z.B. mit den First Nations in Kanada, mit den American Indians in den USA, mit den Indios in Brasilien und in anderen latein-amerikanischen Ländern, heute noch geschieht. Offenbar haben wir immer noch nicht begriffen, dass Mord Mord ist, und Völkermord ist Völkermord. –

M: Mit der Ausrottung der Naturvölker schaufeln wir uns selbst unser eigenes Grab.

H: Wie meinst Du das?

M: Mit dem Abholzen der Regenwälder rauben wir vielen Naturvölkern den Lebensraum und zerstören zugleich das Ökosystem unserer Erde.

12. Schamanismus gab es in aller Welt

M: Gibt es denn eine Erklärung dafür, dass der Schamanismus in der Steinzeit in ähnlicher Form in der ganzen Welt vorkam? Die heutigen Transport-Systeme und die heutigen Kommunikations-Kanäle gab es damals nicht.

H: MICHAEL WITZEL [L] vertritt die These, dass eine Frühform des Schamanismus sich mit dem homo sapiens sapiens [151] von Afrika ausgehend über die ganze Welt verbreitet habe. Wikipedia fasst WITZEL's Ansicht wie folgt zusammen:

> *„Der Indologe Michael WITZEL geht davon aus, dass es angesichts der Ähnlichkeit australischer, andamanischer, indischer und afrikanischer Initiationsrituale mit den entsprechenden sibirischen Ritualen, die die Phänomene der aufsteigenden Hitze, Trancen (Dreamers), Ekstase und Kollaps, symbolischen Tod und Wiedergeburt, Verwendung psychoaktiver Drogen, Tabubewahrung, Zauberei und Heilung umfassen, einen älteren Prototyp des Schamanismus gegeben habe. Dieser habe sich mit der Out-of-Africa-Wanderung [152] des modernen Menschen entlang der Küsten des Indischen Ozeans und früh auch nach Eurasien und Nordamerika verbreitet."*

H: Da ich den WITZEL [L] gerade zur Hand habe, möchte ich noch dessen Definition des Schamanismus anführen, damit

---

[151] Er existiert seit etwa 72.000 Jahren, s. Tafel 1 und Kapitel 11 b.

[152] Die Out-of-Africa-Hypothese [L] ist die Annahme, dass die Gattung Homo ihren Ursprung in Afrika hatte und sich von dort aus ab dem homo erectus in Schüben über die ganze Welt verbreitete.

die Definition ELIADE's [153] nicht so allein im Raume steht. WITZEL selbst schreibt:

"Geister existieren und spielen sowohl im Leben des Einzelnen als auch in der menschlichen Gesellschaft eine wichtige Rolle; sie können gut oder böse sein. Der Schamane kann mit der Geisterwelt kommunizieren. Der männliche oder weibliche Adept glaubt nach einer plötzlichen Krise, er sei auserwählt worden, wird dann neu erschaffen und von den Geistern ausgebildet. Er wird zu einer Verkörperung seines geistigen Beschützers oder Hilfsgeistes oder seines Doppelgängers, einer lebenden Seele in Tiergestalt. Er ist dann in der Lage, in die anderen Welten zu reisen, um mit den Göttern und Geistern zu kommunizieren, in einem Zustand der Ekstase, den er in seinen Ritualen auslebt." WITZEL weiter:

„Der Schamane setzt Trance-induzierende Techniken ein, um visionäre Ekstase hervorzurufen und auf Visionssuche zu gehen. Dies wird durch Musik, Trommeln [154], Tanz, Rezitation bestimmter Texte, Mantras usw. erreicht. Der Geist des Schamanen kann den Körper verlassen und in die übernatürliche Welt eintreten, um nach Antworten zu suchen. Er beschwört Tierbilder als Geistführer, Omen und Überbringer von Botschaften. Er kann Krankheiten behandeln, die durch böse Geister verursacht wurden. Der Schamane kann die Zukunft durch Kristallschauen,

---

[153] Definition II am Anfang des Kapitels 09 hier im Dialog.
[154] Eliade, S.168ff; Harner, S.12.5f; Wikipedia: Schamanentrommel.

Knochenwerfen oder Runen voraussagen und viele andere Formen der Wahrsagerei anwenden." und weiter:

„Schamanismus erfordert besondere Kenntnisse und Fähigkeiten, die in der Regel während einer langen Lehrzeit erlernt werden. Schamanen sind nicht an einzelne Religionen gebunden und arbeiten in der Regel außerhalb dieser. Sie arbeiten allein." Soweit WITZEL.

M: Sehr interessant! Sehr schön finde ich die nähere Beschreibung des Kraft-Tieres: „Er [der Adept des Schamanismus] wird zu einer Verkörperung seines geistigen Beschützers oder Hilfsgeistes oder seines Doppelgängers, einer lebenden Seele in Tiergestalt."

H: WITZEL bringt auf den Punkt, was wir schon früher über den Schamanismus fanden. Offenbar waren die Schamanen diejenigen, die Zugang zu den geistigen Dimensionen hatten.

M: Bei ELIADE finde ich folgende Stelle: „Das erinnert uns an den Mythus von einer paradiesischen Zeit, wo die Menschen mit Leichtigkeit zum Himmel steigen konnten und mit den Göttern familiäre Beziehungen unterhielten. … Nach dem Abbruch der leichten Verbindungen, die am Morgen der Zeiten zwischen Himmel und Erde, Menschen und Göttern bestanden hatten, blieb einigen privilegierten Wesen (an erster Stelle den Schamanen) die Möglichkeit, auch weiterhin für ihre eigene Person die Verbindung mit den oberen Bereichen aufrecht zu erhalten." [155]

---

[155] Eliade, S. 255.1.

H: Für mich ist das eine ganz wichtige Stelle, die du da ausge-graben hast. Sie besagt, dass wir in unserer Frühzeit alle die unmittelbare Verbindung zur Geistigen Welt hatten! Kleine Kinder haben diese Verbindung heute immer noch, wie wir aus der Reinkarnations-Forschung wissen. (s. „Spontane Er-innerungen von Kindern" in Kapitel 01.)

M: Wie kam es denn, dass diese Verbindung weitgehend verlo-ren gingen und der Schamanismus mit der Zeit zurückge-drängt wurde?

H: Frag' mich nicht „Warum?". SATYENDRA's Bär [156] hat es sich leicht gemacht: Er beantwortet Warum-Fragen einfach nicht.

M: Du sagtest, der Schamanismus herrschte in der Steinzeit in aller Welt. Man unterscheidet drei Abschnitte: Alt-, Mittel- und Jungsteinzeit.

H: Der Schamanismus war in der Jungsteinzeit in allen Teilen der Welt zu finden, kam aber vermutlich schon früher vor. Die Jungsteinzeit begann in Mittel-Europa um 4.300 v.Chr., im Vorderen Orient aber schon um 8000 v.Chr.

Wenn wir uns WITZEL anschließen, können wir einmal annehmen, dass Frühformen des Schamanismus sich mit dem homo sapiens sapiens schon vor etwa 40.000 Jahren außer-halb Afrikas verbreiteten, auch in Europa. –

Wir können das einmal in Tafel 2 deutlich machen:

---

[156] Satyendra, Kapitel 17, Seite 76.1.

Tafel 2. Zeitangaben ab der letzten Eiszeit

	≤ = ab	≥ vor	~ ungefähr	v = v.Chr.
		vorangehend Tafel 1		
Die letzte (große) Eiszeit [157], [158]		maximale Vergletscherung in Europa		24.000 v −12.000v
homo sapiens sapiens		entsteht aus dem anatomisch älteren homo sapiens um		~70.000 v.Chr.
Out-of-Africa [159]		homo sapiens sapiens verbreitet sich von Afrika aus in aller Welt		~40.000 v
Mittelsteinzeit [160]		Wiederbewaldung Mitteleuropas		≤ 9.600 v.
Jungsteinzeit = Neolithikum. (neolithische Revolution siehe Kapitel 13.)		Die Menschen wurden sesshaft mit Ackerbau, Sortenzüchtung, Viehhaltung, Besitztum, Bronze = neolithische Revolution Im Vorderen Orient: im südlichen Europa: in Mitteleuropa:		ab 8.000v. ab 5.500v. ab 4.300v.
DHOARAM		lebte in Mitteleuropa		~ 5.000 v.
Indo-europäische Ur-Sprache [161]		Ursprung nördlich des schwarzen und des kaspischen Meeres.		~ 4.500 v. − 3.400 v.

[157] Die Weltbevölkerung am Ende der letzten gr. Eiszeit: ca. 5 Mio.

[158] Unterscheide: Eiszeit, Eiszeitalter und Kaltzeit; s. Wikipedia.

[159] Ältere Formen der Gattung „homo" wanderten schon früher in Wellen von Afrika aus in andere Erdteile; so der homo heidelbergensis, der Neandertaler und der anatomisch ältere homo sapiens. Sie sind dort und in Afrika aber allesamt ausgestorben; der einzige Überlebende ist der homo sapiens sapiens [L], als der wir jetzt die ganze Welt besiedeln. s. Kapitel 11b & Tafel 1.

[160] Änderung der Jagdmethoden: Jagd auf Standwild, Zunahme des Fischfangs, Herstellung von Booten, Geräte aus Rothirschgeweih.

[161] ... wurde in der Ursprungsgegend etwa in der Zeit von 4.500–3.000 v. Chr. gesprochen. Um 3.400 bis 3.000 fing das Ur-Indo-Europäische [W] an auszuwandern und sich in mehrere Sprachen aufzuteilen, die wir die indo-europäischen Sprachen nennen.

= Proto-Indo-Europäisch= PIE, gesprochen in der Yamnaya-Kultur, vrgl. Kapitel 26	Bronze-Zeit: es gab Räder, Pflüge; Pferde als Last-, Zug- und Reittiere. Pferde hatten auch religiöse und schamanische Bedeutung, [162]	~ 4.500 v. − 3.400 v. Aufteilung von 3.400 bis 3.000v
Indo-Europäisch	Einwanderung in Mitteleuropa	≤ 2.500v.
Stonehenge	errichtet	≤ 3.000v.
Pyramiden	Cheops-Pyramide errichtet ca.	~ 2600 v.
Vaskonisch	in Mitteleuropa gesprochen, abgelöst vom Indo-Europäischen	> 2.500 v. < 2.500 v.
Alt-griechische Sprache [163]	Auf dem Gebiete des heutigen Griechenland	≤ 1.500v
Vedische Texte[164] Veda, Rigveda	Vedisches Sanskrit, Entstehung: schriftlich erst ab	≤ 1.500v ≤ 500 n!
klassisches Sanskrit	Älteste noch lebende indo-europäische Sprache. Kult-, Sakral-Sprache in Indien. Komplexe Grammatik, großer Wortschatz, festgelegt durch Panini: Schriftl. Zeugnisse erst ab ca.	~ 400 v. ~ 500 n!
Hethiter	im heutigen Syrien u. Kanaan, Tontafeln, Keilschrift	~18. Jh.v.
Gilgamesh-Epos	König von Uruk, Tontafeln, Keilschrift	~18. Jh.v.
Upanischaden [165]	entstanden in Indien 700-200 v.	≤ ~700 v.
Bhagavad Gita [166]	heilige Schrift des Hinduismus	≤ ~500 v.

---

[162] Eliade, S. 20.2, S.20.3, S.185ff, S.431ff.

[163] s. Aleksandar Loma, im Literaturverzeichnis.

[164] Vedische Gesänge, kannten die Reinkarnation nicht!

[165] Die Upanishaden, noch im vedischen Sanskrit geschrieben, waren eine Revolution gegenüber der Veda: Einschränkung der Macht der Brahmanen; jetzt gibt es Reinkarnation und Vegetarismus.

[166] im jüngeren klassischen Sanskrit geschrieben.

Buddha [167]	in Nord-Indien, * ~ 500 v. Chr.	† ~ 420 v.
Kali-Yuga [168]	finsteres Zeitalter, Dauer ~3 TJ.	≤ ~500 v.
Pythagoras [169]	* Insel Samos, † in Süditalien	† 496 v.
Sokrates [170]	hinterließ nichts Schriftliches	† 399 v.
Platon [171]	Schüler des Sokrates	† 347 v.
ägypt. Götter	in Tier- o. Menschen-Gestalt, ab	~ 3.000 v.
Mose	Gesetzestafeln vom Berg Sinai, die 10 Gebote. oder	~1.500 v. ~1.200 v.
german. Götter[172]	in Menschen-Gestalt [173], ab ca.	~ 500 v.
Ur-Germanisch	Mutter von de, en, nl, se, no, fi, is	~ 500 v.
Germanen	erstmals „Germanen" genannt	~ 80 v.
Runenschrift	in nord. Ländern 100 n −1400 n. abgelöst durch die latein. Schrift	ab ~100 n. ab ~750 n.
Alt-Hochdeutsch	schriftl. Zeugnisse erst seit	750 n.Chr.

[167] Buddha Shakyamuni, auch Siddharta Gautama genannt. Geburts- & Todes-Daten nicht genau bekannt. Keine Schriften hinterlassen.

[168] beginnt mit dem Auftreten Buddha's, dauert bis ~ 2.500 n.Chr.

[169] Pythagoras lehrte den Reinkarnationsglauben und die mögliche Wiedergeburt als Tier. Keine Schriften erhalten. Über ihn berichten schon seine Zeitgenossen Heraklit und Xenophanes [W].

[170] Sokrates lehrte, dass Kenntnisse von früheren Leben in das jetzige Leben mitgebracht werden. Wurde durch Platon bekannt.

[171] Platon, Schüler des Sokrates, Lehrer des Aristoteles. Zahlreiche Schriften. Durch ihn sind die Lehren des Sokrates bekannt geworden und dessen dialogische Dialektik. Was sagten Platon/Sokrates zur Reinkarnation? siehe Anlage 10.

[172] Näheres bei Wikipedia und bei Árpád v. Nahodyl Nemény [L].

[173] Gottheiten in Menschengestalt entstehen in Mitteleuropa in der Eisenzeit, also im 1. Jahrtausend v.Chr., lange bevor über sie in schriftlicher Form berichtet wird.

H: Die Erforschung des Schamanismus begann im 19. Jh. in Sibirien und in Mittel-Asien, wo noch ganz ausgeprägte, urtüm-
liche Formen des Schamanismus lebendig waren. [174] Die damaligen europäischen Forscher, die diese Gegenden bereis-
ten, haben die schamanischen Praktiken sehr genau beschrieben, aber nichts verstanden. Sie hielten die Schamanen
schlichtweg für Verrückte, für Geistesgestörte. Man nannte
deren Geistes-Verfassung die Arktische Hysterie. [175, W]

Aber auch in vielen anderen Teilen der Welt gab es
Schamanismus [176] in unterschiedlichen Ausformungen, doch
mit sehr ähnlichen Grund-Elementen. Ursprünglichen, also
echten Schamanismus, findet man heute nur noch vereinzelt
bei Resten von Naturvölkern, so bei den Aborigines in Australien, bei den SAN in Südafrika, bei den Indianern in Nord-,
Mittel- und Süd-Amerika und bei den Eskimos im Norden
Kanadas. –

M: Hans, ich möchte mir darüber Gedanken machen, wie das
möglich war, dass es den Schamanismus in der Jungsteinzeit
in ähnlicher Form in aller Welt gab.

H: Was schlägst du vor?

---

[174] Auch bei den Samen im Norden Europas gab es einen
Schamanismus, der dem sibirischen ähnlich war. Siehe „Yoga-
Vida" im Literaturverzeichnis und Wikipedia: „Schamanismus".

[175] Eliade, Kapitel „Schamanismus und Psychopathologie", S.33ff.

[176] Hans und Maria hatten sich im Sinne ELIADE's darauf geeinigt,
auch ähnliche Ekstase-Praktiken in aller Welt „Schamanismus" zu
nennen. Siehe die Definitionen I und II in Kapitel 09, die den
Begriff ‚Schamanismus' eng festlegen.

M: **Vermutung–1.** Da gibt es die Theorie der frühen Migrationen, bei denen die schamanischen Praktiken vom Ursprungs-Ort des modernen Menschen, nämlich von Afrika ausgehend, in alle Welt mitgenommen wurden. (siehe WITZEL, 2013) ^L

M: **Vermutung–2.** Plausibel finde ich auch die Erklärung, dass die schamanischen Methoden naturgegeben sind, dass sie im Menschen und in der geistigen Welt natürlicherweise veranlagt sind, nur von den Menschen entdeckt werden müssen. Da die frühen Menschen naturnäher lebten als wir und eine bessere Verbindung zur geistigen Welt hatten, haben sie die Möglichkeiten der Heilung durch Trance leichter entdeckt, und zwar in aller Welt auf ähnliche Weise, da die Gesetze der geistigen Welt überall die gleichen sind. Alle diese naturverbundenen Menschen, von denen hier die Rede ist, gehörten schon zur Art des homo sapiens sapiens. [177]

H: Das gefällt mir richtig gut! Ich glaube, du sprichst hier ganz im Geiste ELIADE's. Wir haben also seit der Zeit, seit der Schamanismus in aller Welt herrscht, Trance-Techniken, die auf natürlichen Gegebenheiten und Möglichkeiten beruhen.

M: **Fortsetzung von Vermutung–2.** Ich möchte es einmal so ausdrücken: Schamanen haben besondere Fähigkeiten, die sie insbesondere zu Heilzwecken einsetzen. Solche Fähigkeiten kann man nicht einfach erfinden. Man muss auf das, was schon in uns und in der Geistigen Welt vorhanden ist, zurückgreifen, man muss es finden, nicht erfinden. So kann ich mir

---

[177] Vgl. Kapitel 11b und Tafeln 1 und 2 in diesem Dialog zum Begriff „homo sapiens sapiens".

gut denken, dass die zum Schamanen Auserwählten in aller Welt im Grunde genommen das Gleiche gefunden haben, wenn sie es auch in unterschiedlicher Form ausgestaltet haben. Wir sprechen also von den gleichen Geistern, den gleichen Methoden, sie zu rufen, den gleichen Möglichkeiten, in Trance zu fallen (und unbeschadet da wieder herauszukommen), von den gleichen Methoden, die Andere Welt zu bereisen und zu heilen, von den gleichen Wegen, durch die schamanische Krise zum Schamanen zu werden.

ELIADE sagt: „Es war notwendig, immer wieder auf diesen, unseres Erachtens kapitalen Punkt zurückzukommen, um die im Schamanismus beschlossene Ideologie in ihrem universellen Charakter offenbar zu machen. … denn diese Himmelfahrt [schamanische Reise] scheint ein Urphänomen zu sein, das heißt, zum Menschen als solchem in seiner Integrität zu gehören." [178, 179]

Nennen wir das
„ELIADE's **Universal-These** des Schamanismus".

H: Wir haben jetzt zwei Erklärungen dafür, dass der Schamanismus in der Jungsteinzeit in aller Welt in ähnlicher Form vorkam: Die Out-of-Africa-These Witzel's und die Universalthese Eliade's.

M: Ich vermute, dass beide Thesen zugleich zutreffen.

---

[178] Eliade, Seite 255.4
[179] Eliade, S.4.4.

H: Mir ist aufgefallen, dass ELIADE in neuerer Zeit viel Kritik erfahren hat an seinem Konzept des universellen Schamanismus. [180] Ich habe mir das genauer angesehen und bin zu dem Ergebnis gekommen, dass ich ELIADE ganz stark in Schutz nehmen möchte, denn er hat ein tieferes Verständnis von Religion und von Schamanismus als viele seiner Kritiker. Man muss ihn nur lesen.

M: Auch ich möchte ELIADE vertrauen. Er hatte eine enorme Kenntnis des Schamanismus in allen Weltgegenden und hat ein grandioses Bild des Schamanismus gezeichnet. Dass man daran im Einzelnen herum krittelt, war zu erwarten.

> *Jede große Theorie ist im Detail falsch.*

H: ELIADE hat viele weitere Bücher geschrieben über alte Religionen und Kulturen; er war, wie man heute sagt, richtig breit aufgestellt zu dem Thema „Geschichte der Religionen".

M: Es wird sich zum großen Teil um den Versuch handeln, das naturwissenschaftliche Weltbild aufrecht zu erhalten.

H: Es scheint sich hier um ein Missverständnis zu handeln: ELIADE hat betont, dass es sich bei den verschiedenen Ausgestaltungen der Schamanismus in aller Welt im Wesentlichen immer um das gleiche Grundprinzip handelte. Er sagt aber nicht, dass heute jedermann in Wochenend-Kursen Schamane werden könne. *[Näheres in Kapitel 14.]*

---

[180] Wikipedia: „Mircea Eliade", "Schamanismus", "Neo-Schamanismus".

13. Die neolithische Revolution

M: Wir gehen davon aus, dass der Schamanismus in der Jung-steinzeit und früher in der ganzen Welt verbreitet war, überall in ähnlicher Form. Der Schamanismus war ein Teil der Kultur der Naturvölker und ist es bis heute dort, wo Naturvölker noch existieren. Diese lebten mit der Natur zusammen, und zwar in jeder Hinsicht: Was Pflanzen und Tiere, was Ernährung, Abhängigkeit von Wind und Wetter und Abhängigkeit von den Jahreszeiten betrifft, ebenso wie die enge Verbundenheit mit den Geistern der Natur und der Geistigen Welt.

H: Mit der Neolithischen Revolution begann dann diese enge Verbindung zur Natur und zur geistigen Welt nach und nach verloren zu gehen, bis hin zur heutigen Zeit, wo wir in vieler Weise getrennt von allem leben. Mary, kannst du noch einmal kurz erläutern, was die Neolithische Revolution war?

M: Beim Übergang von der Mittel-Steinzeit zur Jungsteinzeit gab es einen Wandel der Lebensweise vom Jäger und Sammler zum Ackerbauern und Viehzüchter, mit Sorten- und Arten-Züchtung, künstlicher Bewässerung, Erfindung und Nutzung der Bronze, Erfindung von landwirtschaftlichem Werkzeug, und schließlich Einführung von Geld, Mathematik Landbesitz, Vorratshaltung, Sesshaftigkeit, und als Folge davon die Ausbildung von Ungleichheit zwischen den Menschen, von Arm und Reich, von Macht-Strukturen, Patriarchat, mächtig und ohnmächtig.

H: Ein radikaler Umbruch, der alles veränderte.

M: Natürlich fand dieser Prozess nicht an einem Tage statt, sondern zog sich über Jahrhunderte und Jahrtausende hin. Er begann in verschiedenen Weltregionen zu verschiedenen Zeiten: Im Vorderen Orient um 8.000 v.Chr., in Mittel-Europa um 5.000 v.Chr.

H: Der Prozess hat sich bis heute fortgesetzt, indem die Dinge immer extremer wurden. Gleichzeitig ging die Spiritualität immer mehr verloren, bis hin zu unserer heutigen durch und durch rationalen, naturwissenschaftlichen, materialistischen, technik-orientierten Grundhaltung.

M: Damit sind dann auch der Schamanismus und die Naturverbundenheit weitgehend abhanden gekommen.

H: Der Moloch der Kolonialisierung und Globalisierung hat fast alles noch Dagewesene zunichte gemacht.

M: *Kolonialisierung und Missionierung bedeuten Kulturzerstörung.*

H: Es gibt Dinge, die für immer verloren sind, durch uns überhebliche, vermeintliche Beherrscher der Welt.

„Macht euch die Welt untertan."   Das ist der größte Irrtum der Menschheitsgeschichte.

Die schamanische Gesellschaft lebte in der Natur und mit der Natur, nicht gegen sie, so wie wir heute.

M: Ich glaube, das ist eine der zentralen Botschaften des DHOARAM und des SATYENDRA.

---

14. Schamanismus in unserer heutigen Zeit

H: Maria, ich würde gerne mit dir besprechen, welche Rolle der Schamanismus für uns heute in unserer modernen Welt trotz allem noch spielen kann, obwohl er doch in seinem wahren Wesen weitgehend unbekannt ist und alles, was da einmal war, verloren scheint.

M: Wir haben ja auch in unserer heutigen Zeit eine Menge Hinweise auf die Existenz einer Geistigen Welt: Erinnerungen an frühere Leben, Nahtodes-Erfahrungen, Mediumismus (absichtlicher Kontakt mit den Seelen Verstorbener), spirituelle Besetzungen, außerkörperliche Erfahrungen, Jenseits-Erlebnisse bei WHITTON [L], die Gottesschau (unio mystica) [181].

Ich vermute, dass die Phänomene der Geistigen Welt die gleichen sind wie eh und je, dass sie nur von den Menschen kaum noch wahrgenommen werden. Kannst Du dem zustimmen, und gilt das auch für den Schamanismus?

H: Liebe Mary, ich fasse das einmal in eine weitere These:

These III. Die Geistige Welt gibt es heute wie zu allen Zeiten.

Das würde bedeuten, dass die Geistige Welt sich nicht verändert hat; nur unsere äußere, materielle Welt hat sich drastisch gewandelt und zudem unsere innere Haltung. Unsere materielle Welt verstehen wir einigermaßen, die Geistige Welt überhaupt nicht mehr. Wir haben uns abgekoppelt.

M: Deine These besagt, dass sich lediglich unsere spirituellen Fähigkeiten und Einsichten im Laufe der Jahrtausende vermindert haben. Zum Beispiel die Telepathie und die

---

[181] siehe hier in Anlage 1: Terminologie > „Gottesschau".

Fähigkeit, in die Geistige Welt zu schauen, in dieselbe zu reisen und mit den Geistern zu reden.

H: Etwa so. Man kann es aber auch anders sehen. Wenn heute bei uns jemand in eine schamanische Krise gerät, wird er für verrückt erklärt und weggesperrt. Es ist also das gesellschaftliche Umfeld, welches ein Aufkommen echter Spiritualität verhindert. Es ist unser Umgang mit den Menschen, die besondere spirituelle Fähigkeiten zeigen. Es ist die Ideologie der herrschenden Religionen, ferner die Ideologie des herrschenden (philosophischen) Materialismus und der herrschenden Psychiatrie, die uns von der Geistigen Welt trennen. Es kann also sein, dass die Fähigkeiten durchaus noch da sind, aber von der Gesellschaft nicht zugelassen werden.

M: Es gibt auch heute noch echte Schamanen in einigen Weltgegenden. Wir sehen das auch manchmal in schönen Dokumentationen im Fernsehen, z.B. im WDR die Dokumentation „Schamanen im blinden Land". Siehe auch den Text in GEOplus: „Nepal – Bei den Schamanen." Beispiele für noch lebendigen echten Schamanismus finden sich nicht nur im Himalaya, sondern auch in Südkorea, in der chinesischen Provinz Xinjiang und in Skandinavien [182, 183, 184].

---

[182] im Literaturverzeichnis: Schamanen > Korea.

[183] im Literaturverzeichnis: Schamanen > China.

[184] siehe den erschütternden Bericht von Hanjo Schlüter „Leben im Norden Skandinaviens früher und heute", in welchem vieles, was hier in diesem Dialog über den Schamanismus gesagt wird, am Beispiel der Sami eindrücklich beschrieben wird. Im Literaturverzeichnis unter Schamanen > Skandinavien. s.a.: Wikipedia: Sami-Schamanismus.

H: Bemerkenswert sind auch die vier großen Richtungen des Spiritismus (sic!) in Brasilien, nämlich Candomblé [W], Macumba, Umbanda und der Kardecismus, wobei die drei erstgenannten afrikanischen Ursprungs sind, der Kardecismus aber stammt aus Europa.[185] Alle vier Richtungen sind mit dem Christentum vermischt, da Brasilien ein katholisches Land ist. Es wäre zu prüfen, ob man dort von Schamanismus sprechen kann, da alle vier Kulte mit Trance-Techniken arbeiten, und die drei Formen afrikanischen Ursprungs auch mit Ekstase-Techniken.–

M: Leider führen in vielen Ländern heute Pseudo-Schamanen Rituale und Heilzeremonien vor, die zwar äußerliche Ähnlichkeiten mit dem ursprünglichen Schamanismus haben, aber dem Tourismus-Geschäft und dem Gelderwerb dienen. Unter westlichen jungen Leuten werden Möchtegern-Schamanen ausgebildet von der „Foundation for Shamanic Studies", die von MICHAEL HARNER 1979 gegründet wurde und Ableger in verschiedenen Erdteilen hat.

H: Die Universalthese ELIADE's bedeutet nicht, dass Schamanismus von jedermann praktiziert werden könne, wie MICHAEL HARNER behauptet. Man nennt das Neo-Schamanismus [W], der sich inzwischen über die ganze Welt verbreitet hat. Im Gegenteil möchte ich mich entschieden gegen die Vermarktung und Kommerzialisierung des Schamanismus wehren, wie sie von HARNER und seinen Schülern betrieben wird. HARNER widerspricht sich selbst, indem er einerseits

---

[185] Die Anhänger des Kardecismus nennen sich selbst ‚Spiritisten', eine Bezeichnung, die im Deutschen gar nicht gut klingt. Näheres über die Kardecisten in Anlage 2 hier im Dialog.

behauptet, dass seine Schüler Schamanen werden können [186], und dies an anderer Stelle verneint. [187] In HARNER's [L] Buch lesen wir:

Auf Seite 30.4: „Und an welchem Punkt sind Sie ein Schamane? … Anerkannter Erfolg bei schamanischer Arbeit bestätigt, dass Sie tatsächlich ein Schamane geworden sind."

Auf Seite 21.5 hingegen sagt er: „Die, die diese [schamanischen] Techniken anwenden, behaupten nicht, Schamanen zu sein."

Auf Seite 25.3: „In der westlichen Kultur werden die meisten Menschen niemals einen Schamanen kennen lernen." [Wo sind dann alle seine Schamanen-Schüler geblieben?]

Leider laufen heute genug junge Leute herum, die Schüler von MICHAEL HARNER waren oder Schüler seiner Schüler, die sich als Schamanen ausgeben.

M: Einfach lächerlich.

H: Ich möchte ausdrücklich betonen: Ich halte diese Schamanismus-Kurse nicht für geeignet, um aus uns dekadenten Großstädtern Schamanen zu machen. Den Schamanismus kann man nicht erlernen, er ist eine Gabe des Himmels. [188]

Die Gegenargumente sind in Wikipedia [189] gut ausgeführt. Im SATYENDRA wird immer wieder betont, dass die Arbeit eines Heilers nichts mit Geld zu tun haben darf. Zu DHOARAM's Zeiten gab es noch gar kein Geld.

---

[186] Harner, Seiten 22, 24, 25, 30.
[187] Harner, Seiten 21, 25.
[188] Eliade, Seiten 24.4, S.28.5ff.
[189] Wikipedia: ‚Michael Harner' und ‚Neo-Schamanismus'.

M: ELIADE's Universalthese gibt eine Erklärung dafür ab, dass der Schamanismus in der Jungsteinzeit in aller Welt vorkam. Sie kann aber keine Rechtfertigung für den Neo-Schamanismus sein, in welchem behauptet wird, dass heutzutage jedermann in aller Welt Schamane werden könne. Wir können ELIADE nicht für das verantwortlich machen, was da heute vielerorts missbräuchlich getrieben wird: Pseudo-Schamanismus, Pseudo-Spiritualität.

H: Die schwedische Anthropologin GALINA LINDQUIST, die sich im traditionellen und im heutigen, wieder erwachten Sibirischen Schamanismus auskennt [190], hat eine positive Haltung zu der Arbeit des „Scandinavian Centre for Shamanic Studies". Sie hat ihre Erkenntnisse über die Prinzipien des Neo-Schamanismus in fünf Grundsätzen formuliert: [191]

> Individuelle Natur des Schamanismus,
> Existenz einer nicht-alltäglichen Realität,
> Existenz von Geist-Helfern und Krafttieren,
> Möglichkeit von schamanischen Reisen,
> Möglichkeiten zu Heilen.

M: Das gilt für den echten Schamanismus. Bezüglich der Ausbildung junger Leute zu Schamanen schließe mich der „Declaration of War" [L] von WILMER STAMPEDE MESTETH, DARRELL STANDING ELK und PHYLLIS SWIFT HAWK an:

„Wir erklären hiermit und von nun an Krieg gegen alle Personen, welche hartnäckig an der Ausbeutung, am Missbrauch und an der falschen Darstellung der heiligen

---

[190] Lindquist, Galina im Literaturverzeichnis unter Schamanen.
[191] siehe Wikipedia: Neo-Schamanismus > „Hauptkonzepte".

Traditionen und spirituellen Praktiken unserer Lakota-, Dakota- und Nakota-Stämme festhalten."

H: Man beachte die Tier-Namen ELK und HAWK. (MESTETH ist ein Familien-Name bei den Lakota.) Die drei verwahren sich gegen das, was man heute Kulturelle Aneignung nennt.

M: Um sich vor den Exzessen des Neo-Schamanismus zu schützen, schaue man nach, wie viel die Angebote mit Geld zu tun haben. Im SATYENDRA wird immer wieder betont, wie wichtig es ist, dass bei spirituellen Dingen kein Geld im Spiel ist. Der Text „Neo-Schamanismus" bei Wikipedia spricht dazu eine deutliche Sprache. [192]

---

[192] Perplexity gibt wundervolle Antworten auf die Fragen: „Are there still real shamans today?", „How can one experience authentic shamanism today?", „What are the signs of a fake shaman?", „What questions to ask a shaman to determine their authenticity?", "How important is humility in determining the authenticity of a shaman?" "Who are the elders of an american indigenous tribe and what are there tasks?"

15. Wachstum und Verlust

M: Hans, wenn deine ⬚These III⬚ stimmt, dann haben wir einen eklatanten Widerspruch zwischen der unveränderten Geistigen Welt und den radikalen Veränderungen in unserer alltäglichen, äußeren Wirklichkeit über die vergangenen Jahrtausende hinweg. Wie erklärst du dir das?

H: Ich weiß es nicht. Wenn man den SATYENDRA und den DHOARAM liest, und wenn man die Geschichte der Welt beobachtet, dann scheint es eine Entwicklung des Menschen zu sein von einem Wesen, das vom Geistigen durchdrungen war, hin zu einem Wesen, das nur im Äußeren lebt. Soweit ich sehe, gibt der DHOARAM auf das ‚Warum' dieser Entwicklung keine Antwort, und der Bär im SATYENDRA weigert sich ausdrücklich, Warum-Fragen zu beantworten. Doch wir können diese Veränderungen täglich um uns herum beobachten.

M: Ich hätte da eine Idee: Seit der Zeit der Yamnaya-Kultur [193], als vor etwa 6.000 Jahren die indo-europäische Ursprache gesprochen wurde, bis in unsere Tage hinein, hat die Weltbevölkerung enorm zugenommen, von geschätzt 10 Mio. [194] auf heute 8.000 Mio., also um das 800-fache. Nun ist die Reinkarnation des Menschen eine erwiesene Tatsache. [195] Wir können uns fragen, wo all die neuen Menschen-Seelen herkommen? Nun, das wissen wir nicht. Klar ist aber, dass logischerweise die allermeisten Menschen junge Seelen sind; sie haben bisher nur wenige Male oder

---

[193] Näheres über die Yamnaya-Kultur hier in Kapitel 26.

[194] Wikipedia: Historische Entwicklung der Weltbevölkerung; https://commons.wikimedia.org/wiki/File:World-pop-hist-de-2.png

[195] siehe Kapitel 01 und www.mutual-mente.com / Thema A/A0.

gar noch keinmal auf der Erde gelebt. Sie haben daher nur wenige Erfahrungen gemacht. Wir können sogar schließen: Die meisten Menschen, die heute den Globus bevölkern, sind völlige Neulinge; sie wissen von nichts.

H: Bis auf die wenigen alten Seelen, die wir dann unter den abgeklärten Menschen suchen müssen. Die Ursache von allem ist die überbordende Fruchtbarkeit des Menschen.

M: Und diese Zunahme war nicht etwa linear von der Art: Zunahme um 1 Mio. Menschen pro Jahr über die 6.000 Jahre hinweg. Wir haben heute ein Wachstum der Welt-Bevölkerung von 100 Mio. pro Jahr. [196] Am Ende der letzten Eiszeit vor 12.000 Jahren starteten wir mit geschätzt 4 Mio. Menschen auf der gesamten Erde. Bis zum Jahre 1.000 v.Chr. war die Gesamtbevölkerung auf 50 Mio. angewachsen; das entspricht einer durchschnittlichen Zunahme von 5.000 pro Jahr, im Vergleich zu einer Zunahme von 100 Mio. pro Jahr heute. [197]

H: Maria, wie kommst Du auf all diese Zahlen?

M: Das sind in unserem Arbeitskreis „Weltbevölkerung" Selbstverständlichkeiten. Möchtest du dem beitreten?

---

[196] Wikipedia: „Weltbevölkerung"; „Weltbevölkerung – Entwicklung"; s.a. World-pop-hist-de-2.png.

[197] Wenn man annimmt, dass die Weltbevölkerung seit dem Jahre 1.000 v. Chr. (=50 Mio.) bis heute, 2022 (= 8 Mrd.) exponentiell im mathematischen Sinne zugenommen hat, dann kommt man auf eine Verdopplungszeit von 413 Jahren für die gesamte Zeit. Seit 1974 bis heute, in 48 Jahren, haben wir jedoch eine Verdoppelung von 4 Mrd. auf 8 Mrd. D.h., die Verdoppelungszeit ist von früher bis heute kürzer geworden, oder anders ausgedrückt, das gemütliche exponentielle Wachstum hat sich noch beschleunigt.

H: Es ist ja nicht nur die Welt-Bevölkerung, die ehemals langsam wuchs und jetzt immer schneller wächst. Das Gleiche
können wir sagen über die Güter-Produktion, über die Umweltverschmutzung, über den Rohstoff-Verbrauch, über
den technischen Fortschritt, über die Verbreitung von Plastik überall, Plastik in den Weltmeeren und bis in das
menschliche Blut und in unsere Lungen hinein [198], [199]. Das
Gleiche gilt für die Abholzung der Wälder, den Verlust von
Humus und damit der Fruchtbarkeit der Erde, Versteppung,
Verwüstung ganzer Landstriche, Verbrennung der fossilen
Rohstoffe, Anstieg der Treibhausgase, Klimawandel. Das
alles muss früher viel langsamer angestiegen sein, bis hin
zu der atemberaubenden Dynamik heute. „Atemberau-
bend" im wörtlichen Sinne.

M: Und was hat das alles mit dem Schamanismus zu tun? Hans,
wenn du nun den Schamanismus für verloren hältst, was sagt
es uns, dass wir doch ein so eindrucksvolles Einweihungs-
Erlebnis im DHOARAM miterleben können? [200] Was kann uns
der Schamanismus heute noch bedeuten?

H: Sehr viel. Schamanen waren ja vor allem auch Heiler, und
wir haben heute kaum Gelegenheit, deren Heilkräfte zu nutzen, da es kaum noch echte Schamanen gibt. Schauen wir uns
den Zustand der heutigen Medizin einmal an.

———

[198] Geo 25.03.2022: „Mikroplastik zum ersten Mal in menschlichem
Blut nachgewiesen." von Solveig Hoffmann.
[199] „Mikroplastik bis tief in unsere Lungen", futura-sciences.com.
[200] „Dhoaram", Kapitel 11 und 12.

16. Die moderne Medizin

M: Materialismus, wohin man blickt. Hervorragende Chirurgie, phantastische technische Errungenschaften dort, wo der menschliche Körper mit Technik kuriert werden kann [201]. Hingegen große Probleme bei den chronischen Krankheiten, die mit Chirurgie nicht zu erreichen sind.

H: Also die Krankheiten, die man mit den modernen Arzneimitteln traktiert. Diese Arzneimittel stammen fast alle aus der Retorte, kommen in der Natur meist nicht vor, und haben oft gravierende Nebenwirkungen.

M: Die Ärzte verkünden uns heute, dass eine wirksame arzneiliche Medizin zwangsläufig auch ihre Nebenwirkungen haben *müsse*, mit dem Spruch: „Ohne Nebenwirkungen keine Hauptwirkung". Muss das so sein?

Jetzt schau einmal nach, wie viele Tausende von Toten und Schwerst-Geschädigten wir in den vergangenen Jahrzehnten durch die so tollen chemischen Arzneimittel hatten.

H: Die größte und bekannteste Arzneimittel-Katastrophe geschah mit CONTERGAN. Das Thalidomid-haltige Mittel wurde von 1957 bis 1961 als Schlaf- und Beruhigungsmittel und gegen Schwangerschafts-Übelkeit verkauft, und hatte bei Neugeborenen schwere Fehlbildungen, das Fehlen von Gliedmaßen und Organen zur Folge. Weltweit waren dies 5.000 Fälle, nur 10 Fälle in der DDR. In den USA einige Dutzend Fälle, in denen das Mittel in der Testphase vor der

---

[201] Es darf hier allerdings nicht verschwiegen werden, dass viel zu viel operiert wird, s. „Operationen, unnötige" im Literaturverzeichnis.

Zulassung verabreicht wurde. Hauptsächlich betroffen war die Bundesrepublik Deutschland (Westdeutschland) mit bis zu 4.000 Fällen. Die Anzahl der Totgeburten ist unbekannt, jedoch gab es Mütter, die ihr Neugeborenes wegen Missbildungen getötet haben. Der Bundesverband Contergan-Geschädigter gab 2016 für Deutschland 2.400 noch lebende Geschädigte an.

Vom 18. Januar 1968 bis zum 18. Dez. 1970 wurde in 283 Verhandlungs-Tagen gegen neun, zuletzt nur noch gegen fünf Führungskräfte der Fa. Grünenthal ein Strafprozess geführt. Am 10. April 1970 schlossen die Eltern der Geschädigten Kinder mit der Fa. Grünenthal einen Vergleich mit einer Entschädigungs-Zahlung von 100 Mio. DM. Diese Summe wurde im Laufe der Jahre und Jahrzehnte immer wieder aufgestockt, teils aus Mitteln der Fa. Grünenthal, hauptsächlich aber aus Bundesmitteln.

Am 18. Dezember 1970 wurde das Strafverfahren „wegen geringfügiger Schuld der Angeklagten und mangelnden öffentlichen Interesses an der Strafverfolgung" eingestellt. Das kann ich kaum aussprechen.

M: Das ist der blanke Hohn gegenüber den geschädigten Kindern, gegenüber den Eltern und gegenüber unserer gesamten Gesellschaft. –

Hat sich denn danach wenigstens etwas geändert?

H: Westdeutschland richtete 1961 auf Bundes-Ebene das Bundesministerium für Gesundheit ein, welches es vorher nicht gegeben hatte. Das Arzneimittelrecht, welches die Prüfung, Zulassung und Überwachung von Arzneimitteln regelt, wurde zuerst in den USA, dann weltweit und auch in Deutschland verschärft. Die Contergan-Katastrophe hat uns so beeindruckt, dass noch bis heute immer wieder Zeitschriften-Artikel darüber berichten. [202]

M: Also alles paletti?

H: Leider nein. Du brauchst nur zu googeln: ‚Arzneimittel-Katastrophen‘, ‚Arzneimittel-Affären‘, ‚Arzneimittel-Skandale‘, und es wird dir schlecht werden.

Wikipedia [203] nennt 25 weitere Zurücknahmen von Arzneimitteln vom Markt nach 1982 wegen schwerer Nebenwirkungen und Todesfällen.

M: Das sind also Arzneimittel, die zunächst für den Markt offiziell zugelassen waren, dann aber wieder zurückgenommen werden mussten.

H: Ja. Darunter einer der bekanntesten Skandale um VIOXX, ein Schmerzmittel und Antirheumatikum. Nachdem zahlreiche Todesfälle durch Herzinfarkte und Schlaganfälle als Folge der Einnahme des Mittels bekannt geworden waren, sprach ein Gericht in den USA schlussendlich den Hersteller MSD frei. Eine Schadens-Ersatz-Klage über 253 Mio. US$ wurde abgewiesen. VIOXX war zeitweise das umsatzstärkste Arzneimittel von MSD mit 2,5 Mrd. Jahresumsatz. Die Firmengruppe MSD (Merck, Sharp & Dohme) kannte die fatalen Wirkungen von VIOXX schon früh, hatte sie aber verschwiegen.

---

[202] s. „Contergan" im Literaturverzeichnis.

[203] Wikipedia: „Liste von aufsehen-erregenden Vorfällen ..." unter „Contergan" im Literaturverzeichnis.

M: Ich fasse es nicht. [204, 205]

H: Wie gesagt, es gibt viele solche Beispiele.

M: Es ist absolut erschreckend. Auch wie die Gerichte urteilen. –

H: Jetzt sprachen wir über Arzneimittel, deren schwere Nebenwirkungen zunächst unbekannt waren oder verschwiegen wurden und dann ans Tageslicht kamen. Es gibt aber auch Beispiele, in denen die Nebenwirkungen bekannt sind, von den behandelnden Ärzten aber gegenüber den Patienten verschwiegen oder verharmlost werden. Ich meine hier schwere Nebenwirkungen, die schlimm oder gar tödlich ausgehen können.

M: Hast du Beispiele?

H: DICLOFENAC und IBUPROFEN sind beliebte Schmerzmittel mit hohem Umsatz, in Apotheken rezeptfrei erhältlich. Sie helfen auch gegen Fieber und Entzündungen und werden auch Antirheumatika genannt. Diese Mittel können Magen-Darm-Blutungen, Leber und Nieren-Schäden verursachen und erhöhen das Risiko für Herzinfarkte und Schlaganfälle. [206] Beide Mittel haben ein hohes Sucht-Potential. Zitat [207]: „Die Abhängigkeit von DICLOFENAC ist eine der häufigsten Formen psychischer Erkrankungen.

---

[204] „Focus online: „Vertuschte Todesfälle“, 2013.

[205] Dt. Ärzteblatt: „Vioxx-Risiken hätten früher erkannt werden können“, 2009.

[206] https://www.br.de/radio/bayern1/ibuprofen-gefaehrlich-100.html

[207] https://www.worldsbest.rehab/de/12-Schritte-zur-Diclofenac-Sucht/

DICLOFENAC-Sucht ist real und betrifft eine große Anzahl von Menschen weltweit." (Andere Schmerzmittel haben auch gefährliche Nebenwirkungen und müssten im Einzelnen recherchiert werden.)

H: Es gibt da die nützliche PRISCUS-Liste [208], [209] im Internet, in der 83 Medikamente aufgeführt sind, die bei älteren Patienten problematisch sind. [und nur bei diesen?]

> *Beispiel:* Indometacin gegen rheumatische Schmerzen. Führt häufig zu Blutungen im Magen-Darm-Trakt, die tödlich sein können;

> *Beispiel*: Calciumkanalblocker gegen Bluthochdruck, z.B. Adalat: Herzinfarkte, erhöhte Sterblichkeit;

> *Beispiel:* Diazepam, allgemein Benzodiazepine (Beruhigungsmittel): Stürze, Hüftfrakturen, Unruhe, Psychosen, Depression, paradoxe Reaktionen.

Ich will hier nicht die ganze PRISCUS-Liste aufführen. Es geht mir nur darum zu sagen, dass diese Medikamente immer noch häufig, auch bei alten Menschen, verordnet werden, obwohl ihre Nebenwirkungen bekannt sind. In der PRISCUS-Liste werden Alternativen aufgezeigt.

H: Etwas anders liegt die Sache, wenn Arzneimittel verordnet werden, deren schwere und manchmal auch tödliche Nebenwirkungen allgemein bekannt sind – auch bei den

---

[208] Es gibt eine Kurzfassung und eine Langfassung mit jeweils 83 Medikamenten. Update von 2023 in der Version 2.0.

[209] Die Forta-Liste ist ähnlich aufgebaut und wurde 2021 aktualisiert.

Patienten – und trotzdem von Ärzten verschrieben und von den Patienten angenommen werden.

M: Zum Beispiel?

H: Bei den sog. Blutverdünnern [L], früher MARCUMAR, jetzt XARELTO [L, W] und ELIQUIS. (Diese sind gar keine Blutverdünner, werden aber so genannt; sie sind Blut-Gerinnungs-Hemmer.) Bei XARELTO und ELIQUIS müssen nicht wie bei MARCUMAR monatlich die Blutwerte kontrolliert werden, wirbt der Hersteller. Jetzt ist XARELTO aber in Verruf gekommen durch Tausende von Klagen gegen BAYER in den USA. [210] XARELTO kann schwerste innere Blutungen verursachen, auch mit Todes-Folge.

M: Und mit welchen Argumenten wird XARELTO trotzdem weiterhin verordnet?

H: Es wird behauptet, dass der Nutzen größer sei als der Schaden. Das wird gegenüber dem Patienten oft nicht näher erläutert, doch es ist missverständlich. Was soll das heißen? Es bedeutet, dass die Anzahl der Menschen, die durch das Arzneimittel sterben, geringer sei als die Anzahl der Menschen, die ohne XARELTO an einem Herzinfarkt oder an einem Schlaganfall sterben würden. Die ewige Behauptung, der Nutzen sei größer als der Schaden, wird womöglich vom Patienten auf sich selbst bezogen, ist aber eine statistische Aussage, die dem einzelnen Patienten nichts nützt, wenn er an dem Arzneimittel stirbt.

---

[210] siehe „Xarelto" im Literaturverzeichnis.

M: Wie schön. Das erinnert mich an die gleiche Aussage zu den langfristigen schweren Impf-Nebenwirkungen (Post-VAC-Syndrom), bei denen genauso argumentiert wird. [211]

H: Prof. Schieffer, auf Post-VAC spezialisiert, sagt [212, 213] :

„Wir sehen keinen Unterschied: Im Grunde handelt es sich [bei Post-VAC] um Long Covid – nur eben nicht nach der Infektion, sondern aufgrund der Impfung. ... Wir gehen davon aus, dass es sich um identische Phänomene handelt."

„Bei einigen Patienten treten die Symptome von Post-VAC bereits Stunden nach der Injektion auf, bei anderen nach ein paar Tagen oder sogar nach Wochen. Auch top-fitte Menschen sind manchmal nach einer Covid-Impfung plötzlich komplett außer Gefecht gesetzt." Prof. Schieffer weiter:

„Allerdings tritt das Syndrom nach der Vakzination um ein Vielfaches seltener auf als nach einer Infektion. Während unter den Covid-Erkrankten wohl mindestens einer von zehn noch Wochen später Beschwerden hat, sind es unter den Geimpften einer oder zwei von Zehntausend."

„Auch wenn das Post-VAC-Syndrom sehr selten ist: angesichts millionenfacher Impfungen dürfte die Zahl der Betroffenen allein in Deutschland bei mehreren Tausend liegen. ... Auf unserer Warteliste [in Marburg] stehen

---

[211] Siehe „Post-VAC-Syndrom" im Literaturverzeichnis.

[212] Prof. Bernhard Schieffer, Direktor der Marburger Klinik für Kardiologie und Leiter der Ambulanz.

[213] „Post-VAC-Syndrom: Long Covid nach der Impfung" netdoktor.at.

inzwischen 4000 Menschen – meine Klinik ist bis Sommer nächsten Jahres voll." Soweit Prof. Schieffer.

M: Jetzt sind wir etwas abgeschweift, doch es ist ganz aktuell.

H: Wir sollten nicht nur das Medizin-System beklagen, sondern uns auch an die eigene Nase fassen und erkennen: Wir bekommen *die* Medizin, die wir verdienen. So, wie wir mit unserer Gesundheit umgehen! Dieser massenhafte Konsum von Koffein, Nikotin, Alkohol und Zucker, dazu Übergewicht, Bewegungsarmut, Vereinsamung. Was können die Doktors dagegen tun?

M: Wir wollen ja die schnelle Pille, die keinerlei Lebens-Umstellung erfordert, keinen Lernprozess.

17. Homöopathie

M: Wir bräuchten ein gänzlich anderes Verständnis von Gesundheit und Krankheit.

Haben wir denn nicht schon einige Ansätze in der sogenannten Alternativ-Medizin: Homöopathie, Pflanzenheilkunde, Akupunktur, Akupressur, Geistheilen [214] ? Oder in der traditionellen chinesischen Medizin, in der traditionellen indischen Medizin (Ayurveda)?

H: Wenn wir die europäischen alternativen Heilweisen und diejenigen aus fernen Ländern alle gemeinsam betrachten, dann haben wir ein Konglomerat der unterschiedlichsten Methoden und Philosophien. Zweifellos wird vielen Patienten auf die eine oder andere Weise geholfen, oft solchen Patienten, die sich enttäuscht von der Schulmedizin abgewandt haben.

M: Die verschiedensten Methoden bestehen munter nebeneinander und blühen und gedeihen, obwohl die Schulmedizin so ziemlich gegen alles ist, was nicht auf ihrem eigenen Mist gewachsen ist. Gibt es denn in diesem Durcheinander keine Möglichkeit, die Spreu vom Weizen zu sondern?

H: Ich glaube nicht. Das ist ja gerade das Dilemma, dass wir keine Kriterien haben, nach denen wir Alternative Heilweisen als wirksam oder als unwirksam klassifizieren können. Man hat z.B. in zahlreichen Anläufen versucht, die Wirksamkeit der Homöopathie in sog. randomisierten

---

[214] In der Grundsatzentscheidung des Bundesverfassungsgerichts [L] von 2004 wurde in Deutschland Geistiges Heilen auch solchen Personen ausdrücklich erlaubt, die keine Approbation als Arzt oder Zulassung als Heilpraktiker haben. - 1 BVR 784/03.

Doppelblindstudien nachzuweisen, jedoch ohne Erfolg.[215]. Trotzdem haben viele Menschen mit der Homöopathie gute Erfahrungen gemacht.

M: Aber nicht alle.

H: Das ist es eben. Nicht jede Methode hilft bei jedem: Es ist sehr individuell. Die Individualität der Therapie wird in der Schulmedizin viel zu wenig beachtet und ist in der Alternativ-Medizin elementar. Weiterhin müssen wir bedenken, dass es in der klassischen Homöopathie eine große Kunst ist, das richtige Heilmittel zu finden.[216]

M: Erschwerend kommt bei der Bewertung einer Therapie-Form hinzu, dass deren spezifische Wirkung immer überlagert wird von dem Placebo-Effekt, von dem Droge-Arzt-Effekt.

H: Suggestiv-Effekte einschließlich der Autosuggestion sind enorm stark. Sie lassen sich mit wissenschaftlichen Methoden kaum erforschen, da sie bei einem Probanden nicht nach Belieben ein- oder ausgeschaltet werden können, so wie man in der schulmedizinischen Arzneimittelprüfung ein Arzneimittel einfach geben kann oder nicht.

M: Hans, wie erklärst du dir, dass die wissenschaftlichen Studien zur Homöopathie so gar nichts Brauchbares ergeben haben? Es wird der Homöopathie übel angekreidet, bis hin zu immer lauter werdenden Forderungen ihres Verbots.

H: Einmal scheint die Homöopathie für klinische Studien untauglich zu sein, aus Gründen, die nicht auf den ersten Blick

---

[215] Hornung, Joachim [1996]: "Quo vadis Homöopathieforschung?" Über klinische Studien und Arzneimittelprüfung am Gesunden in der Homöopathie, im Literaturverzeichnis.

[216] s. „Repertorisierung" unter Homöopathie im Literaturverzeichnis.

ersichtlich sind. [217], [218] Zum anderen sind randomisierte **Doppelblind-Studien** zur Prüfung von Arzneimitteln grundsätzlich ungeeignet, wie schon GERHARD KIENLE & RAINER BURKHARDT [L] gezeigt haben. HELMUT KIENE [L] hat an dem Thema tiefschürfend weitergearbeitet und auch Alternativen aufgezeigt. Viele Argumente hierzu finden sich auf www.mutual-mente.com > Kritik der Doppelblind-Studien.

Trotz alledem gelten die randomisierten Doppelblindstudien weiterhin als Goldener Standard der Arzneimittelprüfung. Nicht nur in der Schulmedizin, denn dieser kommen sie gerade recht; auch die Wissenschaftler in der Alternativ-Medizin, in diesem Falle in der Homöopathie, initiieren immer wieder Doppelblind-Studien und tun so, als ob sie von KIENLE und von KIENE noch nie etwas gehört hätten, sehr zum Schaden der alternativen Heilweisen. [219] –

M: Und was hat das alles mit Schamanismus zu tun? Wir waren vorhin so weit, dass uns klar wurde, wir brauchen eine völlig neue Art von Medizin als Gegenthese zur sog. Schulmedizin, und wir wollten versuchen, im Schamanismus Ansätze dazu zu erblicken. Jetzt sind wir bei der Homöopathie gelandet.

H: Ehrlich gesagt, kriege ich da im Moment die Kurve nicht.

---

[217] s. die sehr kenntnisreiche Arbeit von Claudia Wein [L] [2002] : „Qualitätsaspekte klinischer Studien zur Homöopathie".

[218] Die individuelle Verordnung der homöopathischen Arzneien ist keiner dieser Gründe, wie entspr. durchgeführte Studien zeigen.

[219] Brüssel besteht mehr und mehr darauf, dass nur solche Arzneimittel für den Markt zugelassen werden, deren Wirksamkeit in randomisierten Doppelblindstudien nachgewiesen ist. Das gefährdet zunehmend die Verfügbarkeit homöopathischer und pflanzenheilkundlicher Präparate.

M: Lass mich mal nachdenken. Ich brauche zwei Minuten. ... Im SATYENDRA erfahren wir, dass der Mensch nicht nur Mensch, sondern zugleich auch Mineral, Pflanze und Tier ist. [220]. Vergleiche hierzu auch RUMI, GRANT und MYERS in den Anlagen 4 und 5, die etwas sehr Ähnliches sagen in ganz verschiedenen Kulturen und zu ganz verschiedenen Zeiten.

Die Homöopathie verwendet als Heilmittel mineralische, pflanzliche und tierische Substanzen. Ich muss jetzt Verschiedenes zusammenbringen:

1. Wir Menschen haben einen mineralischen, einen pflanzlichen und einen tierischen Wesens-Anteil;

2. der Homöopath heilt mit Zubereitungen aus dem mineralischen, dem pflanzlichen oder dem tierischen Reich;

3. der Schamane heilt, indem er in der Unteren Welt einen verlorenen Seelen-Anteil des Patienten sucht und findet, hierherbringt und dem Patienten einhaucht.

Was macht also der Homöopath?

H: Das würde bedeuten, dass der Homöopath einen verloren gegangenen Seelen-Anteil des Patienten diesem wiederbringt in Gestalt des homöopathischen Heilmittels, ohne allerdings zu wissen, dass das Schamanismus ist.

M: Die Homöopathen werden sich eine solche Erklärung schön verbitten. Sie sind auch keine Schamanen, wenden aber ein schamanisches Grundprinzip an.

Ich habe noch nie von einem Homöopathen gehört, der erklären konnte, wie die Homöopathie wirkt, der also das

---

[220] Satyendra, Kapitel 14.

Wirkprinzip der Homöopathie benennen konnte. Oft wird auch die Frage gar nicht gestellt oder verstanden.

H: Nun ja, außer so allgemeinem Gerede wie: Es ist die Energie, die Information, die Schwingung, das Gedächtnis des Wassers, die natürliche Heilkraft, die universelle Harmonie, die Anregung der Lebenskraft; wir betrachten den Menschen als eine Einheit von Körper, Seele und Geist, …

M: Das mag ja alles sein, erklärt aber nicht, wie und wieso bei diesem einen Patienten BRYONIA C30 hilft, und GELSEMIUM C30 bei einem anderen, zum Beispiel.

H: Schon HAHNEMANN selbst wusste, dass die Wirkung seiner homöopathischen Medizin nicht materieller Art sein kann. Er schrieb: [221]

„Im gesunden Zustande des Menschen waltet die geistartige, als Dynamis den materiellen Körper (Organism) belebende Lebenskraft", und:

„…kann unsere Lebenskraft als geistartige Dynamis nicht anders denn auf geistartige (dynamische) Weise ergriffen und afficirt werden, und alle solche krankhaften Verstimmungen (die Krankheiten) können auch durch den Heilkünstler nicht anders von ihr entfernt werden, als durch geistartige (dynamische, virtuelle) Umstimmungskräfte der dienlichen Arzneien." [222] Soweit Hahnemann.

M: Das bestätigt, dass die Wirkung der homöopathischen Arzneien nicht naturwissenschaftlich zu begründen ist, sagt aber auch nicht, *wie* sie denn wirken. Die Aussage, dass die

---

[221] Organon der Heilkunst, Haug, Heidelberg 1923, §§ 9 und 16.
[222] Die Worte in runden Klammern stehen so im Organon.

Wirkung eine *geistartige* sei, erklärt nicht, warum bei dem einen Patienten Nux vomica wirkt, bei dem anderen Belladonna.

Diese *Spezifität* der Wirkung homöopathischer Arzneien ist nicht durch den Placebo-Effekt, oder allgemeiner gesagt, durch Suggestiv-Effekte zu erklären. Eine überzeugende Theorie der Homöopathie müsste die *Spezifität* der Wirkung homöopathischer Arzneien verständlich machen.

H: Als Harald Walach in einem Aufsatz schrieb, dass Homöopathie Magie sei, waren die Homöopathen entsetzt. [223]

M: Das Wort ‚Magie‘ ist bei uns heutzutage stark negativ besetzt, da man sofort an schwarze Magie denkt und an den Voodoo. [224, 225] Es gibt aber auch weiße Magie.

Hans, was verstehen wir eigentlich unter Magie?

H: Ich versuche es einmal:

> Magie im engeren Sinne ist die Einflussnahme des menschlichen Geistes auf reale Geschehnisse, auch auf andere Menschen, ohne dass wir diesen Einfluss naturwissenschaftlich erklären könnten.

M: Und im weiteren Sinne?

---

[223] Walach, Harald [2000] und [1999] im Literaturverzeichnis.
[224] Voodoo, dessen schlechtes Image nur zu einem geringen Teil berechtigt ist, siehe Wikipedia: „Voodoo“. Der Voodoo ist StaatsReligion auf Haiti und ist eine der drei offiziellen Religionen in Benin. Der Voodoo stammt ursprünglich aus Benin.
[225] Von der Trick-Zauberei auf der Bühne reden wir hier gar nicht.

H: Von Magie im weiteren Sinne sprechen wir bei Ereignissen und Zusammenhängen, deren Zustandekommen naturwissenschaftlich keine Erklärung hat. [226]

M: Wir sagen also: „Homöopathie ist Magie"?

H: Eine besondere Art von Magie, nämlich eine solche, die eine schamanische Grundlage hat.

Wenn wir also die Homöopathie als eine Form von echter, weißer Magie verstehen, die ein schamanisches Wirkprinzip verwendet, dann können wir genauer erfassen, was geschieht, nämlich die Wiederherstellung der Einheit des Patienten mit einem ihm verlorenen gegangene Wesensglied, sei es mineralischer, pflanzlicher oder tierischer Art. Noch deutlicher als der Heiler im SATYENDRA kann man das nicht sagen. [227] Nur so können wir begründen, warum gerade dieses eine und nicht ein ganz anderes homöopathisches Mittel für gerade diesen einen Patienten genau das Richtige ist. Wenn WALACH nur einfach sagt, Homöopathie sei Magie, kann er das nicht erklären. Es erklärt auch nichts, wenn einer sagt: Homöopathie beruht auf dem Placebo-Effekt.

M: Somit können wir auch die individuelle Verordnung der Arzneimittel aus der klassischen Homöopathie hierher herüberretten. Ein nach den Regeln der klassischen Homöopathie gefundenes homöopathisches Arzneimittel ist für diesen einen Patienten genau das richtige. Ein frappanter Unterschied zur Schul-Medizin, die nur krankheits-bezogene Pillen kennt.

---

[226] z.B. Synchronizitäten; Beispiele in Kapitel 21.
[227] Satyendra, Kapitel 14.

Dort verordnet man nach Diagnose. Wahre medizinische Kunst muss individuell sein.

H: Alles, was wir hier zur Homöopathie sagen, und später auch zur Pflanzenheilkunde, legen die Heilerinnen im DHOARAM in Kapitel 19 bereits ausführlich dar.

M: Oft hören wir, dass der Schamane dem Patienten den verlorengegangenen und wiedergefundenen Seelenanteil einhaucht. Parallel dazu ist die orale Aufnahme der Kügelchen eine sehr intime Inkorporation des geistigen Agens, welches auf magische Weise von den Globuli transportiert wird. –

Wir glauben nun, das Wirkprinzip der Homöopathie gefunden zu haben. Unsere Erklärung ist aber alles andere als naturwissenschaftlich und wird von der Schulmedizin, von den Mechanisten und auch von den Homöopathen ganz sicher nicht gelobt werden.

H: Das ist deren Problem. – Ich möchte hier noch einige Kritik an dem allgemeinen Homöopathie-Betrieb vorbringen. Zum Beispiel könnte man sich einmal ernsthafte und selbstkritische Gedanken darüber machen, was das nun eigentlich heißen soll mit der homöopathischen Arzneimittelprüfung am Gesunden. [228] Von dieser wird den Schülern gebetsmühlenartig wie vom heiligen Gral erzählt; in Wahrheit funktioniert sie aber überhaupt nicht. Wenn man sie erprobt, erzielt man entweder gar keine Ergebnisse oder nur gänzlich wirre. Theorie und Praxis klaffen da meilenweit auseinander.

Auf der Arzneimittelprüfung am Gesunden basiert in der Theorie wiederum das Ähnlichkeitsprinzip

---

[228] Angebliches Standard-Verfahren in der klassischen Homöopathie.

HAHNEMANN's, oder umgekehrt. Das Ähnlichkeitsprinzip hat in der Homöopathie axiomatischen Charakter, ist aber genauso unhaltbar. Hahnemann sagte im Organon der Heilkunst :

> „Similia similibus curentur",
> „Gleiches werde durch Gleiches geheilt".

Das ist das Mantra der Homöopathen. Es hat aber keinerlei praktische Bedeutung oder Realitäts-Bezug. [229, 230]. –

M: Wenn unsere Theorie stimmt, hätten wir einen Fall, das Menschen, die keine Schamanen sind und auch mit Schamanismus nichts zu tun haben, in diesem Falle die Homöopathen, Rituale mit einem schamanischen Hintergrund mit Erfolg ausüben.

H: Ja, das wäre möglich. Sie sind keine Schamanen, denn sie gehen nicht in eine schamanische Ektase und machen auch keine schamanische Reise in die Unter- oder Oberwelt. Sie haben keine schamanische Ausbildung, und wissen auch wenig oder nichts von Schamanismus.

M: Wie ist es denn überhaupt mit Ritualen, sagen wir mit Gebeten, Anrufungen, Gesängen, Tänzen, Musik, Trommeln, wie sie von Schamanen ausgeübt werden, wenn diese von Nicht-Schamanen betrieben werden?

---

[229] „similia similibus curentur", in Hahnemann: "Organon der Heilkunst", 6.Aufl., S.54.

[230] Der aus der Pharmakologie bekannte Rebound-Effekt ist kein Argument für das Ähnlichkeits-Prinzip der Homöopathie, wie Teixeira meint; s. Teixeira unter Homöopathie m Literaturverz.

H: Diese Rituale sind Menschheits-Besitz und stehen nicht nur den Schamanen zur Verfügung. Wir wissen alle, dass sie wirksam sind. HARNER sagt auf Seite 21.5 hierzu:

„Der moderne Mensch verwendet dieselben schamanischen Techniken wie seine Vorfahren, und er kommt zu denselben spirituellen Quellen wie die Schamanen der alten Kulturen. Die, die diese Techniken anwenden, behaupten nicht, Schamanen zu sein – wichtig ist, dass sie schamanisch arbeiten und konkrete Ergebnisse erzielen."

---

18. Pflanzenheilkunde

M: Wie ist es mit der Pflanzenheilkunde? Sie gibt es nicht nur in Europa, sondern auch in der traditionellen chinesischen und in der traditionellen indischen Medizin, und in aller Welt. Auch der Schamane heilt mit zahlreichen Kräutern.

H: Ja, die Kenntnis der Kräuter und ihrer Verwendung ist ein wesentlicher Teil der Ausbildung und Praxis des Schamanen. Auch sucht er sie gewöhnlich selbst.

M: Bei SATYENDRA wird ja am Beispiel des JIAOGULAN [231] deutlich, dass auch Pflanzen eine magische Wirkung haben, die von der Wirkung der biochemisch identifizierbaren Inhaltsstoffe verschieden ist. Dieser magische Anteil kommt beim Patienten zur Wirkung, wenn es der pflanzliche Wesensteil des Patienten ist, der gestört ist oder verloren ging. [Erinnerung: Der Mensch besteht aus einem menschlichen, einem tierischen, einem pflanzlichen, und einem mineralischen Anteil, s. Kapitel 17: Homöopathie. Siehe auch die Zitate von MYERS, RUMI und GRANT in den Anlagen 4 und 5.]

Mir fällt da eine Stelle im DHOARAM ein, wo eine Heilerin sagt: [232]

„Zum einen sind in einem Kraut gewisse Stoffe enthalten, die eine Wirkung hervorrufen. So enthält das eine Kraut bittere Stoffe, das andere süße, das nächste giftige und ein viertes abführende. Das eine Kraut enthält Stoffe, die Fieber

---

[231] Satyendra, Kapitel 19.

[232] Dhoaram, Episode 19: „Das Geschenk der Heilerinnen".

erzeugen, aber wenn das Fieber lebensbedrohlich wird, dann braucht man ein anderes Kraut, welches das Fieber senkt.

Einerseits wirken also die Stoffe, die in einem Kraut enthalten sind. In gewissem Maße kann man diese Stoffe schon an der Farbe des Krauts, an seinem Geschmack, an seinem Geruch oder an seiner Gestalt erkennen. Andererseits ist es der Geist der Pflanze, der heilt, und das ist der wichtigere Anteil. … Es kann sein, dass ein Mensch seine Verbindung zu „seiner" Pflanze verloren hat, oder dass er mit ihr in Missklang geraten ist. Dann können wir dies erkennen und die Pflanze bitten, zu verzeihen und dem Menschen beizustehen. Da Pflanzen eine unvorstellbar große Seele haben, sind sie sogleich bereit, zu vergeben und zu helfen. Um nun die Versöhnung zu vollziehen, ist es die innigste Art, die man sich vorstellen kann, dass der Mensch ein kleines Stück der Pflanze oder einen Aufguss oder einen Auszug zu sich nimmt."

Weiter die Heilerin im Dhoaram:

„Dabei kommt es nicht auf die Menge an. Die seelische Verbindung zwischen zwei geistigen Wesenheiten, zwischen der Pflanze und dem Menschen, ist nicht eine Frage der Menge von etwas, sondern es ist eine Frage der Herzenswünsche und des gegenseitigen Vertrauens. Ja, es ist noch nicht einmal notwendig, dass der Sud oder der Auszug der Pflanze eingenommen wird; er kann auch äußerlich aufgetragen werden, oder man kann ein Blatt der Pflanze in einem Brustbeutel bei sich tragen. Oder man kann die Pflanze in einem Tagtraum sehen, begrüßen und um Hilfe bitten. Wenn der Kranke das nicht selbst tun will oder kann, dann kann es auch die Heilerin für ihn tun, denn sie ist auch eine Seherin."

Wenn das nicht geistige Wirkung ist!

H: Es wird hier ganz klar gesagt, dass ein Mensch die Verbindung zu ‚seiner' Pflanze verlieren kann, was zu Krankheit führt, und dass diese Verbindung wieder hergestellt werden kann. Der Schamane sucht in der unteren Welt den verloren gegangenen Seelenanteil eines Patienten, bringt ihn hierher und haucht ihn dem Patienten ein. Oder er reicht dem Klienten ein Stück der Pflanze zum Verzehr, wie der Heiler bei SATYENDRA, wobei man ja nicht erfährt, woher er das Blatt des Jiaogulan hatte.

M: Außerdem wird in dem Wort der Heilerinnen betont, dass es auf die Menge von etwas bei der Wirkung des magischen Anteils der Arznei nicht ankommt. In der Homöopathie werden ja sehr geringe Mengen der Arzneien verabreicht, in den Hochpotenzen so starke Verdünnungen, dass von der Ausgangs-Substanz nichts mehr übrig ist.

H: Es wird hier deutlich, dass auch die Pflanzenheilkunde einen magischen, schamanischen Anteil hat. Das ist vielleicht manchen Pflanzenheilkundlern intuitiv bewusst. Da, wo aber die Schulmedizin bereit ist, sich mit Pflanzenheilkunde auseinanderzusetzen, sind für sie selbstredend nur die biochemischen Inhaltsstoffe ausschlaggebend, ihre Reinheit und ihre genaue Menge bei der Verabreichung. Also wieder mechanistisches Denken. So gesehen sind für die Schulmedizin die Pflanzen nichts anderes als kleine, sehr fähige chemische Fabriken, die man ausbeuten kann. Im Gegensatz dazu heißt es bei HARNER

„Normalerweise steht Nicht-Schamanen die [magische] Pflanzenkraft nicht zur Verfügung." [233]

Da können die Pharmazeuten analysieren, soviel sie wollen, die geistige Wirkung der Pflanzen bleibt ihnen verborgen. Um das Wesen eines Menschen zu ergründen, zerstampft man ihn auch nicht und analysiert ihn chemisch.

M: Wie gut, dass es die Homöopathie gibt! Denn sie zeigt uns an einem weit verbreiteten Heil-Verfahren, dass es eben auf die Menge *nicht* ankommt, wie wir beide jetzt wissen: Jedenfalls nicht bei der magischen Verwendung der in der Natur gefundenen Heilmittel.

H: Es ist auch wichtig zu betonen, dass die Rohstoffe der homöopathischen und pflanzen-heilkundlichen Zubereitungen immer aus der Natur stammen; und im schamanischen Verständnis wird der verloren gegangene pflanzliche Seelen-Anteil eines Patienten immer eine in der Natur tatsächlich vorkommende Pflanze sein.

Wir dürfen aber vor lauter Magie die biochemischen Inhaltsstoffe der Pflanzen nicht vergessen. Wenn wir also Kräuter in wägbaren Mengen als Arzneien verwenden, dann müssen wir darauf achten, welche womöglich stark wirksamen oder gar giftigen Inhaltsstoffe sie enthalten, damit wir sie nicht zu unserem Schaden verwenden oder überdosieren.

Der Heiler im SATYENDRA betont, dass der unbedachte Konsum von Kräutertees und Gewürzen nicht gut sein kann,

---

[233] Michael Harner, Seite 203.2.

da die so verwendeten Kräuter sowohl pharmakologisch als auch magisch wirksam sind. [234]

M: Was die Pflanzenheilkunde angeht, haben uns, denke ich, die Heilerinnen im DHOARAM und der Heiler im SATYENDRA eine Lektion von großer Bedeutung erteilt, wenn wir an die Misere der modernen Medizin denken. Wird es aber einen Pflanzenheilkundler erfreuen zu hören, er betreibe Magie?

H: Im Gegenteil: Er wird sich mit Händen und Füßen gegen ein solches Etikett wehren. Da käme ja die ganze Branche in Verruf! Da wir weder Pflanzenheilkundler noch Homöopathen sind, können wir es uns leisten, solche Gedanken zu hegen.

M: Wenn wir also zwischen der magischen Kraft einer Pflanze und der Wirkung ihrer Inhalts-Stoffe im pharmakologischen Sinne unterscheiden, so stellt sich mir die Frage: Gibt es zwischen diesen beiden Wirk-Prinzipien Parallelen, oder sind das ganz verschiedene Dinge?

H: Die Frage möchte ich an dich zurückgeben, denn du verstehst viel mehr von Homöopathie und von Pflanzenheilkunde.

M: Dann greife ich einmal ein Beispiel willkürlich heraus:

> Arnica = Arnica montana = Bergwohlverleih,
>
> *in der Pflanzenheilkunde:* Verletzungen, Quetschungen, Frakturen, Hämatome;
>
> *in der Homöopathie:* Verletzungen, Hämatome, ganz allgemein vor und nach Operationen.   Wunderbar!

> Nächstes Beispiel: Hypericum perforatum = Johanniskraut,

---

[234] Satyendra, Kapitel 14, Seite 59 unten.

> *in der Pflanzenheilkunde:* ein bekanntes Mittel gegen
> Depressionen;
>
> *in der Homöopathie:* bei Blutergüssen und Verletzung von
> Nerven durch Quetschung: *Keine* Übereinstimmung!

Jetzt kenne ich mich nicht mehr aus.

H: Und wie ist es mit den Nebenwirkungen?

M: Wir sprachen schon darüber. Ganz im Sinne des Großen Heilers im Dorfe am Fluss, des Schamanen, dürfen wir wohl sagen, dass solche Nebenwirkungen, wie sie die Schulmedizin in Kauf zu nehmen bereit ist, völlig absurd sind. Der Schamane, auch eine gute Homöopathie oder Pflanzenheilkunde heilen, aber schädigen nicht. Schon HIPPOKRATES, der immer zitiert und selten beherzigt wird, sagte (in deutscher Übersetzung):

> „Ich werde ärztliche Verordnungen treffen zum Nutzen der Kranken nach meiner Fähigkeit und meinem Urteil, hüten aber werde ich mich davor, sie zum Schaden und in unrechter Weise anzuwenden." [235]

H: Meinst Du, dass sich etwas ändern wird?

M: Wenn ich mir den Zustand der Welt anschaue und die schönen Aussichten, die sich uns bieten, dann sehe ich das nicht. Aber ich halte es mit LUTHER und seinem Apfelbäumchen. –

---

[235] „Der Eid des Hippokrates, Dt. Ärzteblatt 2006, 103 (33).
Siehe Wikipedia: „primum nil nocere" = „Zu allererst nicht schaden". (Im Verb „nocere" liegt der Ton auf der 2. Silbe.)

19. Colin Campbell

M: Wie ist es mit der Schizophrenie, der die Schamanen oft ver-
dächtigt wurden?

H: Schamanen wurden und werden in ihrer Ekstase von uns aufgeklärten Menschen oft für schizophren gehalten. Schon in
der Anfangszeit der Schamanismus-Forschung, in Sibirien im
19. Jh., waren die Diagnosen für das, was man dort sah: Schizophrenie und Epilepsie, welches aber Begriffe sind, die aus
unserem modernen Europa stammen und dem Phänomen nur
aus unserer Sicht und nur scheinbar gerecht werden. [236]

M: Vielleicht kann man es so sehen: In der schamanischen Krise,
die meist in der Jugendzeit durchlitten wird, tritt für ein oder
mehrere Tage ein Zustand ein, der uns Westlern als schizophren oder epileptisch erscheint, ganz so, wie DHOARAM es
durchlebt. [237] Dieser Zustand kann in fortwährender Geisteskrankheit enden oder sogar zum Tode führen.

Wenn die Krise aber ohne Dauerschaden überstanden
wird, erwirbt der Adept die Gabe, fürderhin absichtlich, zum
Zwecke des Heilens, in eine ekstatische Trance zu fallen,
seine Aufgabe des Heilens zu erfüllen, und unverletzt in den
normalen Bewusstseins-Zustand zurückzukehren.

H: Vielleicht sollte man noch anmerken, dass in alten Kulturen
wie auch im alten Griechenland die Epilepsie als ‚heilige

---

[236] Eliade, ausführlich auf S.33.2 ff.
[237] Dhoaram, Episoden 11 und 12.

Krankheit', als ‚Besessen-Sein von der göttlichen Macht'
galt. Dies ist heute gänzlich abhanden gekommen. [238]

H: Maria, hast du noch etwas darüber, ob der Schamane während der Ekstase vorübergehend schizophren ist, in reversib-
ler Form?

M: Bei der Vorbereitung auf unser heutiges Gespräch fand ich
einen Artikel, in welchem ein SANGOMA, ein südafrikani-
scher spiritueller Heiler aus Botsuana, zum Thema Schizophrenie interviewt wird. [239] Der Sangoma COLIN CAMPBELL
[L] ist nicht nur in seinem Lande ein erfahrener traditioneller
Heiler, sondern kennt sich auch in der westlichen Kultur und
Psychologie bestens aus, da er in westlichen Ländern gelebt
und gearbeitet hat und unsere Sprache spricht. COLIN CAMP-
BELL ist offensichtlich im Sinne unseres Dialogs ein Schamane. Sangoma spielen in der medizinischen Versorgung der
traditionellen Nguni-Kulturen (Zulu, Xhosa, Ndebele und
Swazi) eine zentrale Rolle. (s. Wikipedia: „Sangoma".)

Er kann uns die in seiner Kultur überlieferte und immer
noch gültige Sichtweise des Menschseins, des Lebens, des
Sterbens und der Geisteskrankheiten in einer für uns verständlichen Sprache vermitteln. Wir sollten solche Gelegen-
heiten unbedingt nutzen, wo jemand noch in einer traditionellen Kultur verwurzelt ist, und uns in *unseren* Worten einen
Einblick geben kann. Es wird höchste Zeit! Auch in Botsuana

---

[238] Wikipedia: „Epilepsie" > Geschichte.

[239] Botsuana ist ein kleines Binnenland; es grenzt an Südafrika,
Namibia und Zimbabwe. Es ist reich an Bodenschätzen und
macht eine rasante industrielle und kulturelle Entwicklung durch.

bügelt die Dampfwalze mit Namen ‚Globalisierung' und ‚Liberalisierung' alles platt.

H: Was sagt COLIN CAMPBELL über die Schizophrenie?

M: Ich möchte zuerst kurz auf das so andere Menschenbild eingehen, welches CAMPBELL uns vermittelt:

Ein Neugeborenes bekommt zunächst einen Spitznamen, welcher sich oft auf die Umstände der Geburt bezieht, z.B. "schreit viel" oder "schwierige Geburt" oder "Spätgeburt", da man seine Bestimmung für dieses Leben noch nicht kennt. Wenn das Kind geboren wird, ist es noch nicht sicher, dass dieser Planeten der richtige Ort für das Kind ist.

Die spätere Erlangung der Volljährigkeit besteht aus einem Prozess, in dem man mit dem Tod verhandeln muss, um das Leben zu erhalten. Die Aufgabe für dieses Lebens kann man sich nicht selber geben; niemand kann sie einem geben, nur der Tod kann sie einem geben.

Die Verhandlung mit dem Tod bedeutet, dass man mit dem Tod besprechen und argumentieren muss, warum man meint, dass einem das Leben geschenkt werden sollte. Der Tod entscheidet, ob Ihre Begründung gut genug ist, und der Tod gibt einem die Erlaubnis zu leben.

Erst nach der Verhandlung mit dem Tod und nachdem man seine Aufgabe oder Bestimmung gefunden hat, bekommt man seinen richtigen Namen z.B. 'Der Regenmacher'. Ein Regenmacher zu sein, ist nicht nur ein Titel, sondern auch eine Lebensaufgabe; man muss sein Leben auf eine bestimmte Art und Weise leben, damit der Regen fällt. [240]

H: Das beeindruckt mich ungemein. Eine Gesellschaft, in der der Tod ein entscheidender Teil des Lebens ist! Und wie sieht es bei uns aus? Die meisten Menschen wollen mit dem Tod nichts zu tun haben. Du weißt, wie viele jedes Gespräch über den Tod rundheraus ablehnen. Wir wissen auch nicht, wie wir mit dem Tode reden sollten. Wir haben keine Todes-Kultur, und wir haben keine Trauer-Kultur. (Die Sterbe-Kultur hat sich in der Hospiz-Bewegung ein wenig verbessert.)

M: Bei uns empfinden viele Menschen den Tod als Bedrohung und beschäftigen sich nicht mit ihm, sie verdrängen ihn. Was bleibt, ist eine unterschwellige, ständige Angst vor dem großen schwarzen Loch, in das sie fürchten zu fallen. ANNE BARING [241] kann das viel besser sagen als ich:

"Man könnte sagen, dass die Angst vor dem Tod die Haupt-Neurose der Menschheit ist. ... In unserer Kultur herrscht ein durchdringendes Schweigen über den Tod und eine Tendenz, alles zu zensieren oder zu verunglimpfen, was als 'nicht-rational' bezeichnet wird."

---

[240] Die Lektüre des gesamten Interviews mit Colin Campbell wird sehr empfohlen. Dort wird vieles bestätigt, was uns schon im Dialog begegnete: Schamanismus, Universal-These Eliade's; Wie wird man ein Schamane in einer traditionellen Gesellschaft? Reisen der Schamanen in eine andere Wirklichkeit, Heil-Methoden der Schamanen, Kraft-Tiere, Naturgeister, Arbeit und Interaktion mit Geistern, spirituelle Besetzungen, unser kaputtes westliches Medizin-System, westliche Psychiatrie, Schizophrenie.
[241] in A. Chaplin [L] "Release into the Light", 2019, p. xvii.1.

H: Besser ist es, den Tod als bedeutenden und notwendigen Bestandteil des Lebens und als Freund anzunehmen, mit ihm zu sprechen und ihn willkommen zu heißen.

M: Es heißt, dass ein Freund PLATON's, der zu seinem Totenbett kam, ihn bat, seine Philosophie in einem einfachen Satz zusammenzufassen. PLATON soll darauf geantwortet haben: »Übe zu sterben!« [242]

H: Dazu können die Erkenntnisse über Nahtodes-Erlebnisse und über die Reinkarnation nützlich sein

M: Zurück zu CAMPBELL. Wir fragten nach dem Zusammenhang von Schizophrenie und Schamanismus. CAMPBELL sagt: Die Diagnose ‚Schizophrenie‘ gibt es in traditionellen afrikanischen Kulturen nicht. Es gibt jedoch Verhaltensweisen einer Person, die der Westler als schizophren einordnen würde. Die Ursache eines solchen Verhaltens ist eine spirituelle Besetzung [243] durch einen Geist, wobei unter „Geist" hier die Seele eines Verstorbenen oder ein Naturgeist verstanden werden kann. Der SANGOMA versteht sich auf die Verhandlung mit besetzenden Geistern, wobei es sich gewöhnlich weniger um ein persönliches Problem des Besetzers, auch weniger um ein persönliches Problem des Besetzten, sondern meist um ein Problem der Gemeinschaft handelt, welches es gemeinschaftlich zu lösen gilt. Der Mensch ist dort, in den genannten afrikanischen Gesellschaften, viel mehr ein Teil der Gemeinschaft, als es bei uns Europäern der Fall ist. Seine

---

[242] Zitiert nach Kalweit, [2004] L.

[243] Siehe Anlage 2: „Spirituelle Besetzungen". Wir sprechen hier ganz bestimmt nicht von ‚Besessenheit‘, für die die katholische Kirche sich zuständig fühlt, siehe Wikipedia ‚Besessenheit‘.

Aufgabe hat er in der Gemeinschaft und für die Gemeinschaft.

CAMPBELL erwähnt das Beispiel eines Klienten, eines Architekten, der einen Staudamm gebaut hatte, aber man hatte versäumt, die Erlaubnis des Fluss-Geistes einzuholen. So finden die Symptome des Architekten, die ein Westler für Schizophrenie gehalten hätte, eine natürliche Erklärung, und können von dem SANGOMA und in der Gemeinschaft geheilt werden. In diesem Falle, indem man den Fluss-Geist um Verzeihung bittet, ihm die Gründe für den Bau des Staudamms erläutert, und ihn nachträglich noch um seine Erlaubnis bittet.

M: Der Schamane ist, wie der SANGOMA betont, prädestiniert, einen Schizophrenen zu behandeln, da er selbst in seiner schamanischen Krise diesen Extrem-Zustand durchlebt und überwunden hat, und da er willentlich in solche Zustände seines Bewusstseins verfallen kann, wie sie der Patient erfährt, die letzterer aber *nicht* beherrscht.

H: Maria, du sagtest, Schizophrenie versteht der Sangoma als eine Besetzung durch einen Geist. Wir können hier im Westen die Diagnose ‚spirituelle Besetzung' nicht stellen, da wir nicht an die Unsterblichkeit der menschlichen Seele glauben. Das kommt daher, dass wir nicht wissen, dass die Seelen Verstorbener nach dem physischen Tode weiterleben und auf uns Einfluss nehmen können, etwa, indem sie mit uns sprechen oder eine lebende Person besetzen. Der Umgang mit spirituellen Besetzungen setzt ein spirituelles Weltbild voraus.

[Näheres s. Anlage 2: „Spirituelle Besetzungen".]

H: Mary, kannst Du noch etwas zu deinem SANGOMA sagen?

M: Wichtig ist es für CAMPBELL, dass es sich bei den spirituellen Besetzungen meist um ein Problem der Gemeinschaft handelt, welches als solches verstanden und behandelt werden muss. Insofern wird der Betroffene auch nicht aus der Gesellschaft ausgeschlossen, sondern er und die Gemeinschaft werden in den Lösungs-Prozess einbezogen.

H: Ein völlig anderes Verständnis von Geisteskrankheit und Gemeinschaft.

M: Wir sprachen doch kürzlich über einen ähnlichen Gegensatz, nämlich zwischen Multipler Persönlichkeits-Störung bei uns und dem Mediumismus in anderen Ländern.

H: Genau. ALEXANDER MOREIRA-ALMEIDA [L] hat diesen Unterschied zwischen Nordamerika (USA und Kanada) einerseits, und Brasilien andererseits, schön herausgearbeitet. Was dort oben in Nordamerika die Menschen mit multipler Persönlichkeit sind, sind dort unten die spirituellen Medien. Wenn bei uns bei einem jungen Menschen eine multiple Persönlichkeit festgestellt wird, ist er stigmatisiert, wird psychiatrisiert, wird sozial isoliert und wird seines Lebens nicht mehr froh. Wenn einer in Brasilien die Fähigkeiten eines Mediums entwickelt, ist er hoch angesehen, ist sozial integriert und muss keine giftigen Pillen schlucken. Bedenke bitte, dass die spirituelle Begabung eines Menschen oft schon in jungen Jahren hervortritt, in einer Zeit, in der der Mensch besonders abhängig ist von der Akzeptanz durch andere, abhängig vom Urteil seiner Eltern, seiner Geschwister, seiner Schulkameraden, seiner Lehrer und seiner Ärzte. Er muss sich erst selbst finden.

M: Du meinst also, dass wir aus völliger Unkenntnis dessen, was spirituelle Fähigkeiten und Mediumismus sind, psychisch Kranke produzieren?

H: Ganz klar. Und nicht nur durch verständnislose Diagnosen und die sich daraus ergebenden schädlichen medizinischen Behandlungen, sondern auch durch den gesellschaftlichen Umgang mit solchen Menschen, durch Unverständnis, Verachtung, Pathologisierung, Psychiatrisierung, Diskreditierung, Aussonderung.

M: Das Ganze hängt wiederum mit unserem materialistischen Weltbild zusammen, in welchem es keine geistige Dimension gibt, keine unsterblichen Seelen und keine spirituellen Begabungen. Spirituelle Wüste Gobi.

H: Ein anderer Effekt ist der, dass wir offenbar diese Krankheiten exportieren in dem Sinne, dass sie an anderen Orten auftauchen, wo es sie früher gar nicht gab. [244]

Beispiel: Wir finden neuerdings in Hongkong und in China viele Fälle von Anorexia nervosa, die vordem dort unbekannt war. Dieses Beispiel ist besonders geeignet, weil die Diagnose einer Magersüchtigen über die Kontinente und Sprachen hinweg unzweifelhaft ist, im Gegensatz zu manch anderen psychischen Erkrankungen und deren Diagnosen.

M: Hast du noch andere Beispiele?

H: Andere psychiatrische Diagnosen, die sich mit rasanter Geschwindigkeit über die Welt verbreiten, sind ‚Depression‘, ‚Posttraumatische   Belastungsstörung‘,   ‚Borderline-

---

[244] Watters, Ethan [2012]: „Crazy Like Us – the Globalization of the American Psyche" im Literaturverzeichnis.

Syndrom', ‚Burn-Out' und ‚Aufmerksamkeits-Defizit-Syn-
drom'. Bisweilen haben wir es auch mit dem Wunder zu tun,
dass Krankheiten von der Pharma-Industrie einfach erfunden
werden, um dazu passende Medikamente zu verkaufen.[245]
Beispiele: Aufmerksamkeit-Defizit-und-Hyperaktivitäts-
Syndrom ADHS bei Kindern, erektile Dysfunktion beim
Manne (Viagra), erhöhte Cholesterinspiegel (Cholesterin-
Senker haben den höchsten Arzneimittelumsatz weltweit!).
Hinzu kommt, dass viele Psychopharmaka eine ganze Palette
von Nebenwirkungen haben und oft das Leiden noch ver-
schlimmern. [246]

---

[245] „Erfundene Krankheiten", zahlreichen Beiträge im Internet;
     z.B. Jörg Blech: Die Krankheitserfinder, 2003, im Literaturverz.
[246] s. Antidepressiva, s. Psychopharmaka Kritik im Literturverz.

19a. Schizophrenie

M: Hans, jetzt haben wir so viel über Schizophrenie gesprochen, was verstehen wir eigentlich darunter? Mir sitzt da im Kopf: ‚Spaltungs-Irresein'?

H: Diese Übersetzung geistert immer noch durch die Lexika, ist aber grob missverständlich: Wörtlich heißt tatsächlich altgriechisch σχίζειν = s'chizein = abspalten und φρήν = phrēn = Seele. Nach dem heutigen Verständnis ist Schizophrenie aber gekennzeichnet durch Wahnvorstellungen aller Art, bis hin zum Verfolgungswahn. Hinzu kommen womöglich Denkstörungen, Stimmenhören, Depression, eingeschränkte Mimik und Gestik, Sprachstörungen, Bewegungsstörungen, Katatonie. Im Vordergrund der Schizophrenie stehen jedoch die Wahnvorstellungen, die zur festen Überzeugung des Betroffenen wurden, auch wenn man ihm das Gegenteil beweisen kann, wenn er z.B. glaubt, er sei ein Huhn.

M: Und wie nennt man offiziell das, was man im Gegensatz dazu als „Spaltungs-Irresein" bezeichnen könnte?

H: Das ist dann die multiple Persönlichkeit. In der Internationalen Klassifikation der Krankheiten ICD heißt die „Spaltung der Persönlichkeit": Dissoziative Identitäts-Störung (DIS). [247] Die multiple Persönlichkeit äußert sich dadurch, dass jemand einmal die eine Person und einmal eine ganz andere Person ist oder zu sein scheint, sowohl aus der Sicht der

---

[247] Die ältere deutsche Bezeichnung Multiple Persönlichkeits-Störung (multiple personality disorder) gilt heute nicht mehr, bei der man früher zwingend davon ausging, dass die verschiedenen Persönlichkeiten nichts voneinander wissen. DIS heißt international DID = Dissociative Identity Disorder.

anwesenden Beobachter, als auch in der eigenen Wahrnehmung. Natürlich nicht in der äußeren Erscheinung, aber in ihren Äußerungen, Überzeugungen, in Selbstwahrnehmung, Ich-Gefühl, Mimik, Gestik, Verhaltensweisen.

Ein sehr schönes historisches Beispiel aus Indien ist die Geschichte der ÚTTARA, die sich bisweilen vollständig in eine andere Person, nämlich SHÁRADA, verwandelt. Shárada hatte zu Anfang des 19. Jh. gelebt, und weiß nichts von der heutigen Zeit und von Úttara. [248] Die beiden kennen sich gegenseitig nicht, obwohl sie abwechselnd in demselben physischen Körper wohnen. Ich empfehle sehr, den Artikel „Xenoglossie – Beispiel Shárada" auf www.mutual-mente.com, Thema A /A0, § 11, zu lesen.

M: Vermutlich weiß die Psychiatrie nicht, wie so etwas zustande kommt und wie es zu erklären ist. Und wie erklären wir uns das? Wie haben immerhin ein spirituelles Weltbild zur Verfügung.

H: Wir erklären uns das als eine spirituelle Besetzung. [249] Bei einer solchen Besetzung übernimmt die Seele eines Verstorbenen die Kontrolle über die Gedanken und das Verhalten einer lebenden Person, nur zum Teil oder gar vollständig. Im Falle der Úttara / Shárada ist es eine vollständige, aber vorübergehende Besetzung.

M: Ich habe da gleich mehrere Fragen:

---

[248] „Shárada" im Literaturverzeichnis und in Thema A/A0, §11.
[249] Näheres in Anlage 2 „Spirituelle Bestzungen" hier im Dialog.

a.) In der Psychiatrie könnte man ja auch einmal hinhören, was der Besetzer oder die andere Person, in die sich jemand verwandelt, zu sagen hat, und wer sie überhaupt ist.

b.) Wovon spricht die Psychiatrie bei einem ausgeprägten Wieder-Erleben eines früheren Lebens? (s. Kapitel 1: Reinkarnations-Forschung.)

c.) Wie versteht die moderne Psychiatrie ein spirituelles Medium, wenn ein Geist durch das Medium spricht und das Medium in Stimme und Gebärden den Geist imitiert? [250] Wir sind ja bei einer eindrucksvollen Demonstration von Mediumismus dabei, als die Mutter DHOARAM's die Geschichte erzählt, wie die Menschen auf die Erde kamen. [251]

H: Solche Menschen werden von der modernen Psychiatrie für geisteskrank erklärt und dementsprechend behandelt. Schrecklich! Das ist nur möglich auf der Basis eines grob materialistisch-mechanischen Weltbildes und eines Missverständnisses, welches keine Geistige Welt kennt, welches nichts davon wissen will, dass die Seele des Menschen den leiblichen Tod überlebt. Obwohl wir uns das christliche Abendland nennen, wo doch gerade das Christentum die Unsterblichkeit der Seele lehrt. [252]

---

[250] Der Geist, der durch ein Medium spricht, ist meist die Seele eines Verstorbenen, ähnlich wie ein spiritueller Besetzer; s. Anlage 2. Es kann aber auch der Geist eines spirituellen Lehrers sein. (Baldwin, p. 18.1)

[251] „Dhoaram", Episode 20. Die Mutter wird zu einem Medium, durch welches ein längst verstorbener Erzähler spricht.

[252] Um genau zu sein, gibt es allerdings völlig unbegreifliche evangelische Theologen, die behaupten, es gäbe keine unsterbliche Seele; siehe Karl Barth im Literaturverzeichnis.

Bis heute gilt noch in weiten Kreisen der Psychiatrie der von KARL JASPERS [L] [1883-1969] formulierte Grundsatz, dass die Inhalte von Wahnvorstellungen grundsätzlich unbegreiflich und für die Therapie nutzlos seien. [253], [254] JASPERS sagte, dass der Wahn gekennzeichnet sei durch außergewöhnliche Gewissheit und Unkorrigierbarkeit einer Überzeugung, die unmöglich richtig sein kann.

EDGAR W. HARNACK [255] jedoch bemerkt hierzu kritisch: [256] „Tatsächlich aber halten viele Menschen an falschen Überzeugungen fest, ohne wahnsinnig zu sein, während wahnhaften Menschen zuweilen Zweifel an ihren Wahninhalten kommen. Und oft können wir nicht sagen, dass eine Überzeugung, etwa die der Existenz einer Aura, unmöglich richtig sei, und spüren dennoch, dass der andere einem Wahn verfallen ist. … Wir dürfen nicht hoffen, die Sache mit dieser Definition [JASPERS'] schnell zu erledigen."

Edgar W. HARNACK, stellt JASPERS seine eigenen Kriterien der Psychose entgegen:

„*Erstens* ist der veränderte Bewusstseinszustand des Psychotikers dysfunktional in weltlicher und überweltlicher Hinsicht.

Zweitens ist der Eintritt in den außergewöhnlichen Bewusstseinszustand beim Psychotiker nicht freiwillig und

---

[253] [Jasper's] Unverständlichkeits-Theorem [L] in der Psychiatrie, im Literaturverzeichnis. Siehe auch Andrea Moldzio [L] [2020].

[254] Jaspers, Karl [L] (1946): Allgemeine Psychopathologie, 4. Aufl., Berlin, Seiten 78 und 80.

[255] nicht zu verwechseln mit dem ev. Theologen Adolf von Harnack.

[256] Harnack [L], Edgar W.: „Die diagnostische Trennung von Psychose und spiritueller Erfahrung I", im Literaturverzeichnis.

intendiert, er wird weder bewusst herbeigeführt noch ge-
wünscht.

Drittens ist dieser Eintritt nicht kontrollierbar und deshalb nicht reversibel. Es ist wichtig festzustellen, dass nur alle
drei Kriterien zusammen hinreichend sind, um eine Psychose
anzunehmen."

M: Sind wir jetzt mittendrin in der Psychiatrie-Kritik?

H: Es gibt eine Menge Kritik an der modernen Psychiatrie, an
ihren Diagnosen und Behandlungen. Das ist eine ganze Be-
wegung.n[257] Wichtige Aspekte sind auch: Zwangseinweisung und Zwangsbehandlung.[258] Der Psychiater ist der einzige Arzt, der seinen Patienten gegen dessen erklärten Willen
therapieren und dessen Willen mit Hilfe von Medikamenten
und mit Hilfe von körperlicher Gewalt brechen darf.[259]

Ein Gutteil der besten Literatur und der besten Aktivitä-
ten auf diesem Gebiet stammt von Selbsthilfegruppen.

M: Können wir noch einmal festhalten, welche Menschen zu
Unrecht in eine psychiatrische Behandlung geraten können?

H: Das sind Menschen, die durch besondere spirituelle Begabungen auffällig werden. Einige nannten wir ja schon: Spirituelle Besetzung, Erinnerungen an frühere Leben, Mediumismus, Stimmenhören, schamanische Krise, religiöse und

---

[257] „Psychiatrie-Kritik", s. Wikipedia und hier im Literaturverz.

[258] Es gibt dazu sehr viel Literatur, siehe z.B.:
http://www.psychiatrie-erfahrene.de/, und
http://www.psychiatrie-erfahrene.de/FAQ.

[259] siehe Bundesministerium für Gesundheit: Patientenrechtegesetz";
was dort steht, ist ganz wichtig, aber vielfach unbekannt.
s.a. viele Beiträge zum Thema „Patientenrechte" im Internet.

mystische Erfahrungen, Nahtodes-Erlebnisse, gespaltene Persönlichkeit. Ein solches Ereignis, das sich zuerst im Bewusstsein eines Menschen abspielt, kann in Form einer schweren, auch von außen sichtbaren Krise auftreten, die vom gewöhnlichen Psychiater als Geistesstörung diagnostiziert und entsprechend behandelt wird. [260]

M: Wie kann man als Betroffener dem entkommen?

H: Am besten ist es, wenn ein solcher Mensch gar nicht erst auffällig wird. Behandlungsbedürftig ist einer ja nur, wenn er im Leben nicht mehr zurechtkommt. Eine große Rolle spielen dabei die Familien-Angehörigen, die im günstigsten Falle selbst ein spirituelles Verständnis aufbringen. Erfolgversprechend ist es auch, eine Selbsthilfegruppe aufzusuchen.

Gottseidank gibt es inzwischen einige Ärzte, Psychologen und Psychiater, die hier eine andere Haltung einnehmen. Das kommt dann den betroffenen Menschen zugute, indem ihre besonderen Fähigkeiten als solche erkannt, und sie nicht psychiatrisiert werden.

M: Wie gehen diese Ärzte mit solchen Menschen um?

H: Sie bringen solchen spirituellen Erscheinungen, die fälschlich als Geisteskrankheit aufgefasst werden, ein tieferes Verständnis entgegen. Viele berufen sich dabei auf CARL GUSTAV JUNG [L], der jedem Ereignis im Bewusstsein eines Menschen eine Bedeutung beimaß.

---

[260] s.a. Pasricha, SK: „Relevance of para-psychology in psychiatric practice", im Literaturverzeichnis.

Zitat JUNG: „In jedem Chaos ist ein Kosmos, in jeder Unordnung ist eine geheime Ordnung." [L]

JUNG ist in England und Amerika mindestens ebenso bekannt wie bei uns, dort unter dem Namen „CARL JUNG".

M: Was für ein ‚Chaos‘?

H: Alles, was wir vorher schon nannten; im einfachsten Falle: Stimmenhören. Während der Psychiater das als krankhaft einstuft, hört JUNG hin, was die Stimmen zu sagen haben. Etwa 10 % aller Menschen hören in ihrem Leben mindestens einmal Stimmen. Wenn dies belastend wird, wendet man sich besser an eine Selbsthilfegruppe. [261]

Ansonsten fallen unter ‚Chaos‘ solche Erscheinungen, wie wir sie schon erwähnten: Mediumismus, Erinnerungen an frühere Leben, Voraus-Wissen (Präkognition), spirituelle Besetzungen. All‘ dieses erscheint dem Verständnislosen als unsinnig.

M: Wie kann man denn eine spirituelle Krise von einer echten Geisteskrankheit unterscheiden?

H: Es gibt einen wunderbaren Aufsatz von NICKI CROWLEY [L] zu diesem Thema, in welchem er das Dilemma zwischen spiritueller Krise und nicht mehr als solche einzuordnender Geistesverwirrung bespricht.

Die Übergänge sind fließend; es gibt kein sicheres Kriterium: Jedoch wird der erfahrene, spirituell orientierte Psychologe oder Psychiater zunächst versuchen, die Vorgänge, die ihm ein Klient darbietet, als spirituelle Krise zu begreifen und

---

[261] Siehe das „Netzwerk Stimmenhören" im Internet.

den Klienten entsprechend zu führen. Dann können vielleicht beide, Klient und Therapeut, erkennen, dass der Klient gerade einen Entwicklungs-Sprung auf eine höhere geistige Ebene macht, oder einfacher ausgedrückt, dass er gerade dabei ist, besondere spirituelle Fähigkeiten zu entfalten.

Würde einem Menschen jedoch in einer spirituellen Krise die Diagnose ‚Wahnsinn' gestellt werden, und würde er womöglich dementsprechend behandelt und eingesperrt werden, dann sinken seine Chancen auf den Nullpunkt. Siehe zu diesem Thema auch den richtungweisenden Aufsatz von GIOVANNI IANNUZZO [L] „Clinical Parapsychology and Parapsychological Counseling in Psychiatric Practice." Der Aufsatz enthält auch ein Beispiel aus der psychiatrischen Praxis, in welchem ein Patient einen sehr realistischen präkognitiven Traum hatte, der sich ein paar Tage später in Form eines Unfalls seines Neffen verwirklichte. Der Patient litt danach unter schweren Schuldgefühlen, da bei dem Unfall sein Neffe ernstlich zu Schaden kam und er ihn nicht gewarnt hatte.

M: Wer kann denn eine Diagnose ‚Spirituelle Krise' stellen und den Patienten entsprechend führen?

H: Im Jahre 1978 gründeten CHRISTINA und STANISLAV GROF das „Spiritual Emergence Network" [L], in welchem heute weltweit Ärzte, Psychiater, Psychologen zusammengeschlossen sind, die sich dieser Aufgabe gestellt haben. Ihre Philosophie des menschlichen Seins und Bewusstseins nennen sie ‚Transpersonale Psychologie'. [262]

M: Was ist das?

---

[262] Siehe Wikipedia: „Transpersonale Psychologie".

H: Es ist der Teil des ‚Spiritualismus', der sich auf das menschliche Bewusstsein bezieht. Man geht in der Transpersonalen Psychologie ganz im Sinne von C. G. JUNG davon aus, dass das menschliche Bewusstsein nicht an das Gehirn gebunden ist, und dass es ein höheres, universelles Bewusstsein gibt, an welches wir alle angeschlossen sind.

M: Gibt es auch in Deutschland dieses Netzwerk?

H: Ja. In Deutschland heißt es: S.E.N. = Netzwerk für spirituelle Entwicklung und Krisenbegleitung e.V. Es gibt dort auch eine TherapeutInnen-Liste. [263]

M: Und was ist bei einer schamanischen Krise?

H: Wir können auch die schamanische Krise hier einordnen. Sie kann, wie wir gesehen haben, sehr heftig und gefährlich sein, und würde vom Psychiater bestimmt als Schizophrenie oder Epilepsie erkannt werden. Wenn einem Menschen so etwas bei uns hier passieren würde, gäbe es schulmedizinisch keine Möglichkeit, ihn in seiner Krise adäquat zu begleiten.

M: Das heißt also, dass ein zum Schamanen bestimmter Mensch bei uns keine Chance hat, wenn er in die Krise kommt?

H: Ich fürchte, dass es so ist, wenn sich seine Berufung durch eine solche schwere Krise kundtut, wenn er dadurch auffällig wird, und er keinen spirituell orientierten Psychiater findet. Stelle dir vor, wie DHOARAM in seiner Krise hier behandelt worden wäre. (DHOARAM, Episoden 11 und 12).

M: Der Schamanismus ist ein Phänomen sui generis, dem wir nicht unsere im Westen erfundenen psychiatrischen

---

[263] S.E.N.: https://www.senev.de/.

Diagnosen überstülpen können. Unsere Diagnosen sind ja nur durch die Symptome des Patienten definiert, ohne jedes Verständnis dafür, was sich in dessen Innerem abspielt. Und dann kommt die chemische Keule. Wenn unsere Gelehrten unsinnigerweise einen Schamanen als schizophren bezeichnen würden, was wissen sie dann von der Unteren und der Oberen Welt, in die er reist? Was wissen sie von den Geistern, mit denen er spricht und die ihm helfen? Was wissen sie von seinen Fähigkeiten zu heilen?

H: Es ist auffällig, dass die Diagnose ‚Schizophrenie' in den westlichen Industrieländern viel häufiger gestellt wird als in anderen Kulturkreisen. [264]

M: Tritt die Schizophrenie hier bei uns tatsächlich häufiger auf oder wird nur die Diagnose öfter gestellt?

H: Die Frage hat verschiedene Facetten: Zum einen werden Menschen mit denselben Symptomen in verschiedene Kulturen unterschiedlich wahrgenommen. [265] Eine Person, die im Westen für schizophren erklärt wird, gilt in anderen Gegenden als Medium oder als Schamane. [266]

M: Immer?

H: Nein, natürlich nicht immer. Nur dann, wenn er zum Medium oder Schamanen berufen ist. Wenn er als Medium mit den Seelen Verstorbener reden kann, oder wenn er als Schamane die Fähigkeit zu heilen entwickelt, dann kann er in einer spirituell orientierten Gesellschaft als Medium oder als

---

[264] s. „Psychiatrie, transkulturelle" im Literaturverzeichnis
[265] Avasthi, A: „Indianizing psychiatry-Is there a case enough?"[L]
[266] siehe im Literaturverzeichnis.: Schamane > „Schizophrenie & Schamanismus".

Schamane anerkannt werden. Er hat dann für die Gesellschaft eine besondere Begabung und eine besondere Aufgabe.

M: Eine solche Entwicklung – zum Medium, zum Schamanen oder zum Irren – ist also davon abhängig, wie die Umwelt mit einem solchen Menschen umgeht.

H: Ja, sicherlich: Wenn er bei seinen ersten Schritten auf dem Wege zum Meister der Ekstase, als noch völlig unerfahrener junger Mann oder junge Frau, für verrückt erklärt wird, und wenn seine Umgebung keinerlei Verständnis hat für das, was ihm da geschieht, dann gerät er in größte Schwierigkeiten.

,Schizophrenie' ist eine Diagnose mit fatalen Folgen. Wenn einer für schizophren erklärt wird, wird er vielleicht erst recht schizophren. Die Medikamente können dazu beitragen, die Krankheit zu manifestieren und zu verschlimmern. Wenn jemand jedoch in einer anderen Kultur als auf dem Wege zum Schamanen erkannt wird, dann hat er dort einen geachteten Status, findet schließlich seine Aufgabe und seine Berufung.

20. Kann der Mensch als Tier wiedergeboren werden?

H: Betrachten wir die Frage: Kann ein Mensch auch als Tier wiedergeboren werden?

Die Vermutung geht auf PYTHAGORAS zurück, der die Möglichkeit der Wiedergeburt als Tier lehrte. Seit 2½ Jahrtausenden streiten sich nun die Gelehrten darüber. Oftmals wurde dieser ‚Unsinn‘ als Argument gegen die Reinkarnationslehre vorgebracht, obwohl Reinkarnation ja auch ohne Wiedergeburt als Tier denkbar ist, und gewöhnlich auch ohne eine solche gedacht wird.

M: Sagtest du nicht, es gäbe dazu eine Lösung?

H: Joachim's Antwort ist diese: Wir sind immer alle vier Wesen zugleich: Mensch, Tier, Pflanze und Mineral. Wir können uns da auch auf FREDERIC MYERS beziehen. MYERS spricht zu uns via Kreuzkorrespondenzen [267] aus dem Jenseits [268] und sagt uns, wie überhaupt der Weg einer Seele [269] in die materielle Welt hinein sei und danach auch darüber hinaus. Nach MYERS existieren wir am Anfang als Mineral, danach als Pflanze, später als Tier und schließlich als Mensch.

---

[267] s. Anlage 4: FREDERIC MYERS: Die Kreuzkorrespondenzen.

[268] Dass die Mitteilungen Myers' (1843-1901) aus dem Jenseits kommen, ist schwer zu widerlegen. Leider ist er weitgehend unbekannt. Literatur im Literaturverzeichnis unter Myers.

[269] In unseren Texten und Büchern verwenden wir das Wort ‚Seele‘ in dem Sinne, dass dies der unsterbliche Anteil des Menschen ist, der sich nach dem leiblichen Tode im Jenseits aufhält und schließlich in einem neuen menschlichen Körper wiedergeboren wird. s. Anlage 1: Terminologie > „Seele“. s.a. Kapitel 01. „Reinkarnation“.

PETER SHEPHERD gibt MYERS [L] wie folgt wieder [270]:

"Die ultimative Existenz, die für den menschlichen Verstand vorstellbar ist, ist die von 'Gott'; und laut MYERS ist das genau das, worauf wir hinsteuern. Unsere Ausbildung führt uns durch jede Form der Existenz - vom Mineral zur Pflanze, von der Pflanze zum Tier, vom Tier zum Menschen, vom Menschen zum Göttlichen. Schließlich kehren wir zu unserem psychischen Ursprung zurück, zu unserer wahren Natur, die diejenige Gottes ist. Es ist, als würde Gott seine Schöpfung durch unsere individuellen Reisen, Erfahrungen und unsere Ausbildung erforschen."

Dasselbe sagt RUMI zu einer ganz anderen Zeit, in einer ganz anderen Kultur [271], [272], [L]:

> RUMI: Zuerst warst du Mineral, dann Pflanze, dann Tier, dann Mensch; du wirst ein Engel werden, und auch das wirst du hinter dir lassen; es warten noch tausend weitere Existenzformen auf dich; was du dir nicht vorstellen kannst, das wirst du sein."

M: Was bedeutet das für die mögliche Wiedergeburt als Tier?

H: Der Schamane weiß, dass wir als nunmehr menschliche Wesen unsere früheren Existenzen *nicht* abgelegt haben, sondern dass sie uns auch in unserer jetzigen Inkarnation begleiten, immer gegenwärtig und ein Teil von uns sind. Wir sind alle 4 Wesen zu gleicher Zeit, auch wenn es uns nicht bewusst ist.

---

[270] https://trans4mind.com/afterlife/myers2.html.

[271] Dschalal ad-Din al-Rumi, 1207-1273, persischer Mystiker und Dichter, Begründer des Mevlevi-Derwisch-Ordens.

[272] Rumi: Drei Zitate in Anlage 5 zu diesem Dialog.

M: Das wird ja im SATYENDRA und auch im DHOARAM ausführlich dargelegt:

> SATYENDRA hat offenbar schamanische Fähigkeiten erworben, denn er kann mit seinem Bären reden, ja, er kann sich sogar in ihn verwandeln. [273] Ähnliches erfährt DHOARAM ja auch bei seinem Einweihungs-Erlebnis, wo er sich zunächst als Moos fühlt und später als Eule. [274]

H: ELIADE [275] schreibt, dass das Geist-Tier von dem Schamanen Besitz ergreift. Mehr noch: Der Schamane verwandelt sich in sein Kraft-Tier; er nimmt dessen Identität an. Er *wird* das Geist-Tier und spricht, singt oder fliegt wie das Tier. Die schamanische Geheimsprache ist die Sprache der Tiere.

M: Du meinst also, wir haben vier verschiedene Existenzen zu gleicher Zeit? Davon wissen wir aber gewöhnlich nichts. Ist das alles nicht ein bisschen sehr phantasievoll?

H: Es gibt einige Hinweise, die uns zu denken geben können. Zum Beispiel nehmen die Indianer Nordamerikas Tiernamen an. Einer der berühmtesten Indianer war SITTING BULL ᴸ. Diese Namen werden nicht willkürlich gewählt, sondern die persönlichen Kraft-Tiere werden in der schamanischen Krise oder in der Visions-Suche gefunden, in einem außergewöhnlichen Bewusstseins-Zustand, in welchem man sich selbst als dieses Tier erlebt. Es wird später in Ritualen oft nachgeahmt in seinen Bewegungen und Lauten. Der Indianer trägt nicht nur diesen Namen, sondern er *ist* dieses Tier.

---

[273] Satyendra, Kapitel 16, ab Seite 69.1.
[274] Dhoaram, Episode 12, ab S. 71.5.
[275] Eliade: Seite 101 Mitte, u.v.a. Stellen.

Einige der TAOS-Indianer in New Mexiko, USA, nehmen den Namen von Pflanzen an.

M: Manches wissen wir ja aus den Indianergeschichten, die unsere Eltern immer so seltsam beeindruckt haben. Was noch?

H: Man kann auch an die alten Ägypter denken, die die Götter oft als Tiere oder als Menschen mit Tierköpfen darstellten. ANUBIS, der Gott der Totenriten, wird oft als schwarzer Hund dargestellt oder als Schakal, oder als Mensch mit Hunde- oder Schakal-Kopf. THOT, der Gott des Mondes, der Magie, der Wissenschaft, wird entweder als Mensch mit Ibis-Kopf, oder in Gänze als Ibis oder als Pavian dargestellt. Man denke auch an die SPHINX. Es gibt aber auch ägyptische Götter, die nur in Menschen-Gestalt erscheinen: ISIS, die Göttin der Geburt, der Wiedergeburt und der Magie, als zierliche Frau; OSIRIS, der Gott der Unterwelt und Richter der Toten, nur in menschlicher Gestalt, sieht ähnlich aus wie ein Pharao.

Gewöhnlich begegnen wir diesen Mischgestalten mit Unverständnis; nun haben wir eine mögliche Deutung. Jetzt können wir diese Mischwesen als eine Darstellung unserer selbst begreifen, da wir sowohl Mensch als auch Tier sind. Man denke auch an den indischen Gott GANESHA, den mit Elefantenkopf und Rüssel. In der Höhle von Lascaux ᴸ findet sich ein Mischwesen aus Frau und Stier.

M: Ein Kurs-Teilnehmer bei MICHAEL HARNER würde sich auf einmal sichtbar in einen Löwen verwandeln?

H: Eher nicht. Diese Erlebnisse sind Visionen von Teilnehmern; die für die Visionäre sehr beeindruckend sind und von diesen als absolut wahr wahrgenommen werden.

M: Hattest du selbst ein solches Erlebnis?

H: Ich möchte mich da bedeckt halten. Aber so viel kann ich dir sagen: Ich bin fest davon überzeugt, dass es solche Identifikations-Erfahrungen selbst für Laien gibt, also für einfache Kursteilnehmer ohne Vorkenntnisse. Diese Erfahrungen werden in dem Buch von MICHAEL HARNER beschrieben. [276]

M: Man kann so etwas also in der Vision, in der Imagination erleben, mithin bei einem veränderten Bewusstsein. Wie wird dieses veränderte Bewusstsein bei HARNER herbeigeführt?

H: Durch monotone Trommel-Rhythmen [277, 278], ebenso wie bei SATYENDRA, Kapitel 16.

Bei HARNER auf keinen Fall durch Drogen [279], die allerdings bei vielen Schamanen gebräuchlich sind: PEYOTE in Nord- und Mittel-Amerika, auch bei CASTANEDA [L]; Ayahuasca in Mittel- und Südamerika [280, 281]; der Fliegenpilz in Sibirien, vielleicht auch im alten Germanien.

H: Ich möchte aber ganz sicher hier keine Reklame für solche Kurse machen, da ich sie für gefährlich halte, auch ohne Drogen. Ich meine damit *alle* Übungen, die mit Imaginationen,

---

[276] Michael Harner, S.133.3fff.

[277] Eliade, S. 168f, 174f, 400.4f.

[278] mit einer Frequenz von 4-7 Schlägen pro Sekunde, was den Theta-Wellen des menschl. Gehirns entspricht, Harner, S.12.5.

[279] Michael Harner, S.19.1, S.30.5.

[280] Harner S.11.4f, S.13.3. Harner schildert ein eigenes Ayahuasca-Erlebnis ab Seite 36.1.

[281] Spiegel Wissenschaft: „Plötzlich sprachen die Bäume", 2018; s.a. „Ayahuasca" bei Wikipedia.

mit inneren Bildern, mit Tagtraum-Bildern [282] und, ganz allgemein, mit veränderten Bewusstseinszuständen einhergehen. Diese Gefahren sehe ich auch für die Fälle, wo solche Verfahren von professionell ausgebildeten Therapeuten ausgeführt werden.

M: Wie das? Solche Übungen und Therapien sind inzwischen allgemein gebräuchlich geworden. Was kann passieren?

H: Einzelne Teilnehmer können in Einbildungen verfallen, in denen sie gefangen bleiben. Um es einmal in Zahlen auszudrücken: Einer von 20 Teilnehmern kommt vorübergehend in psychische Schwierigkeiten, und einer von 100 bekommt dauerhafte Probleme, indem er die inneren Bilder nicht mehr loswird. Das sind meine groben Schätzungen; es gibt keine Statistik. Leider kommen diese Entgleisungen aber tatsächlich bei Imaginationen vor. [283] Ich habe das alles selbst miterlebt, nicht an mir selbst, aber z.B. bei einer Teilnehmerin eines Kurses mit Imaginationen, mit Bildern in Wachträumen, und auch in anderen Fällen.

M: Hast du auch Identifikationen mit Pflanzen [284] oder Mineralien miterlebt, die wir ja nach all dem auch sind?

H: In den Gruppen, an denen ich teilgenommen habe, habe ich nur ein einziges Mal erlebt, dass jemand zu einem Baum

---

[282] Zu den Gefahren s. z.B. „Katathymes Bilderleben – die Kraft der inneren Bilder", https://therapie-portal.de/katathymes-bilderleben-die-kraft-der-inneren-bilder/

[283] Näheres unter Wikipedia: Reinkarnationstherapie > „Risiken der Methode" und > „unzureichendes medizinisches Wissen".

[284] Pflanzengeister im Literaturverzeichnis.

wurde. Bäume haben für uns Menschen eine große Bedeutung. Sie sind lebende Monumente.

M: Jetzt kommt der DHOARAM, genauer gesagt, der DULGUR daher und lehrt uns, dass wir sogar mit je einem Vertreter der jeweiligen Gruppe identisch sind, dass sie ein Teil von uns und wir ein Teil von ihnen sind. [285] Im SATYENDRA ist es der Heiler, der das auf das Deutlichste hinstellt. [286]

H: Es ist aber nicht so, dass wir mal als Mensch und mal als Tier geboren werden, sondern wir sind immer alles zugleich: Mensch, Tier, Pflanze und Stein.

M: Mir scheint, dass ein naturwissenschaftliches Verständnis des Schamanismus gar nicht möglich ist, da hier zwei Weltanschauungen aufeinander treffen, die nicht miteinander vereinbar sind. Kein Wunder, dass die Naturwissenschaftler davon nichts wissen und nichts wissen wollen. –

M: Mir kommt da noch ein anderer Gedanke: Wir sagten, der Mensch besteht aus vier Wesens-Gliedern: Mineral, Pflanze, Tier und Mensch. Dies gilt für uns alle, auch wenn wir uns dessen nicht bewusst sind. Nun haben wir aber auch noch die Fähigkeit, einen Blick in die Andere Wirklichkeit zu werfen, z.B. bei Reinkarnations-Erinnerungen, Nahtod-Erlebnissen, Jenseits-Erfahrungen, bei der Gottes-Schau. Echte spirituelle Erfahrungen [287] sind immer eine Verbindung des menschlichen Bewusstseins mit der Geistigen Welt. Deshalb vermute ich jetzt, dass wir einen fünften Wesens-Anteil haben,

---

[285] Dhoaram, Episode 07: „Mein Großonkel Dulgur", Seite 41.2.
[286] Satyendra, Kapitel 14: „Der Heiler", S56.4f.
[287] s. das Schema „"Echte Spiritualität, … " in Kap. 11a.

nämlich den spirituellen, unseren rein geistigen Anteil, der der Geistigen Welt angehört. Wir leben in beiden Welten zugleich: Wir sind materielle (biologische) und ebenfalls spirituelle Wesen.

H: Nach dem, was du sagst, fühle ich mich jetzt befreit aus der Enge der Materiellen Welt; ich bin zugleich auch ein Teil der Geistigen Welt. Wie nennen wir denn unseren Wesens-Anteil, der der Geistigen Welt zugehört?

M: Ich versuche es einmal: Die Unsterbliche menschliche Seele?

H: Ich stelle mir das so vor: Unsere Unsterbliche Seele ist in unserem irdischen Leben stets bei uns und in uns; wir bemerken sie jedoch gewöhnlich nicht. Erst wenn wir ein echtes spirituelles Erlebnis haben, wie etwa eine Voraus-Schau in die Zukunft, die sich später bewahrheitet, oder eine Erinnerung an ein früheres Leben, dann wird uns bewusst, dass da etwas ist, was unsere normale Sicht der Welt überschreitet.

M: Jetzt muss ich noch einen Schritt tun: Unsere Unsterbliche Seele ist immer aktiv und immer aufmerksam, denn wir erinnern uns im Nahtodes-Erlebnis, im Jenseits nach unserem Tode, an viele Einzelheiten unseres jetzigen, dann vergangenen Lebens. –

Ich meine: Über unsere Unsterbliche Seele haben wir noch gar nicht genügend nachgedacht. –

———————

Teil III.   Ein Blick in die Zukunft

21. Paradoxien der Zeitreisen

H: Zwischen den Erinnerungen an ein vergangenes Leben und an ein zukünftiges Leben gibt es einen wesentlichen Unterschied.

M: Und der wäre?

H: Bei Reisen in die Vergangenheit gibt es kein logisches Problem: Wir müssen allerdings unterscheiden zwischen körperlichen Reisen und Bewusstseins-Reisen. In den Medien wird ja fleißig diskutiert, ob Zeitreisen in Vergangenheit und Zukunft möglich sind. Damit sind aber körperliche Reisen gemeint; ob man also mit dem eigenen physischen Körper, und vielleicht auch noch mit seiner Kleidung und mit Waffen ausgerüstet, in eine andere Zeit wechseln kann.

M: Man sieht solches in den Science-Fiction-Filmen.

H: In den Science-Fiction-Filmen brauchen sie keinerlei Rücksicht auf die Naturgesetze zu nehmen.

M: Du machtest einen Unterschied zwischen körperlichen Reisen und Bewusstseins-Reisen.

H: Ja. Die physischen, also die körperlichen Reisen, sind nach den Gesetzen der Physik zu beurteilen. Es gibt dabei ein logisches Problem, das sog. Großvater-Paradox. Wenn ich nämlich körperlich in die Vergangenheit reisen würde, dann könnte ich dort meinen Großvater erschlagen und so meine eigene heutige Existenz unmöglich machen. Bitte entschuldige dieses erschröckliche Beispiel, aber so wird es in der Literatur diskutiert. [288]

Bei Bewusstseins-Reisen hingegen, etwa bei Reinkarnations-Erinnerungen, besteht dieses Problem nicht, da man ja nicht in die Geschehnisse der Vergangenheit eingreift, sondern alles so erlebt, wie es damals ablief. Will sagen: Wir verändern nicht das Geschehen in der Vergangenheit, nicht mit einer Intention, nicht mit einem Willens-Impuls, der aus der Gegenwart stammt. Das JETZT liegt in einer solchen Rück-Erinnerung in der Zukunft.

M: Ich denke, wir sprechen hier über ein Wiedererleben eines vergangenen Lebens in Hypnose oder in Trance. Du meinst also, dass man in einem solchen Wiedererleben keinen freien Willen hat?

H: Man erlebt alles so, wie es damals geschah. Wenn man damals eine Entscheidung getroffen hat, dann trifft man diese Entscheidung in dem Wiedererleben genauso wie damals. Man glaubte damals, eine Entscheidung nach freiem Willen zu treffen, und man glaubt dies in der Erinnerung ebenso.

M: Aha. Wenn ich mich im ganz normalen Leben an die Geschehnisse von gestern erinnere, kann ich ja meine gestrigen Entscheidungen auch nicht revidieren, selbst wenn ich sie heute bedaure.

H: So ist es. Es gibt also bei Bewusstseins-Reisen in die Vergangenheit kein logisches Problem. Anders ist es bei Bewusstseins-Reisen in die Zukunft hinein.

---

[288] Wikipedia: „Großvater-Paradox".

M: ??

H: Ich erlebe in einer Zukunfts-Vision, wie ich mich versehentlich mit dem Jagdgewehr, welches du dort an der Wand siehst, erschieße. Nun will ich das heute verhindern und zerschlage das Jagdgewehr schon heute und werfe es fort.

M: Haben wir jetzt ein Paradox? Und deine Lösung?

H: Echte Paradoxa haben keine Lösung.

M: Mithin sind Bewusstseins-Reisen in die Zukunft logisch unmöglich?

H: Du hast ein großes Vertrauen in den menschlichen Verstand. Vielleicht haben wir falsch gedacht. Ich versuche einmal einen Ausweg: Zum einen können wir darauf zurückgreifen, dass es in der Geistigen Welt [289] keine Zeit und keine Kausalität gibt. C.G. JUNG sagt: „... und wir müssen die Tatsache ins Auge fassen, dass unsere Welt mit Zeit, Raum und Kausalität sich auf eine dahinter oder darunter liegende andere Ordnung der Dinge bezieht, in welcher weder ‚Hier und Dort‘, noch ‚Früher und Später‘ wesentlich sind. Ich sehe keine Möglichkeit zu bestreiten, dass wenigstens ein Teil unserer psychischen Existenz durch eine Relativität von Raum und Zeit charakterisiert ist.“ [290] Dann ist die Zukunft genau so gegenwärtig wie die Gegenwart. Auch das Wiedererleben eines früheren Lebens, das in Trance wie wirklich erlebt wird, ist in diesem Zustand ebenso gegenwärtig wie die Gegenwart. Ebenso ist es beim Wiederleben eines Aufenthalts im

---

[289] siehe Anlage 1: Terminologie: „Geistige Welt“.
[290] C.G. Jung: „Erinnerungen, Träume, Gedanken“, Abschnitt 311.

Jenseits. [291] Ein echtes Wiedererleben findet in der Geistigen Welt statt, in der es keine Zeit gibt, in der sich alles zugleich ereignet.

M: Ich stelle mir das so vor wie in einem Geschichtsbuch: In dem Buch sind alle Ereignisse zugleich enthalten, egal wann sie stattfanden. Um auch die Zukunft mit einzubeziehen, denke ich an meinen Termin-Kalender. –

Wie ist das nun mit der Willensfreiheit?

H: Wir glauben, in einem früheren Leben freie Entscheidungen getroffen zu haben, haben aber in Wirklichkeit gar nichts entschieden. Denn in der Bewusstseins-Reise in die Vergangenheit können wir die Vergangenheit nicht mehr ändern.

M: Reicht das als Begründung aus?

H: In Hypnose ist es möglich, vergangene Ereignisse nicht nur zu erinnern, sondern sie als *Wirklichkeit* noch einmal zu erleben. Sie erscheinen einem dann so, als würden sie *jetzt* geschehen.

M: Wie unterscheiden sich Erinnern und Wiedererleben?

H: Das ist hier der entscheidende Punkt. Bei einer einfachen Erinnerung bleibst du mit deinem Bewusstsein im Hier und Jetzt; Bei einer Bewusstseins-Reise geht dein gesamtes Bewusstsein komplett in den Zustand, in dem es damals war.

M: Nicht nur zeitlich, sondern auch örtlich?

---

[291] Vrgl. Kapitel 3: Jenseits-Reisen

H: Ja. Ich beziehe mich auf den Hypnotherapeuten Whitton [L, 292], einen meiner Lieblings-Autoren: Die wenigen Menschen, die unter Hypnose in die Zeit zwischen dem vorigen und dem jetzigen Leben zurückgeführt werden konnten, erlebten ihren Aufenthalt dort im Jenseits unter stärksten Emotionen so wie gegenwärtig und als absolut wirklich. [293]

M: Das heißt, die Vergangenheit wird noch einmal zur Wirklichkeit, ebenso, wie wir es für die Erlebnisse der Schamanen in der Unterwelt und in der Oberwelt festgestellt hatten, dass diese keine Phantasie-Vorstellungen sind, sondern wirkliche, ungefilterte, echte Erlebnisse.

H: Der Unterschied zwischen gewöhnlichen Erinnerungen und echtem Wiedererleben stellt sich so dar: Gewöhnliche Erinnerungen sind oft ungenau, lückenhaft, verfälscht, unvollständig, veränderlich. Echtes Wiedererleben von Vergangenem oder Zukünftigem ist Eins zu Eins identisch mit dem, was in der Vergangenheit geschah oder in der Zukunft geschehen wird.

M: Wie kann man wissen, ob ein solches Erlebnis eines vergangenen oder eines zukünftigen Ereignisses in diesem Sinne *echt*, Wirklichkeits-getreu ist?

H: Ich habe hierfür sechs Kriterien zur Hand:

Erstens betonen diejenigen, die solche Erfahrungen hatten, immer wieder die Echtheit des Wiedererlebens, welches mit tiefen und heftigen Emotionen einher gehen kann.

---

[292] Whitton & Fischer [1976] [L]: „Life between Life", deutsch „Das Leben zwischen den Leben".

[293] Näheres s. Thema A/A3, §4: „Das Leben zwischen den Leben".

Zweitens können wir bei Erinnerungen an vergangene Ereignisse prüfen, ob sie, historisch betrachtet, in allen Einzelheiten genau zutreffen, wie etwa bei den Erinnerungen der Kinder STEVENSON's an ein früheres Leben [294].

Drittens wird man feststellen können, dass solche Erinnerungen unveränderlich sind, wenn z.B. der Hypnotiseur versucht, dem Klienten etwas anderes einzureden, sofern der Klient standhaft bei dem bleibt, was er sieht. Auch in einer eventuellen zweiten Sitzung zu demselben Geschehen wird genau dasselbe wiedererlebt. – Wenn Erinnerungen unter Hypnose an Ereignisse in der Kindheit oder in einem früheren Leben vom Hypnotiseur verändert werden können, dann sind sie kein echtes, unverfälschtes Wiedererleben. Ein gutes Kriterium.

Viertens war WHITTON [L] bei Nahtodes-Erlebnissen und bei den Erlebnissen des Aufenthaltes im Jenseits immer wieder von der Ergriffenheit der Klienten und von der Intensität und Wahrhaftigkeit des Geschehens beeindruckt.

Fünftens betonen die Autoren ELIADE, HARNER und CASTANEDA [L, L, L] immer wieder die Echtheit der Erlebnisse der Schamanen, wobei es sich auch hier um Bewusstseins-Reisen handelt. [295]

Sechstens gibt es Zukunfts-Visionen, die sich später in allen Einzelheiten so bestätigten, wie sie ursprünglich, so wie

---

[294] s. hier im Dialog Kapitel 1: „Reinkarnations-Forschung".
[295] Näheres hier im Dialog, Kapitel 08: „Was macht ein Schamane?"

gegenwärtig, wahrgenommen wurden. [Beispiele im Folgenden.]

M: Hans, du bist so richtig in Fahrt.

H: Wie schön! – Wenn ich einen freien Willen hätte, dann könnte ich das zukünftige Ereignis verändern, auch wenn es in einer echten Vorausschau so wie wirklich gesehen wurde. Ich habe aber keinen freien Willen. Hierzu möchte ich ein Beispiel von KEITH FLOYD [L] (1996) anführen:

Eine Frau Mitte Dreißig schilderte in einem Seminar über Nahtoderfahrungen, sie habe sich vor 4 Jahren wegen schwerer Depressionen zu einer Elektro-Krampf-Therapie überreden lassen, und habe durch die Gabe von Narkotika zur Vorbereitung des Elektro-Schocks schlimmste Angstzustände bekommen. Später, nach dem elektrischen Schock, fühlte sie sich wie befreit von ihren Ängsten und hatte ein Nahtodes-Erlebnis [L], so wie wir es aus zahlreichen Beispielen der Nahtodes-Forschung kennen. [296]

Während ihrer Reise durch den Tunnel hatte sie eine kristall-klare Vision der Feier ihres 5. Geburtstags, lebendig, scharf fokussiert und mit allen Farben, mit flüssigen Bewegungen und 3-dimensional. Es war alles genau so, wie es bei ihrem 5. Geburtstag gewesen war, und sie war mitten in der Szene. Alles war für sie so real, als wäre es das richtige Leben. Es war, in ihren eigenen Worten, ein konkretes Wieder-Erleben jenes Geburtstages, mit allen Einzelheiten, an die sie sich im Wachzustand nicht so genau erinnern konnte.

---

[296] s. hier Kapitel 02 und Thema A/A2: „Nahtodes-Forschung".

Sie erlebte danach noch ein anderes Ereignis, welches keine Entsprechung in ihrer Vergangenheit hatte. Sie wurde auf eine Cocktail-Party eingeladen in ein ihr unbekanntes Haus und konnte alle Einzelheiten und die Gäste genau erkennen; alles war so wie wirklich, so wirklich, so real, wie sie ihren 5. Geburtstag gesehen hatte.

Zwei Jahre später, nach dieser Vision und im richtigen Leben, erlebte sie genau das, was sie in der Vision gesehen hatte, mit allen Details, genau so, ohne jede Veränderung. Woraus wir schließen können, dass es ein echtes Voraus-Erleben gewesen war, welches, wenn es erlebt wird, in der Geistigen Welt zugleich mit der Gegenwart vorhanden ist, denn in der Geistigen Welt gibt es keine Zeit.

M: Hast du noch ein anderes, so unglaubliches Beispiel?

H: PMH ATWATER[L, 297] schildert in ihrem Buch: „Future Memory" ein anderes Zukunfts-Erlebnis einer Frau namens KATHLEEN, welche bei einer Vergewaltigung Todes-Angst hatte und in Ohnmacht fiel. In der Ohnmacht hatte sie eine Vision: KATHLEEN erlebte sich in der Zukunft als eine Frau, die in einem schwarz lackierten Schaukelstuhl sitzt und Kindern zu ihren Füßen Geschichten erzählt. Alles lebens-echt mit allen Einzelheiten. Fünf Jahre später heiratet sie und erlebt in dem Haus ihres Ehemanns genau das, was sie vor 5 Jahren gesehen hatte, nicht unterscheidbar, mit allen Details, nebst Schaukelstuhl.

M: Und wie versteht man das alles?

---

[297] In Atwater's Buch „Future Memory", p.31.1–32.

H: Ich zitiere hier einmal PMH ATWATER ᴸ. Sie nennt Beispiele von ‚Future Memory‘ oder ‚Zukunftsgedächtnis‘,
auch „Erinnerungen an die Zukunft‘, ein Begriff, den sie in
ihrem Buch neu einführt. Sie schreibt:

"Das Zukunftsgedächtnis voller Sinnes-Eindrücke ist so
detailliert, dass es jede Bewegung, jeden Gedanken, Geruch, Geschmack, jede Entscheidung, jeden Anblick und
jedes Geräusch des normalen physischen Lebens umfasst.
All dies wird tatsächlich gelebt und körperlich, emotional
und sensorisch erlebt, nicht nur beobachtet (Hellsehen),
gehört (Hellhörigkeit), vorhergesagt (Prophezeiung) oder
vorher-gewusst (Präkognition). Und dieses Erleben ist so
vollkommen und detailliert, dass es von der alltäglichen
Realität nicht zu unterscheiden ist." [298]

"Viele der Menschen, die ich im Rahmen meiner
verschiedenen Forschungsprojekte interviewt habe, vor
allem Überlebende von Nahtoderfahrungen, sprechen
über die Zukunft, als ob sie bereits bekannt wäre und bereits gelebt würde, als ob das, was sie jetzt tun, nur die
Wiederholung einer Geschichte oder vielleicht das Aus-
führen eines zuvor geschriebenen Drehbuchs wäre. Für
sie kann der gegenwärtige Moment in der Vergangenheit
liegen. ... Sie erinnern sich so an die Zukunft, wie sie
sich an die Vergangenheit erinnern. ... Sie sind keine Seher. Sie sagen nichts voraus. Sie sind einfach Menschen,
die jetzt [nach dem Nahtodes-Erlebnis] in einem anderen
Realitätssystem leben als zuvor, in welchem sich das

---

[298] „Future Memory“, p.32.5f. Die Wörter in Klammern stehen so im
Original. Übersetzung von JFH.

> Verständnis von Zeit und Raum von der Norm fort ver-
> schoben hat."

M: Du erschaffst gerade eine Theorie der anderen Wirklichkeit.

H: Ein solches echtes Wieder-Erleben eines vergangenen Ereignisses oder ein Voraus-Erleben eines zukünftigen Ereignisses ist kein Doppel, keine Kopie jenes Ereignisses,
sondern es ist *dasselbe* Ereignis, es wiederholt sich nicht,
sondern es ist mit sich selbst identisch. Dieses mehrfache
Erleben findet in der Anderen Wirklichkeit als dasselbe
Ereignis statt, in einem besonderen Bewusstseins-Zustand
in der Geistigen Welt, in der es keine Zeit gibt.

M: Ich stelle mir das so vor: Ich schaute mir gestern im Geschichtsbuch die Krönung KARL's des Großen im Jahre
800 in Aachen an, und schaue mir dieselbe Stelle im Geschichtsbuch heute noch einmal an. Dann ist diese Stelle
im Geschichtsbuch dieselbe, sie „ist mit sich selbst identisch", wie du sagst, wird nur von mir von außen zu zwei
verschiedenen Zeitpunkten angeschaut.

H: Dein Beispiel mit dem Geschichtsbuch finde ich hervorragend, sehr anschaulich. Das Geschichtsbuch ist die andere
Wirklichkeit, in der alles zugleich stattfindet; dein Hinein-
schauen findet in unserer gewöhnlichen Welt statt, in der es
Zeit und Raum gibt. –

M: Wollten wir nicht eigentlich über die Willensfreiheit reden?

H: Wir mussten zuerst drei Dinge festklopfen, ehe wie zu deiner Willensfreiheit kommen:

a.) Wir mussten zunächst sicher sein, dass es Rück-Erinnerungen und Voraus-Erinnerungen gibt, die mehr sind als bloße Erinnerungen, sondern echtes Wieder-Erleben und Voraus-Erleben, die mit dem Erlebten in der Vergangenheit oder in der Zukunft vollkommen identisch sind, ununterscheidbar, wie ATWATER sagt.

b.) Wir mussten sicher sein, dass es in diesen Fällen von echtem doppeltem Erleben keine Möglichkeit gibt, diese Ereignisse der Vergangenheit oder der Zukunft willentlich zu verändern.

c.) Wir mussten es so ansehen können, dass das betreffende Ereignis aus unserer gewöhnlichen Sicht zweimal erlebt wird, in der Geistigen Wirklichkeit aber ein und dasselbe Ereignis ist.

M: Mir ist das alles etwas zu hoch. Gibt es denn nicht einfache, gut bestätigte Beispiele von Voraussagen von anderen, leichter verständlichen Autoren, Voraussagen, die gut dokumentiert und tatsächlich eingetroffen sind?

H: Ja. Ich gebe dir ein Beispiel von HELLMUT HOFMANN in seinem Buch „Psi – die Andere Wirklichkeit" [L], S.52:

„Barbaras Mutter, die schon wegen telepathischer Kontakte erwähnt wurde [299], erklärte wiederum eines Morgens, sie hätte einen eigenartigen Traum gehabt (es war im April 1976), und zwar wäre die Reichsbrücke

---

[299] Kap. 5.1.1., Fälle 5 und 6 in dem Buch von H. Hofmann [L].

eingestürzt. Am 1. 8. 1976 um 4 Uhr 43 trat das ge-
träumte Ereignis wirklich ein." [300]

Die Reichsbrücke in Wien ist die wichtigste Brücke über
die Donau, durch ihre charakteristische Form das Stadtbild
prägend. Laut Kommissionsbericht war der Einsturz nach da-
maligem Kenntnisstand nicht vorhersehbar gewesen. Ein Sabo-
tageakt, Sprengung oder Erdbeben wurden als Ursache ausgeschlossen. [301]

M: Findest Du das Beispiel überzeugend?

---

[300] Angabe in Klammern so im Original.

[301] Wikipedia, Reichsbrücke: „Bereits kurz nach dem Einsturz erklärte die Wiener Stadtregierung eine Fremdeinwirkung für
höchst unwahrscheinlich. Zugleich gab die Stadtregierung bekannt, dass die Brücke im Jahr der Katastrophe insgesamt sieben-
mal überprüft worden sei, wobei keine erheblichen Mängel hätten
festgestellt werden können. Eine umgehend einberufene Exper-
tenkommission aus Professoren der Technischen Universitäten in
Wien und Graz legte am 9. August ihren ersten Zwischenbericht
vor, in dem die Einsturzursache grob eingegrenzt wurde: So
schieden laut Untersuchungskommission eine Sprengung, Erdbeben, generelle Instabilität, ein Abreißen der Ketten oder Hänger,
ein Ausreißen der Verankerungen aus den Widerlagern und die
Korrosion eines tragenden Bauteiles als Ursachen eindeutig aus.
Nach dem Untersuchungsbericht brach zuerst der nordöstliche Pylon durch Abscheren des Pfeilers knapp unter dem Brückenaufla-
ger ein. Der zweite Pylon wurde dann mitgerissen. Ein halbes
Jahr später präsentierte die Kommission ihren 400-seitigen End-
bericht, der vom vorläufigen Bericht nicht abwich, sondern ihn
nur präzisierte. Die zentrale Aussage des Berichtes bestand darin,
dass der Einsturz nicht vorhersehbar gewesen sei, weil eine Vielzahl an Faktoren zusammengewirkt habe". Diese einzelnen Faktoren werden danach in dem Bericht aufgezählt.

H: Die Vision Barbara's wurde *vor* Eintritt des Ereignisses fest-gestellt. Das Beispiel hat den Vorzug, dass Vorhersage und Ereignis so prägnant sind, dass keine Ambiguitäten der Deu-tung Zweifel erwecken könnten. Ein Einsturz der Reichsbrü-cke ist ein Einsturz der Reichsbrücke (Tautologie).

M: Gibt es viele solcher guten Beispiele für Präkognition? [302]

H: Im Internet finden wir folgendes Beispiel: Im Jahre 1900 sah eine Magd in **Ahausen** [L] in der Lüneburger Heide einen Großbrand des Dorfes voraus, sodass jahrelang Wachen auf-gestellt wurden. Es war allgemein bekannt und anerkannt, dass die Magd das Zweite Gesicht hatte. Der Brand brach erst 1933 aus; es geschah aber alles genau so, wie die Magd vor-hergesehen hatte.

M: Einen Brand in einem Dorf in der Lüneburger Heide vorher-zusagen, wo viele Häuser aus Holz gebaut und mit Reet ge-deckt sind, ist nun wirklich keine Kunst.

H: Die vielen Einzelheiten, die 1933 wie angekündigt eintrafen, lassen das Beispiel überzeugend erscheinen.

M: Welche Einzelheiten waren das?

H: Ein Feuer wird während des Gottesdienstes in einem Haus gegenüber der Kirche ausbrechen, und die Menschen kom-men kaum noch aus der Kirche heraus, weil schon ein großer Baum vor der Kirche in Flammen steht. Das Feuer breitet sich in Richtung Norden aus und wird bei einem genau bezeich-neten Hofe zum Stehen kommen. Männer in fremden Unifor-men kommen zu Hilfe, einer von ihnen fällt vom Pferd.

---

[302] Prof Hofmann [L] gibt noch einige weitere Beispiele: S.53.4ff.

M: Und so geschah es dann auch?

H: Genau so. Zahlreiche Einwohner des Dorfes bestätigten die Übereinstimmungen. Eine Reiterstaffel der SA, die zufällig in der Nähe war, half beim Löschen: „Männer in fremden Uniformen".

M: Hat die Magd das Feuer selbst entfacht?

H: Nein. Sie war 1933 längst verstorben.

M: Und was sagt uns das jetzt über die Willensfreiheit?

H: Wir glauben, heute freie Entscheidungen zu treffen, wir entscheiden in Wirklichkeit gar nichts, wenn man es aus der Zukunft betrachtet.

M: Schon als Kinder wussten wir: „Heute ist morgen gestern."

H: Und heute war gestern morgen. Die Philosophen plagen sich seit Jahrtausenden mit dem Problem der Willensfreiheit herum, ohne indes eine Lösung gefunden zu haben. [303] Schon eine ordentliche Definition der Willensfreiheit will nicht gelingen. Daher fällt es nicht schwer zu behaupten, es gäbe sie gar nicht.

M: Hans, ich wusste gar nicht, dass du ein so großer Philosoph bist. Die Philosophie zeichnet sich vor allem durch ihre Unverständlichkeit aus. ... Wie willst du das begründen, das es keine Willensfreiheit gebe?

H: Wenn ich in der Zukunft, sagen wir im nächsten Jahr, mich in Trance an unser heutiges Gespräch erinnern werde, dann glaube ich in der Trance, jetzt freie Entscheidungen zu

---

[303] Wikipedia: „Willensfreiheit".

treffen. In Wirklichkeit entscheide ich aber gar nichts, denn die Gegenwart ist aus der Zukunft betrachtet Vergangenheit, und die Vergangenheit kann man bekanntlich nicht ändern. Die Gegenwart ist genauso eine Erinnerung, ein Wiedererleben, wie alles andere, vor allem aus der Zukunft betrachtet. Also kann ich die Gegenwart auch nicht verändern, schon gar nicht mit einem Willens-Impuls, der aus der Zukunft kommt, da wir Vergangenes nicht ändern können.

> Der freie Wille ist nur scheinbar ein freier Wille.
> Es kommt uns nur so vor, als hätten wir ihn.

M: Hans, du wirst unverständlich. Hast du es nicht etwas kleiner?

H: Der Gedanke wird im DHOARAM ausführlich besprochen in der Episode 27, wo er sich in einer Zukunfts-Schau im Ashram eines Gurus in Indien erlebt. Stell dir vor:

a.) DHOARAM hat in seinem Leben in der Jungsteinzeit eine Vision eines zukünftigen Lebens in Indien und trifft dort einen alten Bekannten aus der Jungsteinzeit wieder, nämlich den Weisen vom Dorfe am Berg, der jetzt in Indien sein Guru ist.

b.) Beide reisen gemeinsam von Indien aus visionär zurück in die Jungsteinzeit in ihr gemeinsames früheres Leben. Sie haben eine Vision in der Vision, in der sie sich als das wieder-erleben, was sie damals tatsächlich waren, nämlich der junge DHOARAM und der Weise Mann am Berg.. Was ist jetzt die Wirklichkeit, und was ist Vision? Wann ist JETZT? Was ist Zukunft? Und was ist Vergangenheit?

M: Verwirrend! Wenn ich mir das richtig vorstelle, dann finde ich es erschütternd, der Boden wird mir unter den Füßen weggezogen; Raum und Zeit lösen sich auf.

H: Man muss dabei voraussetzen, dass diese Erlebnisse zukünftiger und vergangener Ereignisse wahrhaftig sind, d.h., Zukunft und Vergangenheit werden als Wirklichkeit, werden wirklich erlebt. Es ist so, als wenn ich tatsächlich dort wäre, noch genauer gesagt: Ich bin tatsächlich dort, in der Zukunft oder in der Vergangenheit. Es ist mehr als ein Traum; es ist eine Zeitreise des Bewusstseins.

M: Meine Verwirrung geht damit nicht weg. Die Vergangenheit ist nicht vergangen, sondern JETZT; die Zukunft ist auch nicht zukünftig, sondern ebenfalls JETZT.

H: Wenn wir diese Erlebnisse echten Wieder-Erlebens oder echten Voraus-Erlebens der Geistigen Welt zurechnen, dann ist es kein Wunder, dass sie alle zugleich stattfinden und keine Möglichkeit der Manipulation bieten. Denn in der Geistigen Welt gibt es keine Zeit.

M: Und die Zukunft können wir nicht verändern? Wenn ich das jetzt ernst nehmen soll, bin ich überfordert. Woher soll ich meine Motivation nehmen, für die Zukunft zu arbeiten?

H: Mir fällt da noch der Gedanke ein, dass wir im Leben nur eine Rolle spielen wie Schachfiguren, die von höheren Mächten, wie im Schachspiel von den Spielern, hin- und her gezogen werden. Wir können uns sehen wie Schachfiguren der Geschichte, während wir glauben, selbständige Entscheidungen zu treffen.

M: Das gilt ja dann wohl auch für die großen Entscheider.

H: Ich habe noch einen ganz anderen Gedanken zur Willensfreiheit: Wir können unterscheiden zwischen zwei Zielen der Willensfreiheit: Gegenüber wem oder was habe ich einen freien Willen?

a.) Habe ich einen freien Willen gegenüber meiner Umwelt, gegenüber den Objekten in meiner Nähe und gegenüber meinen Mitmenschen?

Antwort: Ja. Die mich umgebenden Objekte kann ich in einem gewissen Umfang manipulieren, z.B. kann ich mir die Schuhe anziehen oder auch nicht, darin bin ich frei. Ich kann den Stein dort auf dem Tisch liegen lassen oder mir in die Tasche stecken. Ich kann meiner Gesprächspartnerin, etwa dir, zustimmen oder widersprechen, Ich kann mich politisch engagieren oder nicht. Gegenüber meiner Umwelt bin ich frei.

b.) Ich kann aber nicht denken, was ich will. Was ich denke, geschieht auf geheimnisvolle Weise wie von selbst. Das kann man gut ausprobieren: Machst du ein kleines Experiment mit? Maria, denke doch bitte einmal an etwas, was heute in unserem Gespräch noch gar nicht vorkam.

M: Ich denke jetzt an die Stadt Paris.

H: Sehr gut. Und warum dachtest du gerade an Paris?

M: Es fiel mir gerade so ein. Ich komme da aber nicht weiter, wenn ich mich frage, wer oder was hat mich veranlasst, gerade an Paris zu denken. Wenn ich da nachschaue, lande ich im Nichts. Irgendwer oder irgendetwas muss diese Auswahl getroffen haben, aber ich weiß davon nichts, wer das war und wie das vor sich ging. „Es" hat gedacht: „Paris".

H: Und dieses hast du nicht willentlich getan, sondern ohne er-
sichtlichen Auslöser oder Grund. Ebenso kannst du nicht
wollen, was du willst und auch nicht glauben, was du willst.
Denken, Wollen und Glauben unterliegen nicht unserem
freien Willen. Gegenüber unserem Denken, Wollen und
Glauben sind wir nicht frei. Wir sitzen im Gefängnis unseres
eigenen Geistes, genau so, wie wir im Gefängnis unseres eigenen Körpers sitzen, den wir nicht verlassen können.

Ebenso sitzen wir im Gefängnis unserer Wünsche und
Begierden, im Gefängnis unserer Nöte und Ängste, im Gefängnis unserer Ziele, Talente, Unfähigkeiten und Zweifel.

M: Ehrlich gesagt, ist mir dieser Gedanke völlig neu. Das hat
etwas mit der Introspektion zu tun.

H: Mich würde interessieren, auf wen diese Erkenntnis zurück-
geht. Ich weiß nur, dass BYRON KATIE [L] einmal sagte:
„Glaube nicht alles, was du denkst", womit sie sich aus einer
tiefen Depression befreite. Der Satz wird häufig, ohne Na-
mens-Nennung, so oder so ähnlich vorgebracht. – – –

M: Können wir noch über die Verbindung von allem mit allem
sprechen?

H: Hast du ein Beispiel?

M: Ja. Ich war zu Hause und telefonierte mit meinem Vetter
THORALF. Es klopfte jemand an die Tür, und eine Frau, die
ich vor Jahren einmal getroffen hatte und nicht wiederer-
kannte, fragte mich, ob ich ihr nepalesische Gebets-Fähnchen besorgen könne. Ich hatte den Telefonhörer zu Seite
gelegt und erklärte der Frau: „Ich telefoniere gerade mit
meinem Vetter THORALF. Der ist mit einer Nepalesin

verheiratet, und dieselbe ist gerade in Nepal. Die beiden stehen in E-Mail-Kontakt miteinander."

Ich hatte ganz sicher niemals mit dieser Frau über THORALF und dessen nepalesische Ehefrau gesprochen; ich kannte die Frau kaum. Als ich sie vor Jahren einmal getroffen hatte, wusste ich gar nicht, dass THORALF mit einer Nepalesin verheiratet ist. Auch mit THORALF hatte ich nie über Gebets-Fähnchen gesprochen. Die Frau bekam ihre Gebets-Fähnchen. – Wenn das kein Beispiel ist! Ja, für was? Überzufälligkeit?

M: Ich bin überzeugt, dass solche geheimnisvollen Verknüpfungen viel häufiger vorkommen, als unser nüchterner Verstand es wahrhaben will.

H: C. G. JUNG [1971] [L] sprach von Synchronizitäten. Man erkennt diese verborgenen Zusammenhänge auch deshalb nicht, weil man nicht an solche Dinge glaubt. Es muss alles rational durchschaubar und erklärlich sein.

Ich schiebe noch eine Art Definition hinterher:

Eine **Synchronizität** ist das Zusammentreffen von zwei Ereignissen, die dem Menschen sinnvoll aufeinander bezogen erscheinen, die aber so gut wie unmöglich *zufällig* zugleich eingetreten sein können.

Oder etwas anders ausgedrückt: Eine Synchronizität besteht in einer Einflussnahme von Geschehnissen

aufeinander, für die es keine naturwissenschaftliche Erklärung gibt. [304]

M: Gibt es denn weitere gut dokumentierte Beispiele von solchen Synchronizitäten?

H: WALTER BLOCH [L] berichtet in seinem Buch: „Geheimnisse
von Raum und Zeit" von einer Fülle glaubhafter Fälle. Hier
ein Beispiel auf Seite 24: „Ein Frau besucht Verwandte. Wie
sie deren Wohnung betritt, stürzt ein Garderobebrett, das
schon Jahre lang dort gehangen hatte, krachend zu Boden.
Verzweifelt schreit die Frau den Namen ihres Kindes – das
im selben Augenblickdurch ein von einem Gerüst herabstür-
zendes Brett erschlagen wird." [305]

M: Schrecklich, und daher überzeugend.

M: Wer kennt nicht etwas einfachere Beispiele von sich selbst
oder aus dem Bekanntenkreis. Wenn man z.B. an jemanden
denkt und in dem Moment ruft er an. „Wenn man vom Teufel
spricht, kommt er herein" sagt das Sprichwort. „Lupus in fa-
bula".

Solche Fälle von Gedanken-Übertragung fallen dann
auch unter Synchronizitäten?

H: BLOCH schreibt auf Seite 87: „Niemand versteht wirklich,
wie Synchronizitäten zustande kommen."

---

[304] Im Sinne von: „Alles ist mit allem verbunden." s. Larry Dossey [L]:
„One Mind – Alles ist mit allem verbunden", Crotona Verl
[305] zitiert nach Scholz, W. v. „Der Zufall und das Schicksal", 1983.

M: Dass es keine naturwissenschaftliche Erklärung für solche Geschehnisse gibt – ebenso wie für Hellsehen, Vorauswissen usw. – liegt in der Natur der Sache.

Ich habe oft das Gefühl, dass solche Verbindungen von allem mit allem das ganze Leben und alles Geschehen durchziehen. Wir wissen sehr wenig über all diese Dinge, wir haben keine Ahnung, was da geschieht und wie das geschieht.

22. Experimentelle Psi-Forschung

M: Die Beispiele von Blicken in die Zukunft, die wir jetzt hatten, waren solche, in denen die Zukunftsvisionen spontan erfolgten und durch *vorherige* sorgfältige Dokumentation oder Zeugenaussagen glaubhaft gemacht wurden. Bei der Suche nach solchen Beispielen sind wir auf ungeplante Einzelfälle angewiesen, die verstreut in der Literatur herumliegen, und man muss inständig hoffen, dass die Vorhersage *vor* Eintritt des Ereignisses ordentlich bezeugt wurde. Kann man da nicht etwas systematischer herangehen, ich meine, kann man nicht die Vorhersagen provozieren, das wäre dann – hm – experimentelle Psi-Forschung auf diesem Gebiete?

H: Du hattest diese Frage schon in unserer vorigen Sitzung auf der Zunge. Ich habe mich über's Wochenende ein bisschen schlau gemacht.

Ja, das hat man versucht. JOSEPH B. RHINE [L] führte von 1935 bis zu seinem Tode 1980 an Universitäts-Instituten Versuche mit Spielkarten und Würfeln durch, um Telepathie und Präkognition nachzuweisen. Seine Versuchspersonen waren Studenten, die so gut wie möglich motiviert wurden.

Eine kurze, positiv wertende Darstellung der Versuche RHINE's mit Spielkarten habe ich bei C.G. Jung [L] gefunden.[306] RHINE ließ Studenten in einer Versuchsreihe verdeckte Spielkarten erraten. Auf 25 Karten waren je 5-mal die Symbole Stern, Rechteck, Kreis, Wellen-Linien und Kreuz zu sehen. Von einigen wenigen Versuchs-Personen wurden

---

[306] C.G. Jung [L]: „Synchronizität, …", dort ab Seite 20.3 ff.

hohe Trefferquoten erzielt, die weit oberhalb der Zufalls-Wahrscheinlichkeit lagen.

Sehr erstaunlich war, dass gute Ergebnisse auch bei großer Entfernung, bis zu 350 km zwischen Versuchs-Person und Kartentisch, erzielt wurden. Noch erstaunlicher war, dass die Telepathie auch in die Zukunft hinein möglich war: Einige Studenten konnten die Karten lesen, auch wenn diese erst in der Zukunft, also *nach* ihrer Einschätzung, natürlich zufällig und blind, ausgelegt wurden. Das wäre dann ein Fall von Präkognition = Vorauswissen.

M: Wird uns da nicht etwas zuviel zugemutet?

H: Nicht unbedingt. Wir sagten ja schon, dass es in der Geistigen Welt, in der Anderen Wirklichkeit, weder Raum noch Zeit noch Kausalität gibt. Wenn wir die Psi-Phänomene der Geistigen Welt zurechnen, dann kann das angehen.

Solche Psi-Phänomene sind dann ein anschauliches Beispiel für Nicht-Zeit, Nicht-Raum und Nicht-Kausalität.

C.G. JUNG [L] schreibt hierzu in „Erinnerungen, Träume, Gedanken" in Abschnitt 311:

„Den wissenschaftlichen Beweis dafür erbrachten die bekannten RHINE'schen Versuche. Neben zahllosen [anderen] Fällen ... beweisen sie, dass die Psyche zeitweilig jenseits des raumzeitlichen Kausalgesetzes funktioniert. Daraus ergibt sich, dass unsere Vorstellungen von Raum und Zeit und damit auch der Kausalität unvollständig sind. Ein vollständiges Weltbild müsste sozusagen noch um eine andere Dimension erweitert werden; erst dann könnte die Gesamtheit der Phänomene einheitlich erklärt werden. Deshalb bestehen die Rationalisten auch heute noch darauf, es gäbe keine parapsychologischen Erfahrungen; denn damit steht und fällt ihre Weltanschauung. Wenn solche Phänomene überhaupt vorkommen, ist das rationalistische Weltbild ungültig, weil unvollständig, ... und wir müssen die Tatsache ins Auge fassen, dass unsere Welt mit Zeit, Raum und Kausalität sich auf eine dahinter oder darunter liegende andere Ordnung der Dinge bezieht, in welcher weder ‚Hier und Dort‘, noch ‚Früher und Später‘ wesentlich sind. Ich sehe keine Möglichkeit zu bestreiten, dass wenigstens ein Teil unserer psychischen Existenz durch eine Relativität von Raum und Zeit charakterisiert ist." Soweit JUNG.

M: Wir hatten ja in dem Schema in Kapitel 11a die Psi-Phänomene unter „Echter Spiritualität" eingeordnet, ebenso wie Jenseitsreisen und die Gottesschau.

H: Auch die Jenseitsreisen in jenem Schema überwinden Raum und Zeit. Für echte Spiritualität gibt es weder Raum noch Zeit; sie erlaubt uns, das Gefängnis des HIER und JETZT zu verlassen.

M: Zurück zu RHINE's Versuchen: Wir können so denken, dass die Lage der Karten die Wahrnehmung der Versuchsperson beeinflusst. Wie aber, wenn die Versuchsperson die Anordnung der Karten steuert?

H: Buff! Es bleibt sich dann gleich, ob wir sagen:

(1) Die Lage der Karten, (schon ausgelegt) bewirkt die Wahrnehmung des Studenten,

> Wirkrichtung: Karten → Mensch,

(2) oder ob wir sagen: Der Student, (in Kenntnis dessen, was geplant ist), nimmt Einfluss darauf, an welche Stellen welche Karten ausgelegt werden,

> Wirkrichtung: Mensch → Karten.

In der Geistigen Welt gibt es keine zeitliche Reihenfolge, da es keine Zeit gibt. Beide Wirkrichtungen sind zugleich aktiv, oder sagen wir: ... miteinander verknüpft. Wir haben es hier mit einem Fall von gegenseitiger Abhängigkeit zu tun, von Interdependenz, die ohne einen Zeitfaktor stattfindet.

Es ist also so: Der Student beeinflusst die Lage der Karten und die Karten beeinflussen die Wahrnehmung des Studenten. So funktioniert die Geistige Welt.

In einer etwas andere Redeweise, die wir ja auch schon hatten: „Alles ist mit allem verbunden." (Larry DOSSEY)

M: Wie schön! Glaubst du denn das Ganze?

H: Wie nicht anders zu erwarten, gab es eine Menge Kritik [307] an RHINE's Versuchen. Natürlich mussten die Naturwissenschaftler ihr Weltbild verteidigen gegen etwas ganz Unmögliches. Sie haben RHINE zwar bescheinigt, dass die Versuche nach üblichen Standards der gewöhnlichen Experimental-Psychologie (nicht Parapsychologie) durchgeführt wurden, dass es aber bei der Auswertung der Ergebnisse Mängel gab.

M: Und zwar?

H: Der Hauptvorwurf war der des DATA SNOOPING, d.h., RHINE habe, laut Vorwurf, diejenigen Daten herausgestellt, die *für* seine Theorie sprachen, und die anderen weggelassen. Die

---

[307] siehe Rhine im Literaturverzeichnis, dort unter „Gegenstimmen".

Kritiker räumten ein, dass dieser Fehler auch in der Forschung der gewöhnlichen Psychologie vorkommt.

M: Und wie denkst du jetzt darüber?

H: Klar ist, dass sich die Naturwissenschaftler auf alles stürzen, was nicht in ihr Weltbild passt, und es in Abrede stellen. Insofern stehen die Kritiker para-psychologischer Phänomene von vornherein im Verdacht, pro domo zu sprechen. Davon dürfen wir uns nicht beeindrucken lassen. Bei unvoreingenommener Betrachtungsweise, die auch nicht-kausale Phänomene zulässt, können wir die Ergebnisse von RHINE anerkennen, da sie sorgfältig nach Standard-Methoden durchgeführt, und ausführlich und nachvollziehbar publiziert wurden. [308] RHINE hat das große Verdienst, das *Experiment* in die Para-Psychologie eingeführt zu haben, eine Neuerung gegenüber den Kasuistiken (Einzelfall-Beschreibungen), die bis dahin das Feld der Para-Psychologie beherrschten.

M: Ich finde nicht, dass es DATA SNOOPING war, wenn sich bei den Versuchen herausstellte, dass einige der Studenten besonders Psi-begabt waren.

Übrigens: RHINE arbeitete mit Studenten. Könnte man nicht von vornherein mit Versuchspersonen arbeiten, von denen bekannt ist, dass sie hervorragende Psi-Begabte sind?

H: Das ist eine Idee. An der Universität von Stanford in Kalifornien wurden Versuche mit besonders Begabten durchgeführt, aber die Resultate waren nicht überwältigend. [309] Man muss bei Laborversuchen zu solch heiklen Themen immer

---

[308] siehe Rhine im Literaturverzeichnis.
[309] Puthoff, H.E. [1996] L.

bedenken, dass man durch die künstlichen Bedingungen im Labor möglicherweise die Effekte verhindert.

M: Wie das?

H: Zunächst einmal sind die Psi-Begabten bei solchen Versuchen aus ihrem natürlichen Umfeld herausgenommen, in welchem sie gewöhnlich arbeiten. Weiterhin ist ein Labor voll von Computern, künstlicher Beleuchtung, Elektro-Smog, schwarz gestrichenen Wänden, Kabeln, Metallen. Schließlich wird ein hoher Erwartungsdruck aufgebaut. Das Sagen hat nicht, wie gewöhnlich, der Wahrnehmende selbst, sondern der Versuchsleiter. Zudem mag es eine Rolle spielen, dass die Blicke der übrigen Anwesenden ablehnend und in ihrer Wirkung destruktiv sind: Man spricht von negativem Psi.

M: Das heißt also: Man sollte die Hochbegabten unter ihren gewöhnlichen Arbeitsbedingungen arbeiten lassen. – Gibt es andere, überzeugende experimentelle Untersuchungen?

H: Seit 1998 läuft an der Universität von Princeton ein Versuch, bei dem 50 Zufallszahlen-Generatoren [310] an kooperationswillige Interessenten in aller Welt verteilt wurden. Die Zufallszahlen-Generatoren wurden von diesen Freaks an ihre Computer angeschlossen, und die Zufallszahlen wurden im Minutentakt über das Internet nach Princeton gesandt.

M: Hans, kannst du dir vorstellen, wie solch ein Zufallszahlen-Generator funktioniert? Doch nicht etwa als sog. Pseudo-Zufallszahlengenerator, wie man ihn auf jedem Computer hat?

---

[310] s. „Zufallszahlen" im Literaturverzeichnis.

H: Natürlich nicht. Ich habe selbst einmal einen Diplomanden gebeten, einen echten Zufallszahlen-Generator zu bauen und zu testen. Der Generator lief auch sehr gut und bestand alle Tests auf Zufälligkeit. Jedoch hatten wir bei dem Versuch, die Zufallszahlen mental zu beeinflussen, keinen Erfolg, aus solchen Gründen, wie wir sie soeben besprochen haben. Auch hatten wir niemanden, der besonders Psi-begabt war.

M: Wie funktioniert solch ein Zufallszahlen-Generator?

H: Zunächst wird mit Hilfe einer Diode ein Rauschen erzeugt. Es ist so, als würde man mit einem Mikrophon das Meeresrauschen [W] aufnehmen. Immer dann, wenn das Rausch-Signal über dem Mittelwert liegt, bildet man eine Eins, sonst eine Null. Die entstehende Folge von Nullen und Einsen ist rein zufällig, wenn man das Ganze richtig macht. Um ganz sicher zu gehen, dass man einen echten Zufalls-Prozess vor sich hat, kann man auch mit radioaktivem Zerfall arbeiten, welcher von Natur aus, physikalisch betrachtet, rein zufällig ist.

M: Und nun?

H: Bei der Beerdigung von LADY DIANA, und noch stärker bei dem Attentat auf das World-Trade-Center Nine-Eleven, wurden die nach Princeton übertragenen Zahlen unzufällig, indem jenseits jeder Wahrscheinlichkeit mehr Einser als Nullen oder umgekehrt auftraten. [311] Offenbar kann eine weltweite emotionale Erregung physikalische Prozesse beeinflussen.

---

[311] Dieses ist eine vereinfachte Redeweise. Die statistische Auswertung ist etwas anspruchsvoller. Näheres siehe bei Dean Radin: „Auf der Suche nach Geist–Materie Interaktionen auf globaler Ebene", im Literaturverzeichnis unter „Zufallszahlen".

M: Das ist ja kaum zu glauben. Hans, du strapazierst heute wieder meine Gutgläubigkeit und mutest mir allerlei zu. Kannst du das überhaupt verantworten? Ob das denn das alles wirklich stimmt?

H: Ich hatte das Glück, RICHARD BLASBAND, den letzten damals noch lebenden direkten Schüler von WILHELM REICH, in Berlin Anfang der 90er Jahre persönlich kennen zu lernen. Er war in Californien als Therapeut tätig mit körper-orientierter Psychotherapie, die von REICH und von LEVASHOV inspiriert war. In seinem Therapieraum hatte er in 3 Metern Entfernung vom Patienten einen Zufallszahlen-Generator aufgestellt. Es stellte sich heraus, dass dessen Output bei starken Emotionen der Patienten unter der Therapie verändert waren. Davon erzählte mir RICHARD in Berlin, und ich habe das nie vergessen, wusste aber lange Zeit nicht, dass er diese erstaunlichen Beobachtungen im Jahre 2000 sehr schön und präzise veröffentlich hat [312].

M: Dann warst du schon vorgewarnt vor dem, was dann in Princeton in größerem Maßstab gefunden wurde.

H: Das alles sind bestens dokumentierte, jedoch völlig unerklärliche Beobachtungen, die von niemandem ernsthaft in Zweifel gezogen werden.

M: Wie gut für die Wissenschaft von der Geistigen Welt!

---

[312] Prof. Dr.med. Richard A. Blasband, im Literaturverzeichnis unter Zufallszahlen: „The Ordering of Random Events by Emotional Expression."

23. Überprüfbare frühere und zukünftige Leben?

M: Hans, du sagtest, es gab einige Versuche, Personen in Trance in die Zukunft zu führen. Mit welchen Ergebnissen?

H: Die Autoren WAMBACH, SNOW, GOLDBERG haben solche Versuche unternommen. [313], [314], [315]. Die Ergebnisse waren aber nicht überzeugend: Nie verifizierbar, oft weit in der Zukunft liegend, so dass sie am Ende der Untersuchungen noch gar nicht eingetroffen sein konnten. Oft aber auch in den Inhalten zu unbestimmt. Ich fürchte, man muss sagen, Führungen in die Zukunft haben bisher nichts Brauchbares erbracht.

M: Aber auch die Erinnerungen bei Führungen in die Vergangenheit sind ja meist nicht überprüfbar. Gibt es nicht doch einige Führungen in die Vergangenheit, deren Erinnerungen überprüft werden konnten? Ich meine jetzt nicht die bestens dokumentierten spontanen Erinnerungen von Kindern an frühere Leben bei STEVENSON [316], sondern ich meine durch Therapeuten absichtlich herbeigeführte Erinnerungen bei Erwachsenen.

H: Ja, die gibt es, obwohl sie sehr selten sind. Sehr gut dokumentiert und durch zahlreiche Einzelheiten bestätigt sind einige Beispiele von PETER RAMSTER aus Australien, etwa der Fall GWEN MACDONALD, die sich im Jahre 1983 in einer Rückführung in die Jahre 1765-1782 in einem Leben in Somerset in England wiederfand und zahlreiche Details berichten konnte. Viele dieser Einzelheiten konnten danach bei

---

[313] Wambach, Helen: "Reliving Past Lives". Bantam, 1979.

[314] Snow, C.B. & Wambach, H. "Mass Dreams of the Future", McGraw-Hill,1989.

[315] Goldberg, Bruce [L], „Past Lives, Future Lives", Ballantine, 1993.

[316] s. Kapitel 01: „Reinkarnation".

einer Reise des australischen Teams nach England bestätigt werden. Dieser Fall und einige andere von PETER RAMSTER ᴸ sind wirklich überzeugend. [317]

M: Wir können also festhalten: Die allermeisten hypnotischen Rückführungen führen nicht zu überprüfbaren Erinnerungen, einige wenige aber doch, und einzelne sogar in überzeugender Weise. [318] Ich habe in die Psi-Encyclopedia ᴸ, [319] geschaut; dort finden sich elf gut verifizierte Fälle von spontanen Erinnerungen von Erwachsenen an frühere Leben, und drei gut verifizierte Fälle in der Regressions-Therapie, also bei willentlich herbeigeführte Erinnerungen in Hypnose.

(Die Psi-Encyclopedia ᴸ hat mir sehr imponiert, ist sie doch eine Sammlung gut dokumentierter Beispiele von Psi-Phänomenen aller Art, wie es besser gar nicht geht.)

H: Die Fälle von überprüften und bestätigten Erinnerungen unter Regressions-Therapie sind nun allerdings wenige angesichts der heutzutage vielfach durchgeführten Rückführungen. Die meisten Rückführungs-Therapeuten betonen, ihnen sei die Frage, ob die in Trance erlebten früheren Leben historisch sind, also tatsächlich gelebt wurden, weniger wichtig als der therapeutische Erfolg, etwa bei Angst-Problemen, Alb-Träumen, Beziehungs-Problemen. Das ist einerseits respektabel, klingt aber auch ein wenig nach einer Ausrede.

---

[317] s. Zammit ᴸ : Afterlife Sciences" > "Past Life Regressions".
[318] Der Fall Bridey Murphy ᴸ wird hier nicht besprochen, da die Dokumentation widersprüchlich ist.
[319] PSI Encyclopedia : "Adult Past-Life Memories Research", Sehr gute WebSite über alle Psi-Phänomene.

H: Über die Beschwerden, die angeblich oder tatsächlich durch therapeutische Rückführungen gebessert werden können, finden wir beispielsweise folgendes:

Therapeutische Rückführungen können in die Kindheit führen, in die eigene Geburt, oft auch in ein früheres Leben. [320] Die Beschwerden, derentwegen Patienten in eine Rückführungs-Therapie gehen, können alle nur denkbaren physischen, psychischen oder sozialen Probleme sein.

BALDWIN [L, 321] sagt: "Die Symptome körperlicher Beschwerden und medizinisch diagnostizierter Krankheiten werden durch diese Therapien [hypnotische Regressionen] oft gelindert oder beseitigt. Klienten berichten von der Linderung mentaler und emotionaler Probleme, die so viele von uns plagen: Angst, Depression, Ängste und Unsicherheiten, Phobien und Zwänge, Schwierigkeiten in Beziehungen, unangemessene Schuldgefühle und Reue, unangemessene Wut und Groll, Gefühle der Ablehnung und des Verlassen-Seins, das Gefühl, nicht dazuzugehören, und Entfremdung von anderen Menschen und der Gesellschaft."

FIORE I (p.v.1, p.vi.1) nennt Schlaflosigkeit, chronische Kopfschmerzen, Schmerzen überhaupt, körperliche Krankheiten und Schwächen, Menstruations-Beschwerden, wiederholte Albträume. Weiterhin sexuelle Probleme, Schwierigkeiten in der Ehe oder Paarbeziehung, zwischen Eltern und Kindern, zwischen Geschwistern. Sie kennt kein Muster des Charakters oder

---

[320] s. Baldwin [L], p.x.2
[321] Baldwin, p.xi.5f,

> des Verhaltens eines Menschen, das nicht aus einem
> früheren Leben heraus erklärlich sein könnte.

M: Jetzt weiß ich nicht, wo Joachim das geschrieben hat, aber er hat ja gegenüber den hypnotischen Rückführungen in frühere Leben starke Vorbehalte. [322]

H: Die ich teile. Bitte erlaube, dass ich diese Vorbehalte hier noch einmal aufzähle:

a. Die Bücher über hypnotische Rückführungen [323] sind voll des Lobes der grandiosen Erfolge bei den unterschiedlichsten körperlichen und seelischen Beschwerden, erwähnen jedoch nie die Fälle, bei denen Rückführungen keine oder gar eine schädliche Wirkung zeigten;

b. Alle Imaginations-Methoden sind gefährlich: Frühere Leben und Jenseitsreisen ziehen oft Menschen mit instabiler Psyche an wie das Licht die Motten. Die Klienten können in größte Schwierigkeiten kommen in der Weise, dass sie die Bilder nicht mehr loswerden. Alte Traumata können wieder aufgeweckt werden, eine latent vorhandene Schizophrenie kann so zum Ausbruch kommen. (Näheres zu den Gefahren der Hypnose hier im Literaturverzeichnis unter „Hypnose, Gefahren", s. dort insbes. MICHAEL SCHETSCHE [L].)

c. Unter Hypnose auftretende ,Erinnerungen' können grob falsch sein. Die „FALSE MEMORY SYNDROME FOUNDATION" beschäftigt sich speziell mit dem Problem

---

[322] Thema A/A3: Jenseits-Forschung, §§ 5, 5a.
[323] Wikipedia: „Reinkarnationstherapie" > Literatur; und V. Zammit: im Literaturverzeichnis.

202 23. Überprüfbare frühere und zukünftige Leben?

falscher hypnotisch induzierter Erinnerungen. Siehe dort insbesondere die Texte „Recovered Memories: Are They Reliable?" und „Key Concepts in Hypnosis". [324] Falsche Erinnerungen können fatale Folgen für die Klienten haben, z.B., wenn sexueller Missbrauch erinnert wird, der gar nicht stattgefunden hat. Näheres siehe unter „Die Hypnose-Katastrophe in den frühen 1990er Jahren" in Thema A /A3, § 5a.

M: Das heißt also, unter Hypnose hervorgerufene Erinnerungen sind unzuverlässig und gefährlich. Man sollte es folglich besser lassen. Das ist aber kein Allgemein-Wissen.

H: Ich habe einmal die Literatur durchstöbert, die wir zu den Gefahren der Hypnose ins Literaturverzeichnis legen können. (Siehe dort: Hypnose, Gefahren.) Da verlierst du die Lust.

M: Andererseits wird die Hypnose heutzutage vermehrt in der Medizin angewandt, auch in der Zahnmedizin. Ich schlage vor, wir lassen das Thema „Hypnose" jetzt einmal offen, da es ein sehr weites Feld ist, kontrovers diskutiert wird und für die Hauptgedanken des Dialogs eher am Rande liegt.

---

[324] Literatur unter "Hypnose > False Memory" im Literaturverz.

24. Eine eigene Erfahrung Maria's

H: Es wäre vielleicht erhellend, wenn du, liebe Mary, ein Beispiel einer eigenen Vision eines früheren Lebens beitragen könntest.

M: Spreche nicht gerne darüber.

H: Denke doch mal daran, dass unser Dialog wahrscheinlich in einem Buch gedruckt wird und du dann berühmt wirst.

M: Witzbold!

H: Ich lade dich auch ins Brecht-Theater ein. [325]

M: Ich merke schon. Nun gut. Es war in einer Einzel-Rückführung mit Sprech-Kontakt mit der Therapeutin.

Ich fand mich in einer Burg im Mittelalter in einem islamischen Land. Ich war die Lieblingsfrau des Herrschers gewesen, war aber in Ungnade gefallen und eingesperrt worden.

H: Welches war der Grund?

M: Ich glaube, ich hatte mich zu sehr in die Politik eingemischt, hatte intrigiert, hatte den Harem aufgemischt und einen Berater des Königs bezirzt.

H: Nicht gut. Das ist ja reichlich.

M: Jetzt saß ich da in der Burg im dritten Stock, streng bewacht, mit allem Luxus, aber allein, ohne Kontakt nach außen. Die einzigen Menschen, die ich sah, waren meine Bewacher und die Frauen, die mich mit Essen und Kleidung, mit dem Nötigsten versorgten.

---

[325] Gemeint ist das Berliner Ensemble, Bertolt-Brecht-Platz 1.

Es war entsetzlich langweilig und demütigend. Ich saß immer in demselben Raum oder lief darin herum: Alle Einrichtungs-Gegenstände, die Architektur der Wände, die Muster der Wandbehänge, alles war mir bis in die letzten Einzelheiten vertraut, aber es passierte *nichts*. Auch in der Rückführung passierte an dieser Stelle nichts, es ging einfach nicht weiter. Im damaligen Leben im Turm saß ich fest und in der Rückführung auch. Das war ein starkes, aber nicht gerade schönes Erlebnis, dieses Festsitzen.

H: Und ging es dann doch irgendwie weiter?

M: Ja. Nach langen Jahren im Turm und nach einiger Zeit in der Rückführung gab mir meine Therapeutin die Anweisung, in der Zeit voranzuschreiten zu einem neuen, bemerkenswerten Ereignis.

Es war mir gelungen, den Aufseher meiner Bewacher mit den Listen einer Frau auf meine Seite zu ziehen. Er hatte früher bei Hofe eine gute Stellung gehabt, war aber wegen Aufmüpfigkeit degradiert worden und war jetzt abkommandiert, meine Sicherheit zu gewährleisten. Da er sich als reuevoll und untertänig erwiesen hatte, hatte der Sultan offenbar vergessen, dass mein Bewacher Rachegelüste haben könnte. Mein Retter riskierte jetzt sein Leben.

H: War er denn kein Eunuch?

M: Nein. Seine Untergebenen, meine Bewacher, waren es. Der Aufseher hatte immer noch, wohl wegen seiner früheren Verdienste, eine bessere Stellung.

Er nahm heimlich Kontakt mit den Feinden meines Sultans auf, die seit langem unsere Stadt einnehmen wollten. Es gelang uns zu fliehen, und vor der Stadt warteten Reiter der

Belagerer, halfen mir auf ein Pferd, und in einem Gewalt-Ritt ging es in das Lager des Anführers. Man empfing mich mit Respekt, gab mir frische Kleider – wir hatten uns für die Flucht verkleidet – und man gab mir einige Tage Zeit, mich zu erholen.

Eines Tages wurde ein gefangen-genommener Soldat meines Sultans – etwas höheren Ranges – hereingeführt, und ich wurde ihm vorgeführt. Er erhielt den Auftrag, dem Sultan zu melden, dass er mich gesehen habe, wohl um jenen zu kränken und zu beleidigen.

H: Wie ging es dann für dich weiter?

M: Ich weiß es nicht. Es muss wohl alles sehr schmutzig gewesen sein, aber es liegt so etwas wie ein Schleier des Vergessens darüber. Jedenfalls war unsere Therapiesitzung dann auch bald zu Ende; sie hatte schon viel zu lange gedauert.

H: War dir alles voll erinnerlich nach dem Aufwachen aus der Trance?

M: Absolut.

H: Aus heutiger Sicht, hat diese Erinnerung für dich irgendeine Bedeutung?

M: Gewiss. Ich verstehe jetzt viele meiner Verhaltensweisen besser. Zum Beispiel bin ich nicht gerne allein in verschlossenen Räumen. Im Theater oder bei Vorträgen setze ich mich immer so, dass ich den Ausgang schnell erreichen kann. Mein Verhältnis zu Männern ist schwierig, wie du weißt. Pferde üben auf mich eine magische Faszination aus. Ich liebe Luxus, Schmuck, schöne Kleider. Schöne Tapeten kann ich stundenlang anschauen. Orientalische Ornamentik begeistert mich. Als wir einmal die Burg Stolpen besuchten, bin ich nicht in den Turm gegangen, in dem die GRÄFIN VON COSEL 49 Jahre lang eingesperrt war.

H: Meinst du also, dass es etwas nützt, seine früheren Leben zu kennen?

M: Durchaus. Man versteht sich selbst besser.

H: Mir fällt die große Ähnlichkeit deines Berichts mit dem Schicksal der GRÄFIN VON COSEL auf.

M: Ja, das stimmt. Vielleicht war es das. Oder etwas Ähnliches.

H: Bei der COSEL gibt es aber solch eine Flucht-Geschichte nicht.

M: Nein. Da hat sich vielleicht etwas anderes hineingemischt.

H: Du hast einige deiner Eigenschaften benannt, die du auf dieses frühere Leben zurückführen kannst. Du hast auch noch etliche andere Erinnerungen an frühere Leben. Kamen da so ähnliche Sachen vor?

M: So ziemlich. Meine verschiedenen Erinnerungen sind in vieler Hinsicht unterschiedlich: Andere Zeiten, andere Orte, andere Rollen, die ich spielte, verschiedene Arten von Freud und Leid, verschiedene Todes-Arten. Doch manches von dem, was ich nannte, findet sich auch in anderen Erinnerungen wieder.

H: Es gibt ja auch die Theorie, dass diese vermeintlichen Erinnerungen an frühere Leben oft nur Traum-ähnliche Inszenierungen aktueller Lebens-Probleme sind.

M: Es wird oft berichtet, dass man in den Erinnerungen an frühere Leben Personen begegnet, die man auch im jetzigen

Leben kennt, natürlich in ihrer damaligen Gestalt. Siehe z.B. die Geschichten in den Büchern von BRIAN WEISS [L].

H: Ja, und gerade das Auftreten derselben Personen im jetzigen Leben und in vermeintlichen Erinnerungen an frühere Leben ist ein starkes Indiz, dass es sich bei diesen ‚Erinnerungen' um Phantasien handelt, um Theaterstücke, die der Traumregisseur erfand, und nicht um echtes Wiedererleben. Erinnerungen. Wenn also jemand in einer solchen ‚Erinnerung' Bekannten aus dem jetzigen Leben begegnet, so bearbeitet er wohl gerade einen anstehenden zwischen-menschlichen Konflikt mit denselben.

M: Ich kenne jemanden, der erlebt in seinen verschiedenen früheren Leben immer dieselbe Geschichte in unterschiedlichem Gewand, nämlich, dass er den an ihn gestellten Anforderungen nicht gerecht wird.

H: Den Rückführungen wird oft eine therapeutische Wirkung zugeschrieben.

M: Ja, ich weiß. Von mir selbst kann ich das nicht sagen. Ich bin auch nicht wegen irgendwelcher Leiden oder Probleme dort hingegangen, sondern eher aus Neugierde.

H: Liebe Maria, habe Dank für deine wunderbare Schilderung.

———————

208 25. *Die Grenzen des Wachstums*

25. Die Grenzen des Wachstums

H: Die Anzahl der Menschen auf der Erde hat derzeit den enormen Wert von acht Milliarden, und diese Zahl wächst und wächst, und es gibt kein Programm, dem entgegen zu steuern.

Eine wichtige Aussage im DHOARAM ist, dass schon damals die Umwelt ganz bewusst gepflegt wurde, um sie zu erhalten, und dass auch damals schon, also vor 7.000 Jahren, die Anzahl der Menschen bewusst gering gehalten wurde, um die natürlichen Ressourcen nicht zu überfordern.

M: Das war auch zu jener Zeit bereits nötig. Durch die technische Entwicklung seither haben wir erreicht, dass wir heute auf gleicher Fläche sehr viel mehr Menschen ernähren können, aber wir übersehen dabei, dass wir damit gleichzeitig unsere Lebensquellen vernichten.

Nur in China gab es den Versuch einer Geburten-Regulierung [326], mit unerfreulichen, geradezu absurden Folge-Erscheinungen. Ansonsten gibt es auf der Welt weiter kaum Programme. Wo ist da eine Initiative zur Einschränkung des Bevölkerungs-Wachstums erkennbar?

H: Und man wüsste auch nicht, wie man es machen sollte. Was so im Gespräch ist: Mehr Bildung für die Frauen, sexuelle Aufklärung und Verteilung von Kondomen. Aber das reicht doch nicht! Beim DHOARAM kannten die weisen Frauen Kräuter zur Geburten-Beschränkung und wendeten diese bewusst an, wobei nur die Weisen Frauen auf diesem Gebiete etwas zu sagen hatten, nicht die Männer.

---

[326] Die Ein-Kind-Politik in China von 1979 – 2015.

M: Es würde nicht nur darum gehen, das Wachstum der Bevölkerung zu *bremsen*: Meiner Meinung nach sind wir jetzt schon viel zu viele. Es ist jetzt schon zu spät.

H: Wie viel ist zu viel?

M: Das weiß man nicht. Es werden absurde Phantasie-Zahlen genannt. Eine vernünftige Schätzung der Zahl der Menschen, die *auf die Dauer* auf unserem Planeten bei sinnvoller Wirtschaftsweise leben könnten, liegt nicht vor.

H: Eine solche Lebens- und Wirtschaftsweise würde ein radikales Umdenken und eine für uns unvorstellbare Umstellung auf eine sehr einfache Lebensart erfordern.

M: Ganz bestimmt. Derzeit bevorzugen wir eine absolut zerstörerische Art des Wirtschaftens. Das wird zur Folge haben, dass in Kürze die Grenzen des Wachstums erreicht sein werden, und dass nach einiger Zeit des Stillstands die Bevölkerungszahl drastisch absinken wird.

H: Bist du jetzt Prophetin?

M: Überhaupt nicht. Schon vor 47 Jahren, 1975, zeigte ein verständiger Professor meinem Vater und dessen Kommilitonen an der Universität eine Zeichnung, in der das Wachstum einer Bakterien-Kultur auf einer Petri-Schale schematisch dargestellt ist: Zunächst eine kleine Wartezeit (Latenzzeit), dann exponentielles Wachstum [327], danach eine Weile Stillstand der ‚Bevölkerungszahl‘, schließlich Absturz, bis eine kleine Zahl von Individuen auf dem verbliebenen Müll noch ein wenig weiter existieren kann.

---

[327] exponentiell im mathematischen Sinne = konstante Verdoppelung-Zeit.

Abbildung 1: Eine Bakterien-Kultur auf einer
begrenzten Nahrungsmenge [328] (schematisch)

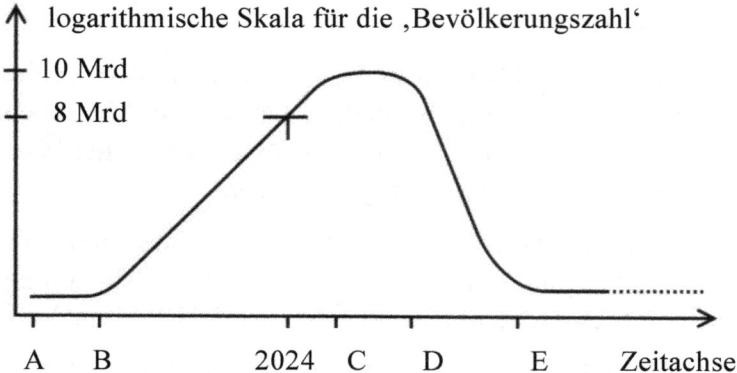

logarithmische Skala für die ‚Bevölkerungszahl'

— 10 Mrd

— 8 Mrd

A   B   2024   C   D   E   Zeitachse

A   = Zeitpunkt der Beimpfung der Nährlösung
            mit Bakterien,
A – B = Anlaufzeit, Latenzphase,
B – C = exponentielles Wachstum = konstante
            Verdopplungszeit = konstante Generationszeit,
C – D = kurzzeitiges Verharren auf einem Maximum,
D – E = Absterbe-Phase; die Ressourcen sind aufgebraucht,
E …   = Überleben eines kleinen Rests von Mutanten
            auf dem verbliebenen Müll,
2024   = Weltbevölkerung, Stand heute, 2024.

M: Der Professor erzählte seinen Studenten, dass die zweite
Konferenz des Club of Rome [L], die im Jahre 1972 stattfand,
sein Weltbild gründlich verändert habe.

---

[328] s. Wikipedia: „Bakterielles Wachstum".
    s. „Mikrobielles Wachstum" in https://docplayer.org/82723686-
    Mikrobielles-wachstum.html.

H: Magst du ein wenig erläutern, worum es dabei ging?

M: Die Geschichte der Voraussagen des CLUB OF ROME ist bemerkenswert: Im Jahre 1972 veröffentlichen MEADOWS u.a. ᴸ den „Ersten Bericht des CLUB OF ROME" mit dem Titel „Die Grenzen des Wachstums", in welchem das Ende des Wirtschafts-Wachstums vorhergesagt wurde. In einem Computermodell, was damals ein Novum war, wurden 5 Faktoren für die Entwicklung der Weltwirtschaft berücksichtigt:

Industrialisierung, Bevölkerungswachstum, Unterernährung, Erschöpfung der Rohstoffe, Zerstörung von Lebensraum. Es wurden Varianten durchgerechnet mit unterschiedlichen Annahmen über die Rohstoff-Vorräte, über die Effizienz der landwirtschaftlichen Produktion, der Geburtenkontrolle und des Umweltschutzes.

H: Und was war das Ergebnis der Berechnungen?

M: MEADOWS u.a. schreiben hierzu: „Wenn die gegenwärtige Zunahme der Weltbevölkerung, der Industrialisierung, der Umweltverschmutzung, der Nahrungsmittelproduktion und der Ausbeutung von natürlichen Rohstoffen unverändert anhält [329], werden die absoluten Wachstumsgrenzen auf der Erde im Laufe der nächsten hundert Jahre erreicht." [330]

Das ist sehr schön ersichtlich im Standardlauf des Weltmodells des Club of Rome ᴸ von 1972. Die Weltbevölkerung erreicht dort um 2040 ein Maximum und stürzt dann rapide ab: Siehe Kapitel 25 dieses Dialogs: „Die Grenzen des Wachstums" und im Literaturverzeichnis:"Club of Rome" und dort *[1972]:* Meadows und *[1972]* Abbildung.

---

[329] Wir nennen das die Methode: „Weiter wie bisher", englisch „Business as usual".

[330] Meadows u. a. ᴸ: „Die Grenzen des Wachstums", 1972, S. 17.

H: Ist denn noch etwas zu retten?

M: MEADOWS u.a. [L] schreiben 1972 in ihrem Fazit: „Unsere gegenwärtige Situation ist so verwickelt und so sehr Ergebnis vielfältiger menschlicher Bestrebungen, dass keine Kombination rein technischer, wirtschaftlicher oder gesetzlicher Maßnahmen eine wesentliche Besserung bewirken kann. Ganz neue Vorgehensweisen sind erforderlich, um die Menschheit auf Ziele auszurichten, die anstelle weiteren Wachstums auf Gleichgewichts-Zustände führen. Sie erfordern ein außergewöhnliches Maß von Verständnis, Vorstellungskraft und politischem und moralischem Mut." [331]

H: Haben es MEADOWS u.a. denn bei ihrer Studie von 1972 belassen?

M: Keineswegs. Zwanzig Jahre später, 1992, veröffentlichten MEADOWS u.a. [L] neue Berechnungen aufgrund neuer Daten, z.B. auch aufgrund neu entdeckter Rohstoff-Vorkommen, kamen aber zu sehr ähnlichen Ergebnissen wie 1972.

Im Jahre 2004 kam dann von MEADOWS u.a. ein 30-Jahre-Update [L] heraus aufgrund der damals neuesten Daten. Die Computer-Simulationen hierzu [332] sind präziser und beziehen sich wieder auf den Fall „Weiter wie bisher". Die Ergebnisse sind aber die gleichen wie 1972 und 1992.

H: Und wenn wir nun gegensteuern?

M: MEADOWS u.a. schreiben hierzu im Jahre 2004: „Auch bei energischem Umsetzen von Umweltschutz- und Effizienzstandards kann diese Tendenz oft nur abgemildert, aber nicht mehr verhindert werden. Erst die Simulation einer überaus ambitionierten Mischung aus Einschränkung des Konsums,

---

[331] Meadows et al. [L]: Die Grenzen des Wachstums. S. 172–173.
[332] s. im Literaturverzeichnis: Meadows > 2004 > Abbildung.

Kontrolle des Bevölkerungswachstums, Reduktion des Schadstoff-Ausstoßes und zahlreichen weiteren Maßnahmen ergibt eine nachhaltige Gesellschaft bei knapp 8 Mrd. Menschen."

H: Das war 2004. War dann Schluss mit den Voraussagen? Und ganz wichtig: Sind auch andere Forscher zu ähnlichen Ergebnissen gekommen?

M: Im Jahre 2008 verglich GRAHAM TURNER [L] die Arbeit von MEADOWS u.a. von 1972 mit den empirischen Daten bis zum Jahre 2000. Er fand eine große Übereinstimmung mit den Vorhersagen des Standardszenarios, das zu einem globalen Kollaps in der Mitte des 21. Jahrhunderts führt.

H: Hast du noch mehr?

M: Im Jahre 2012 stellte JØRGEN RANDERS [L] eine 40-Jahres-Prognose bis 2052. Er betrachtete die Maßnahmen, die wir Menschen noch ergreifen können, differenzierter, kommt schließlich trotzdem zu dem gleichen Ergebnis: „Der Umverteilungskampf wird zu einem niedrigeren Produktivitätswachstum führen. Dennoch wird das Wachstum nicht rechtzeitig genug gestoppt werden, so dass für die kommenden Generationen Katastrophen voraussehbar sind."

H: 2012 ist noch nicht 2022.

M: Stimmt. GAYA HERRINGTON [L] hat 2021 ein neues Update vorgelegt, einen Vergleich der aktuellen Beobachtungs-Daten mit den Voraussagen von 1972, und sie kommt zu dem Schluss, dass ein kompletter Kollaps 2040 möglich sei. Sie sagt: "Es ist unmöglich, einfach wie gewohnt weiterzumachen."

H: Im September 2022 kam ein neuer Report des Club of Rome heraus mit dem Titel: „Earth for All: A Survival

Guide for Humanity". Mir gefällt dieser Report überhaupt
nicht. Abgesehen davon, dass die Autoren die alten Voraussagen bestätigen, gehen sie jetzt dazu über, gute Rat-
schläge zu geben, was man tun müsste, sollte, könnte, um
den Kollaps zu verhindern. Sie nennen 5 Bereiche, in denen etwas zu tun sei:

1.) Beendigung der Armut;

2.) Beseitigung der Ungleichheit (zwischen den Menschen,
   aber auch zwischen Gesellschaften);

3.) Ermächtigung der Frauen;

4.) Aufbau eines für Menschen und die Ökosysteme gesunden Nahrungsmittelsystems;

5.) Saubere Energie.

Und das war's dann schon.

Heilige Einfalt! Da glauben sie, das sei machbar, und
wenn, dann könnte so die Welt gerettet werden. Da bin ich
lieber Apokalyptiker.

M: Wie wir schon sagten: Wir wissen ja nicht, ob überhaupt
noch etwas zu retten wäre, wenn alle 8 Mrd. Menschen alles überhaupt nur Mögliche täten, um den Planeten zu retten. Das Gegenteil ist aber der Fall: Wir tun unser Bestes,
um unseren Untergang so schnell wie möglich herbeizuführen.

H: Da gefällt mir schon besser die Analyse von JOHAN ROCK-
STRÖM [L, 333]: „Sechs der neun planetaren Grenzen sind bereits überschritten". Die folgenden fünf Bereiche stehen

---

[333] https://www.spiegel.de/wissenschaft/sechs-der-neun-planetaren-
grenzen-sind-bereits-ueberschritten-a-bbeb9b00-1502-47ab-844e-
d8c5b82d3139 3/9

auf den Warnstufen Rot, Dunkelrot und Lila (dabei wurden die Wechselwirkungen der verschiedenen Themen bereits berücksichtigt):

1.) Klimawandel,

2.) Artenvielfalt und Biosphäre, u.a. Abholzen der Wälder.

3.) Veränderung der Landnutzung,

4.) Phosphor- und Stickstoffkreisläufe,

5.) Einbringen neuartiger Stoffe in die Umwelt wie Atommüll, Chemikalien und Mikroplastik.

In welchen dieser Sektoren die Kipp-Punkte = points of no return bereits überschritten sind, ist laut ROCKSTRÖM schwer zu sagen; wann es vergleichsweise zum Herzinfarkt des gesamtem Systems komme.

Auf Warnstufe Gelb steht das

6.) Süßwasservorkommen.

Nahe der Grenzüberschreitung steht die

7.) Versauerung der Ozeane.

Die folgenden Faktoren von insgesamt neun sind laut dem Bericht noch [!] im grünen Bereich:

8.) Ozonabbau in der Stratosphäre,

9.) Aerosol-Belastung der Atmosphäre.

Rockström konnte zudem aus Mangel an Daten und Erkenntnissen noch nicht berücksichtigen:

10.) gentechnisch veränderte Organismen.

M: Der Weltklimarat und der Weltbiodiversitätsrat kommen seit Jahren zu gleichen Ergebnissen.

H: Alle bisher genannten Autoren von MEADOWS bis HER-
RINGTON und ROCKSTRÖM haben einige weitere Ursachen
für das Zusammenbrechen unseres Systems noch gar nicht
berücksichtigt: Baldiger Absturz des Welt-Wirtschafts-
und Finanz-Systems, Gletscher-Schmelze und Gletscher-
Abbrüche, Kriege, Explosion eines Atom-Kraftwerks,
Atomkrieg, Epidemien, Versagen der Demokratien und
ihre Ablösung durch Diktaturen: Alles Ursachen, die
schon heute [2024] schmerzlich um sich greifen.

M: Hinzu kommt noch etwas völlig Irrwitziges: Es werden
neue Riesen-Programme aufgestellt und beschlossen zum
Verbrennen fossiler Rohstoffe (Öl, Gas, Kohle), bei uns
und in großem Maßstab in Afrika und in China, wobei bewusst und ausdrücklich der Klima-Aspekt ignoriert wird.
[334] Statt gegen die Erderwärmung zu arbeiten, heizen wir
sie noch an, und zwar sehenden Auges!

Einige Klima-Kipppunkte sind womöglich schon überschritten, so z.B. das Sterben der großen Regenwälder [335]
das Abschmelzen der Grönland-Gletscher [336] und der Eis-
massen der Antarktis. Ich meine, dass mit dem Auftauen
des Permafrostes [337], z.B. in Grönland, Norwegen und

---

[334] SPIEGEL-Klimabericht: „Warum die nächste Klimakonferenz
zum fossilen Gipfel werden könnte" 05.08.2022.

[335] „Der Amazonas vor dem Kollaps", „Risking the Amazon",
https://www.wwf.de/fileadmin/fm-wwf/Publikationen-
PDF/Amazonas/WWF-UK-Technical-Briefing-Risking-the-
amazon.pdf

[336] „Wie Softeis in der prallen Sonne",
https://www.deutschlandfunkkultur.de/klimawandel-droht-der-
golfstrom-zu-versiegen-100.html

[337] „Studie sieht Permafrostböden kurz vor Kipppunkt",
https://www.spektrum.de/news/klimakrise-studie-sieht-
permafrostboeden-kurz-vor-kipppunkt/1999462

Sibirien, und dadurch das Freisetzen von Methan, ein Kipp-Punkt ganz offensichtlich bereits überschritten ist.

Das Versiegen des Golfstroms [338] ist noch nicht so weit fortgeschritten, könnte aber auch den Kipp-Punkt bereits hinter sich gelassen haben. Der Stillstand des Golfstroms würde die seit langem stabilen Strömungen der Weltmeere völlig durcheinanderbringen, und in Europa würde es kalt werden.

H: Alles zusammen genommen besagt, dass der große Zusammenbruch früher eintreten wird als von den Autoren des Club of Rome und deren Nachfolgern vorhergesagt. Siehe Kapitel 25 dieses Dialogs: „Die Grenzen des Wachstums" und im Literaturverzeichnis:" Club of Rome" und dort *[1972]:* Meadows und *[1972]* Abbildung.

M: Wenn wir uns anschauen, wie sich das Welt-Klima verändert, einmal im meteorologischen Sinne, aber auch in den Köpfen der Menschen, in der großen und in der kleinen Politik, in den gesellschaftlichen Tumulten, dann stehen wir schon heute am Anfang vom Ende. Das ist allerdings noch nicht allgemein bewusst. Wenn wir wüssten, was auf uns zukommt, würden wir in Panik verfallen. Das Gegenteil ist der Fall: Business as usual. Der Tanz auf dem Vulkan.

H: Immer noch ist das WACHSTUM das Maß aller Dinge für das Funktionieren der Wirtschaft und für den Wohlstand der Menschen. Man braucht nur in die Zeitung zu schauen,

---

[338] „Droht der Golfstrom zu versiegen?"
https://www.deutschlandfunkkultur.de/klimawandel-droht-der-golfstrom-zu-versiegen-100.html

immer noch ist von Wachstum, Wachstum, Wachstum die Rede. Wir haben nichts verstanden. –

M: Ich meine nach wie vor, dass die Mutter allen Übels die Übervölkerung des Planeten ist. Schon DHOARAM weist uns auf diese Problematik hin. Er macht uns deutlich, dass zum Überleben ein Bewusstsein für das Problem der Übervölkerung notwendig ist, und dass effektive Maßnahmen zu dessen Lösung ergriffen werden müssen, und in seiner Welt auch ergriffen wurden. Das ist doch so selbstverständlich, und wir tun seit langem das genaue Gegenteil.

H: Was würde denn geschehen, wenn die Weltbevölkerung von derzeit 8 Mrd. auf 8 Millionen absinken würde, sagen wir, durch eine Epidemie oder eine Naturkatstrophe?

M: Der hohe derzeitige Stand der Technik und die Globalisierung ließen sich auf keinen Fall aufrecht erhalten. Ob wir wieder in den paradiesischen Zustand bei DHOARAM zurückfallen könnten? Das sicher nicht. Dafür fehlen uns alle Voraussetzungen. Die Frage ist aber auch sehr theoretisch. –

H: Warum werden in der Erzählung „DHOARAM" gegen Ende nicht die heutigen ökologischen und wirtschaftlichen Probleme diskutiert? Reichen doch die letzten Episoden bis in unsere Zeit hinein.

M: Simplemente, weil Joachim nicht in das allgemeine Lamento einstimmen will, welches uns täglich auf allen Kanälen entgegenblubbert.

H: Sprichst du jetzt Spanisch mit mir?

M: Ich habe Joachim kürzlich auf Lanzarote besucht. – Wie sähe denn eine optimale Wirtschaftsweise für den gesamten Planeten aus?

H: Meinst du, dass eine solche überhaupt möglich sei?

M: Bei DHOARAM ausdrücklich, mit dem entsprechenden Bewusstsein der Menschen, welches deutlich sagt: „Wir dürfen
nicht zu viele werden."

Bei der damaligen Lebensweise und bei der damaligen
geringen Bevölkerungszahl war es möglich, so zu leben, dass
alles erhalten blieb, und die Natur sich immer wieder vollständig erholen konnte.

H: Meinst du, dass es, historisch betrachtet, damals wirklich so
war? Ist das nicht ein zu schönes Märchen?

M: Ich meine, dass es wirklich so war. Wir erfuhren von den
Naturvölkern, die wir noch erforschen konnten, dass es so
war, dass ein entsprechendes Bewusstsein vorhanden war.
Ich meine, dass es im DHOARAM ganz richtig eingeschätzt
wird. Natürlich war das Leben nicht so einfach wie in der Erzählung geschildert; das ist dort etwas zu schön geraten.

H: Wir können doch heute unmöglich so wirtschaften, wie es im
DHOARAM beschrieben wird.

H: Wir können uns auch fragen, warum denn schon in so frühen
Zeiten Geburtenregelung nötig war, wo doch so wenige Menschen auf der Welt lebten.

M: Denke an MOSES, ÖDIPUS oder ROMULUS & REMUS. Sie wurden als Kinder ausgesetzt, und Aussetzung war damals eine
übliche Methode, die Anzahl der Menschen in Grenzen zu
halten. Das Bewusstsein und die Notwendigkeit waren damals schon gegeben.

M: Für uns heute ist OSWALD SPENGLER's Buch [L]: „Der Untergang des Abendlands" von Bedeutung.

OSWALD **SpenglerSPENGLER**: Wir mussten zunächst sicher sein, dass es Rück-Erinnerungen und Voraus-Erinnerungen gibt, die mehr sind als bloße Erinnerungen, sondern

echtes Wieder-Erleben und Voraus-Erleben, die mit dem Erlebten in der Vergangenheit oder in der Zukunft vollkommen
identisch sind, ununterscheidbar, wie ATWATER sagt.hat dieses Buch zu Anfang des 20. Jh. geschrieben und damals großes Aufsehen erregt. Leider ist das Buch heute weitgehend in
Vergessenheit geraten. Es ist sehr dick und mühsam zu lesen:
1.200 Seiten. Im Jahre 2006 gab es jedoch eine neue Übersetzung ins Spanische [L].

H: Was steht denn drin?

M: SPENGLER hat etliche geschichtliche Hochkulturen durch-
forstet und dabei festgestellt, dass sie alle nach derselben Ab-
folge geboren wurden, heranreiften, ihre Blütezeit erlebten,
ins Greisenalter eintraten, dekadent wurden, und schließlich
starben. Keine Hochkultur hat für immer überlebt. Eine
Hochkultur ist wie ein menschlicher Körper: Geburt, Kindheit, Jugendzeit, Erwachsen-Sein, Hoch-Zeit, Alter und Tod.

H: Ich denke da an das alte Ägypten, an die INKA und MAYA,
an die alten Griechen und die Römer, an das alte China (worüber ich wenig weiß), und was noch?

M: Die AZTEKEN nicht zu vergessen, Persien, die alten Inder.

H: Die Indio-Kulturen in Amerika sind doch wohl nicht an sich
selbst zugrunde gegangen, sondern wurden von den Spaniern
vernichtet?

M: Es gab auch andere Gründe: Überwirtschaftung der Böden,
Kämpfe mit den Nachbarvölkern, interne Bürgerkriege. Wir
müssen aber die INKA, die MAYA und die AZTEKEN getrennt
betrachten, da ihre Schicksale unterschiedlich sind. Während
die Kulturen der INKA und der AZTEKEN nur über 3 und 2
Jahrhunderte existierten und durch die Spanier endgültig vernichtet wurden, lebte die Kultur der MAYA schon viel länger
– ab ca. 900 v.Chr. – und ein Teil der Maya überdauerte auch

das Gemetzel der Spanier. Die letzten Reste der MAYA-Kultur verschwinden gerade heute, in dem Sinne, dass sie sich mehr und mehr unserer westlichen Lebensweise anpassen: Coca-Cola und Smartphone.

Wir sollten noch anmerken, dass die Kulturen, von denen wir hier sprechen, die der INKA, der MAYA und AZTEKEN, keine Naturvölker, sondern echte Hochkulturen waren, ganz im Sinne SPENGLER's [L], [339].

H: Welches sind die Gründe für das Sterben von Hochkulturen?

M: Die, die wir z.T. schon nannten: Übervölkerung, Ausbeutung der natürlichen Ressourcen, Abholzen der Wälder, Überjagen, Überfischen, Auslaugen der Böden durch Monokulturen, ungesunde Ernährung, Krankheiten, interne Konflikte um Einfluss und Macht, Kriege mit Nachbar-Völkern.

Hinzukommen: Dekadenz; zunächst die Herrschaft des Geldes, dann die Herrschaft der blanken Macht. Diese sind die beiden letzten Stadien einer jeden Hochkultur; ein bekanntes Beispiel dafür ist Rom mit zuerst CRASSUS und dann NERO.

So wie ich den SPENGLER verstanden habe, ist es ein der Weltgeschichte und dem Ereignis ‚Hochkultur‘ innewohnendes Gesetz, dass jede Hochkultur ihre Zeit hat und schließlich untergehen *muss*.

H: SPENGLER wendet seine Erkenntnisse über vergangene Hochkulturen auch auf unsere heutige Zeit an?

---

[339] Übersicht in www.mutual-mente.com / Oswald Spengler: „Der Untergang des Abendlandes"

M: Ja. Er begreift die abendländische Kultur als eine Hochkultur wie alle anderen, die sich allerdings heute im Greisenalter befindet, und deren Ableben kurz bevorsteht.

H: Die Herrschaft des Geldes ist ja nun jedermann bekannt, und sie neigt sich ihrem Ende zu. Wenn SPENGLER Recht behält, steht uns jetzt also die Herrschaft NERO's bevor?

M: Ja. Die Tyrannen nennt SPENGLER „CÄSAREN". Es sind die Diktatoren, die Gewaltherrscher, die jetzt wieder Konjunktur haben. Man kann in etlichen Ländern beobachten, wie Demokratien sich in Diktaturen verwandeln. Es scheint eine Eigenschaft und Schwäche der Demokratien zu sein, dass sie sich auf die Dauer nicht gegen die Machtgelüste Einzelner zur Wehr setzten können. [340]

H: Ich würde gerne mehr über SPENGLER wissen.

M: Einige Zitate aus SPENGLER's Buch „Der Untergang des Abendlands" [L] von vor 100 Jahren mögen ein wenig seine Voraussicht unserer heutigen Lage verdeutlichen:

> „Die privaten Mächte der Wirtschaft wollen freie Bahn für ihre Eroberung großer Vermögen. Keine Gesetzgebung soll ihnen im Wege stehen. *Sie* wollen die Gesetze machen, in *ihrem* Interesse, und sie bedienen sich dazu ihres selbst geschaffenen Werkzeugs, der Demokratie, der bezahlten Partei." [341]

> „Demokratie ist die vollendete Gleichsetzung von Geld und politischer Macht." [342]

---

[340] s. Levitzky & Ziblatt: „Wie Demokratien sterben", DVA, 2018.
[341] Spengler 2. Band, 5 II 8, 1922.
[342] Spengler, 2. Band, 5 I 3, 1922.

„Durch das Geld vernichtet die Demokratie sich selbst, nachdem das Geld den Geist vernichtet hat." [343]

H: Buff! War SPENGLE ein Prophet oder nur ein kluger Kopf?

M: Wohl beides. Schließlich sagte er: „Die Heraufkunft des Cäsarismus bricht die Diktatur des Geldes und ihre politische Waffe, die Demokratie." [344].

(Ich empfehle den zusammenfassenden Text über OSWALD SPENGLER: "Der Untergang des Abendlands" auf www.mutual-mente.com, um sich einen kleinen Überblick zu verschaffen.)

H: Was meinen wir, wenn wir vom Niedergang unserer Kultur sprechen? Sprechen wir von einer Zeit-Perspektive von 100 Jahren, von 1.000 oder von 10.000 Jahren?

M: Joachim liebt es zu sagen, er gehöre zu der Generation „Für uns reicht es noch". Wir, die wir 40 Jahre jünger sind als er, kommen voll in den Schlamassel hinein, wie auch die neuesten Daten von GAYA HERRINGTON [L] zeigen. (Und einige junge Menschen nennen sich jetzt „Die letzte Generation".) Siehe Kapitel 25 dieses Dialogs: „Die Grenzen des Wachstums" und im Literaturverzeichnis:"Club of Rome" und dort *[1972]:* Meadows und *[1972]* Abbildung.

H: Im Sinne der Geschichte im „DHOARAM": „Wie die Menschen auf die Erde kamen", müssen wir das ‚Experiment Mensch' als gescheitert betrachten, was nur der Meister der Weisen Voraussicht vorhergesehen hatte. [345] Das

---

[343] Spengler, 2. Band, 4 III 18, 1922
[344] Spengler, 2. Band: Die Formenwelt des Wirtschaftslebens / Die Maschine / 8
[345] Dhoaram, Episode 20: „Die Geschichtenerzählerin".

bedauerliche Ergebnis von allem zeigt uns kurz und drastisch im „DHOARAM" die Episode 28: „Das Ende der Zeit".

M: Wenn ein Bewusstsein für die Geistige Welt da wäre, könnten wir nicht auf diese Weise unseren Planeten, unsere Lebensgrundlage ruinieren. Wir haben den Gipfel der Verdummung [346] erreicht: Es ist tödlich. So, wie wir auf dem Planeten hausen, ist es nur folgerichtig, dass wir uns selbst auslöschen.

H: Das ist allerdings eine radikale Auffassung, doch es hilft nichts, um den heißen Brei herumzureden: Es müssen klare Aussagen getroffen werden. In der heutigen Zeit der schwersten Krise der Menschheit sind deutliche Worte notwendig. –

Wie können wir damit umgehen, dass wir wissen, dass noch in diesem Jahrhundert das Ende unserer Kultur erreicht werden wird?

M: Es ist ja nicht so, dass wir munter so weiterleben und weiter konsumieren können wie bisher, bis es eines Tages dann einen großen Knall gibt und dann ist einfach Schluss. Ganz im Gegenteil wird der Untergang ein schmerzhafter Prozess sein über eine Zeit hinweg, mit unendlich viel Leid, Trauer und Gewalt, Kriegen, Hungersnöten, Krankheiten, Wassermangel, Dürren, Unwettern, Chaos, Gewaltherrschaft. Das alles hat jetzt schon begonnen.

H: Und das Chaos wird nicht nur in der äußeren Welt herrschen, sondern auch in den Köpfen: Verwirrung, Ziellosigkeit, Neigung zu Extremen, Desorientierung, Verzweiflung, Gewalttätigkeit, Todes-Sehnsucht. Auch das alles ist jetzt schon sichtbar. Die Leute werden verrückt.

---

[346] Siehe hier in diesem Dialog: Kapitel 27.

M: Der Unterschied zwischen Wahr und Falsch verschwindet. Auf höchster Regierungs-Ebene wird gelogen, dass sich die Balken biegen. Fakten und ‚Alternative Fakten' können nicht mehr unterschieden werden. Desinformation wird zum Mittel der Politik. Die sozialen Medien werden zu Schleudern der aberwitzigsten Behauptungen, und alles findet gläubige Anhänger. Die Masse ist beliebig manipulierbar. Die Demokratie erweist sich als machtlos diesem Treiben gegenüber.

H: Atomwaffen, Plastik und Strahlung überall sind Zeichen für den Höhepunkt und das Ende der technischen Entwicklung. Es ist wenig tröstlich. Was können wir tun?

M: Man kann es eine Zeit lang leugnen, dumpf ertragen; man kann dagegen rebellieren, man kann es beklagen, die Schuldigen suchen oder verzweifeln, oder man kann es annehmen. Die bessere Lösung ist, das Unvermeidliche zu akzeptieren, ja, es sogar willkommen zu heißen.

Das Unvermeidliche ist unvermeidlich.

H: Erstaunlich. Du bist sehr weise geworden. Es ist so wie mit unserem eigenen Tod. Der Tod ist ein notwendiger Teil unseres menschlichen Seins. Ohne Tod kein Leben.

CASTANEDA sagt bezüglich der ersten Lehrinhalte für einen Schamanen-Schüler: [347] „Die Internalisierung der Prozesse eines anderen kognitiven Systems begann stets damit, dass die ganze Aufmerksamkeit des Adepten auf die Erkenntnis gelenkt wurde, dass wir Lebewesen unterwegs zum Tode sind. DON JUAN und die anderen Schamanen seiner Linie waren überzeugt, dass ein gründliches

---

[347] Castaneda, Carlos „Die Lehren des Don Juan", pdf, S. 15f.

Erkennen dieses energetischen Faktums, dieser irreduziblen Wahrheit, schließlich zur Anerkennung der neuen Art von Kognition führen müsse."

CASTANEDA weiter: „Was Schamanen wie DON JUAN MATUS letzten Endes für ihre Schüler anstrebten, war eine Einsicht, die in all ihrer Einfachheit so schwer zu erringen ist: Dass wir tatsächlich Lebewesen sind, denen der Tod bevorsteht. Deshalb ist der wahre Kampf des Menschen nicht die Auseinandersetzung mit seinen Mitmenschen, sondern mit dem Unendlichen, und dabei geht es eigentlich nicht einmal um Kampf, sondern im Grunde um ein Sich-Abfinden. Freiwillig müssen wir uns dem Unendlichen fügen. Wie die Zauberer es beschreiben, ist unser Leben aus dem Unendlichen hervorgegangen, und es endet dort, wo es angefangen hat: im Unendlichen."

H: Wir können davon ausgehen, dass der Mensch sich schon früh Gedanken gemacht hat über den Tod, über das Jenseits und die Wiedergeburt. Ich meine jetzt etwa die Zeit, als der homo sapiens sapiens entstanden war. Die Vorstellung von Tod und Wiedergeburt spiegelt sich schon darin wider, dass der Schamane nach alter Auffassung bei jeder seiner schamanischen Reisen Tod und Wiedergeburt durchlebt. [348]

M: Ich habe mir schon oft Gedanken über den Tod gemacht, jedoch kaum Gesprächspartner gefunden. Die meisten Menschen wollen nichts mit dem Tode zu tun haben; er ist ihnen unheimlich. Vermutlich haben sie Angst vor dem

---

[348] Eliade, S.102.1, S.102.4, und an vielen anderen Stellen.

schwarzen Loch, in das sie zu fallen fürchten, von dem wir aber wissen, dass es das nicht gibt.

H: Wir können uns, um mit dem Zusammenbruch unserer schönen Welt zurecht zu kommen, an die fünf Phasen des Sterbens von ELISABETH KÜBLER-ROSS [L, 349] erinnern:

1. Nicht-Wahrhaben-Wollen, Leugnen,
2. Zorn, Wut,
3. Verhandeln,
4. Depression und Leid,
5. Annahme, Akzeptanz.

So können wir einmal beobachten, wie wir Menschen mit dem bevorstehenden Untergang unserer Kultur und Zivilisation jetzt umgehen und weiterhin umgehen werden: Heute sind wir im ersten Stadium von KÜBLER-ROSS, schon etwas vermischt mit Nummer zwei.

M: Ich möchte noch dieses wundervolle Wort SENECA's hinzufügen, welches uns eine Richtschnur sein kann in unserer Einstellung zu all dem, was uns erwartet, zu dem Unausweichlichen. Ich habe es bei SPENGLER [L] gefunden:

„Ducunt fata volentem, nolentem trahunt."

„So sprechen die Schicksals-Mächte:
Die Willigen leiten wir, die Unwilligen zerren wir."

M: Oswald SPENGLER sagt es mit seinen eigenen Worten so:

„Eine Aufgabe, welche die Notwendigkeit
der Geschichte gestellt hat, wird gelöst,
mit dem einzelnen oder gegen ihn."

---

[349] Diese Phasen können auch in anderer Reihenfolge auftreten.

H: Das heißt aber nicht, dass es hier nichts mehr zu tun gibt. Wir gehen davon aus, dass wir hierher auf die Erde eine Lebensaufgabe mitbringen.

M: Dhoaram hatte eine Lebensaufgabe, und er hat sie erfüllt, obwohl er sie nicht verstanden hat.

H: Auch bei der schlechten Prognose, mit der wir leben müssen, gibt es Gutes zu tun.

———————

26. Geschichtliches: Die Yamnaya-Kultur

M: Welche Sprache hat Freund DHOARAM denn vermutlich gesprochen?

H: Diese Frage habe ich erwartet. Ich habe mich ein wenig vorbereitet. DHOARAM hat sicher *nicht* eine Frühform des Indo-Europäischen gesprochen.

M: Wo und wann wurde denn die Mutter aller Indo-Europäischen Sprachen, also das Ur-Indo-Europäische, gesprochen?

H: Die Mehrheit der Forscher schließt sich heute der von MARIJA GIMBUTAS [W] formulierten KURGAN-Hypothese [W] an, welche besagt, dass die Proto-Indo-Europäische Sprache [W, L] (PIE, die Indo-Europäische Ursprache) um 4.500 bis 3.400 vor Chr. in den pontisch-kaspischen Steppen nördlich des Schwarzen und des Kaspischen Meeres gesprochen wurde.

Wenn wir GIMBUTAS folgen mögen, dann herrschte dort zu jener Zeit die YAMNAYA-Kultur [W]. Ab 3.400 bis 3.000 v.Chr. spaltete sich das Ur-Indo-Europäische dann in viele verschiedene Idiome auf, die wir heute die indo-europäischen Sprachen nennen. Diese Töchter des Ur-Indo-Europäischen sind fast alle europäischen Sprachen, zudem die nordindischen und die persischen Sprachen. Sie umfassen etwa 220 Sprachen mit über 3 Mrd. Sprechern. Überdies sind mehr als 80 ausgestorbene indo-europäische Sprachen bekannt, wie Latein, Alt-Griechisch und Hethitisch. Die Aufspaltung geschah durch Völkerwanderungen, zu denen die Besiedlung Mitteleuropas gehörte. Mittel-Europa musste nicht erst von den Yamnaya-Leuten erobert werden, da es fast menschleer war, denn hier hatte die Pest gewütet. [350]

Das Wort ‚Kurgan' bedeutet kegelförmige Grabhügel, die die Archäologen in jenen Steppen gefunden hatten, und die zur damals dort herrschenden YAMNAYA-Kultur [L, 351] gehörten. Diese Kultur wurde durch archäologische Forschung, durch sprachliche Analysen, und neuerdings durch genetische Analysen an Skeletten erschlossen.

Die Menschen der Yamnaya-Kultur lebten dort schon in der Bronze-Zeit [352] und hatten bereits Wagen mit Rädern und auch Pflüge. Pferde, Rinder und Schafe wurden gezüchtet. Die neolithische Revolution [353] war bei ihnen schon eingekehrt. Es herrschten Weidewirtschaft, zugleich aber auch Nomadentum, zudem Patriarchat und eine strenge Herrschafts-Struktur. Die Männer waren als Krieger beritten und daher sehr beweglich. Die Gräber der Herrschenden wurden reich ausgestattet. Die Götter-Welt hatte einen Gott des Tageslichts, eine Mutter Erde, eine Göttin der Morgendämmerung und eine Sonnen-Göttin.

M: Das erinnert mich an unsere Betrachtungen über die alten Götter-Religionen. [354]

---

[350] Die Theorie von Gimbutas wird auch gut bestätigt durch Johannes Krause [L] im Spiegel und in seinem Buch: „Die Reise unserer Gene", im Literaturverzeichnis.

[351] Schönes Bildmaterial auf Youtube: „The Yamnaya Culture" und „Bronze Age Steppe Herders".

[352] Spiegel Geschichte: „Warum die Bronzezeit die Welt veränderte".

[353] Siehe hier in diesem Dialog Kapitel 13.

[354] hier in diesem Dialog in Kapitel 11.

H: Die Bronze-Zeit hielt in Mittel-Europa erst 1.000 Jahre später Einzug und herrschte dort etwa von 2.200 bis 800 v.Chr. Die Bronze-Zeit ist die Nachfolgerin der Kupferzeit W und die Vorgängerin der Eisenzeit W.

M: Was können wir denn über die indo-europäische Ursprache (das Ur-Indo-Europäische, das Proto-Indo-Europäische „PIE") aussagen?

H: Die besten Köpfe haben sich, schon seit dem 19. Jh., daran gemacht, diese Sprache zu rekonstruieren durch Vergleich ihrer Töchter. [355] Dabei ergab sich, dass die Substantive des Proto-Indo-Europäischen acht oder neun Fälle hatten – das Sanskrit hat acht Fälle, das Lateinische sechs, das heutige Deutsche hat vier. Ebenso wurden die Verbformen im Laufe der Jahrtausende immer weniger, bis hin zu den heutigen Sprachen: gehen, ging, gegangen.

M: Hans, was meinst du, welche Kultur herrschte denn in Mittel-Europa zu Zeit DHOARAM's, also um 5.000 vor Chr., und *vor* dem Einzug der Indo-Europäer?

H: Zeitlich passt es, wenn wir annehmen, dass er zu Beginn des mittleren Neolithikums gelebt hat. Die Weltbevölkerung betrug geschätzt 5 Mio. Menschen. In Mitteleuropa herrschte zu jener Zeit die Kultur der Bandkeramik L, [356] von 5.600 bis 4.100 vor Chr. Nur an einer Stelle erwähnt DHOARAM die Keramik und sagt, dass die Töpfer in die Ton-Vasen Linien hineinschneiden. [357] Das nützt uns aber

---

[355] s. Ernst Kausen im Literaturverzeichnis
[356] siehe Wikipedia > „Linearbandkeramik".
[357] Dhoaram, Episode 08, Seite 46.3.

wenig, denn über die Sprache ‚Bandkeramisch' ist nichts Näheres bekannt.

M: DHOARAM erzählt uns auch nichts über die damalige Götterwelt, über den Glauben seines Volkes, obwohl wir viel über den Schamanismus erfahren und über allerlei Psi-Fähigkeiten der Menschen.

H: Nach MILUM's Schilderung seiner Reise in den Süden war die neolithische Revolution [358] zu DHOARAM's Zeiten in Italien schon angekommen, in seinem Lebensraum nördlich der Alpen aber noch nicht, was historisch so stimmt.

M: Es ist nicht ganz richtig, dass wir über die Sprache, die vor der Invasion der YAMNAYA in Mitteleuropa gesprochen wurde, so gar nicht wissen. Ich erinnere an das Phänomen, dass die baskische Sprache mit gar keiner anderen Sprache verwandt zu sein scheint. Dafür gibt es eine wunderbare Erklärung: In Europa wurde vor der YAMNAYA-Zeit, also vor dem Eindringen der Indo-Europäer (was um 3.400 bis 3.000 v.Chr.stattfand) VASKONISCH [L] gesprochen. [359]

H: Was soll denn das sein?

M: THEO VENNEMANN hat die Namen von Gewässern, Flüssen, Seen in verschiedenen Gegenden Europas mit einander verglichen. Er fand Übereinstimmungen auch in Gegenden, in denen heute ganz unterschiedliche Sprachen gesprochen werden, auch im Baskenland. Daraus konnte er schließen, dass in diesen verschiedenen Gegenden Europas ursprünglich dieselbe Sprache gesprochen wurde. Er ging davon aus, dass die

---

[358] Erläuterung siehe Tafel 1 und das gesamte Kapitel 13.
[359] Siehe „Vaskonen" im Literaturverzeichnis.

Namen von Flüssen, Seen, Bergen und Tälern eine Änderung der Sprache gut überstehen. In Europa war es der Einfall der Indo-Europäer und die Verbreitung deren Sprache, die verkraftet wurden. Gewässer-Namen gelten in der Namenskunde als langlebig und überdauern auch Sprachwechsel.

Im Baskischen wird heute noch bis zur Zahl 99 im 20er-System gezählt, ebenso wie im Keltischen, im traditionellen Irischen, im Schottisch-Gälischen, im Walisischen und im Bretonischen. Die Dänen zählen von 50 bis 99 im Zwanzigersystem, im Französischen ist quatre-vingt das Wort für 80; quatre-vingt-dix (viermal zwanzig plus zehn) für 90. [360]

H: Spannend! Also hat DHOARAM Vaskonisch [L] gesprochen?

M: Möglicherweise. Das Dunkel lichtet sich.

H: Das Baskische gilt weitgehend als ungelöstes Rätsel. Da zeigt sich wieder:

> Die Erkenntnis schlummert im Unverstandenen.

H: DOARES, der junge Grieche, der sein früheres Leben als DHOARAM auf Altgriechisch aufgezeichnet hat, sagt uns nichts darüber, welche Sprache DHOARAM gesprochen hatte. [361]

M: Es hätte ja auch sein können, dass DOARES in seinen Erinnerungen an sein Leben als DHOARAM dessen Sprache hätte sprechen können, im Sinne der Xenoglossie [W]. –

M: Ich habe gehört, dass in Mitteleuropa um 5.000 v.Chr., also zur Zeit DHOARAM's, ein Matriarchat herrschte.

---

[360] Wikipedia: „Vigesimalsystem".
[361] Dhoaram, Episode 30.

H: Ja, das sieht Marija GIMBUTAS auch so. [362] Sie schreibt, dass um 3.000 v.Chr. die YAMNAYA, die das Ur-Indo-Europäische sprachen, als sie in Mittel-Europa einwanderten, das Patriarchat hierher mitbrachten.

M: Mit dem Matriarchat ist das so eine Sache. Unter den Forscherinnen besteht Einigkeit, dass es nicht so war, wie ein Patriarchat mit umgekehrtem Vorzeichen. Die vielen Autorinnen, die über das Matriarchat [W] geschrieben haben, haben oft ihrer Phantasie freien Lauf gelassen. Wie es zu den Zeiten, über die wir hier sprechen, tatsächlich war, ist kaum festzustellen. Wir können davon ausgehen, dass zu verschiedenen Zeiten und bei verschiedenen Völkern die unterschiedlichsten Gesellschaftsformen erprobt wurden.

H: Im DHOARAM ist es ja eine schöne Art, wie wichtige Entscheidungen von Männern und Frauen in Zusammenarbeit gefunden wurden. Wir können uns ein lebendiges Bild davon machen, wie DHOARAM's Gesellschaft funktionierte und harmonierte.

M: Die Aufgabenteilung zwischen Männern und Frauen hat mir gefallen: Unterhaus und Oberhaus gewissermaßen.

---

[362] Wikipedia: „Kurgan-Kultur", Absatz „Das Ende von Alteuropa".

27. Sind wir immer dümmer geworden?

M: Nun stehen wir ja vor dem Geschehen, dass der Schamanismus mit der Zeit nach und nach verschwunden ist. Gleichzeitig hat sich unsere Spiritualität weitgehend von einer echten in eine künstliche verwandelt, so dass wir oberflächlicher geworden sind, nachlässiger, mehr auf Form bedacht als auf Inhalt. Unsere PSI-Fähigkeiten sind vielfach abhanden gekommen. Reste werden nicht mehr als spirituell, als übernatürlich wahrgenommen. Unsere Natur-Verbundenheit ist zur Natur-Zerstörung geworden. Besondere spirituelle Bewusstseins-Zustände werden als krankhaft betrachtet. Also eine Verarmung unseres geistigen Potentials auf breiter Front.

C.G. JUNG hat gesagt [L]: „Durch das wissenschaftliche Verständnis ist unsere Welt entmenschlicht worden. Der Mensch steht isoliert im Kosmos da. Er ist nicht mehr in die Natur verwoben und hat seine emotionale Anteilnahme an Naturereignissen eingebüßt, die bis dahin eine symbolische Bedeutung für ihn gehabt hatten."

H: Mary, hast du noch andere Hinweise auf unsere geistige Verarmung? Ich dachte, wir sind immer schlauer geworden. Denke doch einmal an den Stand unserer Wissenschaften und an unsere moderne Technik, die Fahrten zum Mond und zum Mars und die künstliche Intelligenz.

M: Sehr zu Recht heißt die künstliche Intelligenz „*künstliche* Intelligenz". (Tautologie)

Zu unserer geistigen Verarmung fällt mir das indo-germanische Sanskrit [W] ein, welches im SATYENDRA eine wichtige Rolle spielt, zu Anfang nur leise angedeutet, zum Ende überdeutlich. Wir sprachen schon über das Sanskrit. Es ist eine Sprache, die weitaus komplexer ist als unsere heutige deutsche Sprache. Es hat 48 verschiedene Laute, das Deutsche hat zweiunddreißig. [363] Das heißt, wenn wir das Sanskrit erlernen wollen, so müssen wir zunächst einmal sechzehn neue Laute erlernen. Ich weiß, wie schwierig es für uns Deutsche ist, nur die beiden Laute LL und Ñ des Hoch-Spanischen, des CASTELLANO, zu erlernen.

Hinzu kommt, dass die Grammatik des Sanskrit weitaus vielfältiger ist als die unsrige: Mehr Fälle, mehr Verb-Formen. Der Wortschatz ist sehr reichhaltig, so gibt es z.B. 57 verschiedene Wörter für Wasser. Das alles brachte mich auf die Idee: Wenn eine Sprache so mannigfaltig ist, so vielfältig und vielschichtig, so ist es auch das Denken, so sind es auch die Emotionen und die Wahrnehmungen der Menschen, vor allem auch im Zusamenleben.

H: Das ist unbedingt naheliegend. Das würde bedeuten, dass die Menschen früher differenzierter gedacht und gefühlt haben und auch feinsinniger waren.

M: Ganz bestimmt. Sonst gäbe das Ganze keinen Sinn. Sprache ist etwas Grundlegendes für das Mensch-Sein, für die menschliche Gemeinschaft und für die zwischenmenschlichen Beziehungen. Ich glaube, wir können gar nicht überschätzen, wie wichtig Sprache ist. Auch über uns selbst denken wir in Sprache nach.

---

[363] Im Deutschen sind dabei lange und kurze Vokale nicht unterschieden, wohl aber offene und geschlossene Vokale.

H: Woher wissen wir denn so gut Bescheid über eine längst ausgestorbene Sprache?

M: Die Gesänge der Veda ᵂ entstanden um 1500 v.Chr. Durch sie wurde das vedische Sanskrit definiert und ist für uns heute immer noch unverändert greifbar. Etwas jünger sind die Brahmanas (Ritualtexte), aus denen sich die philosophischen Upanishaden ᵂ entwickelt haben. Beide sind ebenfalls noch im vedischen Sanskrit verfasst.

M: Danach entstand das klassische Sanskrit, welches eine Weltsprache war, etwa so, wie unser Griechisch oder Lateinisch es waren. Das klassische Sanskrit, hatte sich vom vedischen Sanskrit abgespalten und wurde von PANINI um 400 v.Chr. mit 4000 Regeln kodifiziert. PANINI hat die Grammatik in allen Einzelheiten beschrieben und festgelegt, und diese Regeln galten fürderhin bis heute als Richtschnur für das klassischen Sanskrit. Zu seiner Zeit wurde das klassische Sanskrit in den gebildeten Kreisen gesprochen. Schon die Bhagavad Gita ᵂ ist im klassischen Sanskrit verfasst. Das klassische Sanskrit war die Sprache der indischen Dichtung, der Gottesverehrung (Puranas) und sämtlicher Wissenschaften, wie etwa der Rechtslehre, der Astrologie, des Ayurveda, der Grammatik, sowie aller philosophischen und religiösen Literatur. Für religiöse Rituale wie Gottesdienste, Hochzeiten und Totenrituale ist es noch heute unerlässlich, und die Texte werden unverändert auswendig gelernt und vorgetragen Es ist ein Wunder, dass wir hier eine Sprache vor uns haben, die sich seit 2.400 Jahren nicht verändert hat.

H: Die Entstehung des vedischen Sanskrit liegt also 1.100 Jahre vor der Festlegung der Grammatik des klassischen Sanskrit durch PANINI. Gibt es da große Unterschiede?

M: Ja. Mindestens drei Laute sind verloren gegangen; eine Verbform, der ‚Subjunktiv', taucht im klassischen Sanskrit nicht mehr auf. Im Vedischen Sanskrit gab es zwölf Möglichkeiten, den Infinitiv eines Verbs zu bilden, im klassischen Sanskrit ^W gibt es nur noch eine.

H: Das heißt also, die Sprache ist vom älteren Vedischen Sanskrit hin zum jüngeren klassischen Sanskrit einfacher geworden.

M: Ja. Das jüngere, klassische Sanskrit ist aber immer noch viel komplexer als unsere heutigen Sprachen, wie bereits erwähnt. Sanskrit wird heute noch in Indien von etwa 20.000 Menschen als Muttersprache gesprochen; es ist eine von zweiundzwanzig offiziellen Staats-Sprachen Indiens.

H: Das Vedische Sanskrit ist somit die älteste Sprache, die uns heute noch genau bekannt ist. Sie stammt aus einer Zeit um 1.500 v.Chr. und ist weitaus differenzierter als unsere heutigen Sprachen. Das bedeutet also, dass unsere Sprache seit mindestens 3.500 Jahren immer ärmer geworden ist. Ich kann es noch nicht glauben: Sind wir In den letzten 3.500 Jahren – welches eine kurze Zeitspanne ist in unserer Geschichte, in der Geschichte des homo sapiens sapiens [364] – immer dümmer geworden?

---

[364] siehe hier im Dialog Kapitel 11b: „Der homo sapiens sapiens".

M: Hans, ich sehe dir an, dass du am liebsten sagen würdest: „...seit die Indo-Europäische Ursprache gesprochen wurde, also seit rund 5.500 Jahren. [365]

H: Nach allem, was die Sprachforscher herausgefunden haben, können wir davon ausgehen, dass das PIE (das Proto-Indo-Europäische) mindestens so differenziert war wie das Vedische, wahrscheinlich sogar noch differenzierter, komplexer. [366, 367]

M: Es ist unbekannt, wann die Vorgänger des PIE, das PIE selbst, und seine Töchter das Maximum an Vielfalt erreicht hatten. Über die Vorläufer des PIE ist wenig Sicheres bekannt. [368]

H: Summa summarum heißt das also, dass die Menschen vor 3.500, wahrscheinlich sogar schon vor 5.500 Jahren, feinsinniger und feinfühliger waren als wir, was wir ja bezüglich der Spiritualität und der Natur-Verbundenheit bereits festgestellt hatten.

M: Noch ein weiteres Indiz für die Verarmung des menschlichen Geistes haben wir in der hohen Kunst der Höhlen-Malerei. PICASSO sagte 1940 beim Besuch der damals neu entdeckten Höhle von LASCAUX beim Betrachten der

---

[365] Näheres vorangehend im Kapitel 26 dieses Textes.

[366] s. Proto-Indo-European Language in en.Wikipedia.org (english).

[367] s.a. „Sprachen, alte, mit schriftl. Zeugnissen" im Literaturverz.

[368] „What came before Proto-Indo-European?" and „What languages were spoken in Europe before Indo European?" im Literaturverzeichnis unter „Proto-Indo-Europäisch".

Höhlen-Malerei, sichtlich bewegt: „Wir haben nichts dazu-
gelernt." [369]

NADJA PODBREGAR schreibt hierzu in dem Artikel
„Höhlenmalerei" in SCINEXX [370]: „Wie gut die Höhlen-
künstler sich mit der Anatomie und Bewegung der damaligen Tiere auskannten, haben Forscher vor einigen Jahren
näher untersucht. Sie verglichen dafür Tierbilder aus dem
frühen 19. Jahrhundert mit den prähistorischen Abbildun-
gen. Dabei zeigte sich: Die Steinzeitmenschen waren offenbar deutlich bessere Beobachter als ihre neuzeitlichen
Kollegen.

Die Künstler des 19. Jahrhunderts stellten die Schritt-
folge von Pferden, Rindern oder Elefanten in mehr als 83
Prozent der Fälle falsch dar. Sie malten Beinpositionen, die
in der Natur bei diesen Tieren nie vorkommen. Anders die
Eiszeitkünstler: Ihre Tierbilder waren nur zu 46 Prozent
fehlerhaft. Damit hatten die vermeintlich primitiven Ur-
zeit-Menschen klar die Nase vor, wenn es um naturgetreue
Darstellungen ging."

H: Einen weiteren Hinweis kann man in dem Bau der Pyramiden und in der Errichtung der Megalithe von STONEHENGE
sehen. Sie zeugen von hoher Intelligenz und einem enormen Gestaltungswillen. Angesichts des damaligen Stands
der Technik ist es uns heute noch kaum begreiflich, wie sie
entstanden sind. Selbst mit unseren heutigen technischen
Möglichkeiten hätten wir immer noch Mühe, sie zu

---

[369] s. unter Lascaux L: „Picasso"

[370] https://www.scinexx.de/dossierartikel/vom-strich-zum-gemaelde/

erbauen. Beide wurden etwa in der Zeit errichtet, als die Indo-Europäische Ursprache PIE gesprochen wurde: Die Cheops-Pyramide wurde erbaut um 2.600 v.Chr., Stonehenge um 3.000 – 2.500 v.Chr.

M: Schließlich schloss der Biologe GERALD CRABTREE [L] aus genetischen Berechnungen, dass der Mensch seit 3.000 Jahren immer dümmer geworden sei. Als Erklärung bietet er an, dass der Mensch wegen der Einführung von Landwirtschaft und Viehzucht seine Intelligenz zum Überleben nicht mehr benötigte. Die neolithische Revolution [371] mit Einführung von Landwirtschaft und Tierzucht brach in Europa um 5.000 v.Chr. aus, siehe Tafel 1. CRABTREE schreibt: „Der Zenit der menschlichen Intelligenz wurde vor etwa 6.000 bis 2.000 Jahren erreicht, seitdem verdummt die Menschheit von Generation zu Generation."

H: Man bedenke, wie bequem das Leben geworden ist. Wenn einmal der Strom ausfällt, wird einem klar, was alles allein mit elektrischem Strom betrieben wird. Alles ist heute ganz einfach geworden, alles ist geregelt. Der Kampf ums Überleben findet nicht mehr statt. Da brauchen wir heute nicht mehr viel Intelligenz, außer zum Ausfüllen der Steuererklärung.

H: Die Verdummung der Menschheit muss in den ersten Jahrtausenden langsamer verlaufen, und erst in letzter Zeit so richtig in Schwung gekommen sein, denn sonst wären wir heute so dumm wie Bohnenstroh. Das ist so wie mit vielen anderen Entwicklungen, die langsam begannen und sich

---

[371] s. Kapitel 13 in diesem Dialog.

immer weiter beschleunigten: Das Bevölkerungs-Wachstum, die Landwirtschaft, bis hin zu unserer heutigen industriellen landwirtschaftlichen Produktionsweise, die Entwicklung der Technik, die Zunahme an wissenschaftlicher Forschung und Literatur, immer tödlichere Waffen, mit denen heute jeder jeden vollkommen vernichten kann, der Verkehr zu Lande, zu Wasser und in der Luft, die Güter-Produktion, unsinniger Güter-Transport von A nach B nach C und zurück nach A, die Globalisierung, die Umweltverschmutzung, das Abholzen der Urwälder, das Sechste Große Artensterben [W]. Alle diese Entwicklungen haben unmerklich begonnen und sich bis in unsere Zeit hinein immer weiter bis ins Unmögliche gesteigert.

M: ... Bis zu dem großen Knall, der noch in diesem Jahrhundert zu erwarten ist. Die alle Vorstellungskraft übersteigenden Waffen-Arsenale sind ein Ausdruck der Zerstörungswut und des Todes-Triebs des Menschen.

H: Was auch nicht zu übersehen ist, ist die unendliche Menge an Trivial-Literatur, und all dieser Unsinn schwirrt in unseren Köpfen herum.

HOMER und SHAKESPEARE haben alle Höhen und Tiefen der menschlichen Seele in ausreichendem Maße ausgeleuchtet; da brauchen wir nicht Tausende neuer gebrochener Herzen, Helden, Schufte, Morde. Und schon gar nicht brauchen wir immer neue Fantasie-Produkte, die gar nichts mehr mit der Wirklichkeit zu tun haben. Dazu kommt die Darstellung von Gewalt und Brutalität in Filmen und Computern, dadurch Zunahme von Hass und Gewalt in der Gesellschaft; und nachher ist es keiner gewesen. Es ist ja auffallend, dass in den Fantasie-Welten im Weltenraum und in den Computerspielen nichts anderes vorkommt als das, was wir in unserer gewöhnlichen Welt schon haben, nämlich Macht, Intrigen, Hass, Gewalt, Brutalität.

Neben der Umwelt-Verschmutzung die große Geistes-Verschmutzung.

M: Ich möchte noch ein paar weitere Entwicklungen hinzufügen, die ganz langsam begannen, und in letzter Zeit immer schneller wurden: Auslaugen der Böden, Verlust an Humus und Nährstoffen in der fruchtbaren Erde, die wir zum Leben brauchen; die Kluft zwischen Arm und Reich, ein unbegreifliches, unentwirrbares Finanzsystem, eine überbordende Anhäufung von Schulden, der alle Maße sprengende Tourismus, Verbrennen großer Mengen an fossilen Brennstoffen; und nur zum Jux: Auto- und Motorrad-Rennen, Flugschauen, Reisen von Sportlern und allen anderen in die entlegensten Weltgegenden. Dazu die Informations-Flut, Desinformations-Kampagnen, Verleumdungs-Kampagnen, Aufrufe zu Hass und Gewalt, Cancel Culture, neue Sprachregelungen, ... ach, das hört ja überhaupt nicht auf!

H: Und all das gab es in der Jungsteinzeit nicht. –

M: Alles ist heute jederzeit verfügbar: Die Überfluss-Gesellschaft – ich möchte sagen: die Überdruss-Gesellschaft.

H: Und jetzt kommt die große Selbst-Vernichtung, der kollektive Selbstmord. Schon LEONARDO DA VINCI [W] hat das vorhergesehen: [372]

---

[372] Leonardo: https://de-academic.com/dic.nsf/dewiki/853642.

Leonardo da Vinci (1452 – 1519):

„Die Luft wird dünner und ohne Feuchtigkeit sein, die Flüsse werden ohne Wasserzufuhr bleiben, das Erdreich wird nichts mehr wachsen lassen. Die Tiere werden verhungern. Auch den Menschen wird nichts übrig bleiben, als zu sterben. Die einst fruchtbare Erde wird wüst und leer."

M: Wir haben es hier zu tun mit der größten Missachtung der Schöpfung, und der größten Missachtung unserer selbst.

Ich bin verzweifelt!

———————

28. Demokratie oder Diktatur?

H: Hatte denn die Gesellschaft, in der DHOARAM lebte, eine Demokratie oder eine Diktatur?

M: Wir denken gewöhnlich nur in diesen beiden Begriffen.

H: Diktaturen sind effizienter als Demokratien, gehen aber übel mit den Dissidenten um. Die Diktatoren werden größenwahnsinnig und umgeben sich nur noch mit Ja-Sagern. Sie verlieren den Kontakt zu ihrem Volk; werden paranoid und verlieren jedes Maß und Ziel; sie verhöhnen jede Ethik und Moral; Vertreibung, Folter und Mord sind ihre Waffen.

Demokratien sind menschenfreundlicher, können jedoch mit grundsätzlichen Problemen nicht umgehen. Da es in den Parlamenten zu fast allen Themen konträre Auffassungen gibt, läuft alles auf faule Kompromisse hinaus, die keine wirklichen Lösungen bringen. Es wird so lange herum diskutiert, bis nichts mehr zu retten ist.

> „Die großen Probleme werden nicht gelöst,
> sondern durch andere ersetzt." [373]

M: Es gibt für große Staaten mit Millionen von Einwohnern offenbar keine gute Regierungsform.

H: Wir kennen keine vernünftige Alternative zu der Wahl zwischen Demokratie und Diktatur.

---

[373] Hans Blumenberg's These, zitiert nach Gerd Achenbach in: „Zu Thomas Mann – Der Zauberberg".

M: Wir nehmen heute einige Dinge als Gott-gegeben hin, die unsere Gesellschaft entscheidend prägen.

H: Welche sind das?

M: Zum Beispiel Demokratie, Kapitalismus, Globalisierung, politische Parteien, unser Medizin-System, Flug- und Auto-Verkehr, Nahrung aus der Fabrik, Coca-Cola als Basis-Getränk für die Kinder, der Steuern-Wirrwarr, der Wachstums-Fetisch, eine die Natur ausplündernde Wirtschaftsweise, die sich ins Unendliche steigernde Verschuldung, Reichtum durch Nichts-Tun, jedes Lebensmittel aus den entferntesten Weltgegenden ist verfügbar.

> Alles ist so selbstverständlich geworden,
> doch es gibt keine Dankbarkeit mehr.

H: Wir wollen uns nicht vorstellen, dass es anders wäre. Wenn solche Strukturen erst einmal etabliert sind, dann haben sie eine starke Beharrungstendenz und werden gegen Veränderungen verteidigt. Um das System aufrecht zu erhalten, bringen wir enorme Opfer, aber die nehmen wir in Kauf.

M: Es gibt noch ein paar weitere Fetische: Gerechtigkeit, Fortschritt der Medizin, Fortschritt der Menschheit. Und wer will sich dem Argument entziehen, das alles tun wir für die Zukunft unserer Kinder?

H: Das, was einmal da ist, wird als selbstverständlich empfunden. Wir können es die „Die normative Kraft des Faktischen" [374] nennen. Der Begriff hat in der Rechtsprechung Fuß gefasst, ist aber auch ganz allgemein ein

---

[374] „Normalität und Normativität: Die »normative Kraft des Faktischen«", RSOZBLOG.de

psychologisches Phänomen. Die Grundstrukturen unserer Gesellschaft werden somit wie Werte an sich behandelt, sind sakrosankt, nichts anderes ist wünschbar.

M: Unsere Demokratie können wir nicht abschaffen, ohne dass unser Staatswesen zusammenbricht.

H: aeher können wir nichts dagegen tun, dass die Schere zwischen Arm und Reich immer weiter auseinander geht.

M: Jede Blüte des Kapitalismus endet mit dem Zusammenbruch des Wirtschafts- und Finanz-Systems. Der nächste Crash kommt bestimmt.

H: Wir haben eine Reihe von Errungenschaften genannt, die unser Gesellschafts-System prägen, die, gelinde gesagt, hinterfragt werden können, die große Mängel aufweisen.

M: Wir kennen keine perfekte Lösung, wir wissen aber, dass das bestehende System nicht gut ist, da es zu materialistisch orientiert ist, im philosophischen Sinne und im pekuniären Sinne. Da die Probleme nicht gelöst werden, schaukeln sie sich immer weiter auf bis zum Zusammenbruch.

H: Sehr optimistisch klingt das nicht.

M: Ganz wie SPENGLER [L, 375] vorhergesehen hat, kippen unsere Demokratien jetzt um. Die Demokratien werden von Diktaturen abgelöst, in denen die Cäsaren herrschen. Schau dich einmal um in der Welt. Und schließlich kämpfen die Diktatoren dann gegeneinander.

---

[375] s. hier im Dialog Kapitel 25: „Die Grenzen des Wachstums".

29. Der Rang einer Kultur

M: Hans, wir hatten schon festgestellt, dass das Vedische reicher ist als das klassische Sanskrit und dieses ist reicher als unsere heutigen Sprachen. [376]. Magst du noch einmal sagen, was du bezüglich Sprachen unter ‚reicher' verstehst?

H: Nun, einmal den Reichtum an Worten, mit deren Vielzahl und mit den feinsten Abstufungen an Bedeutungen. Zum anderen auch die Komplexität der Grammatik, die vielen Formen der Verben und Substantive. Schließlich die Vielzahl der Phoneme, verschiedener Laute, aus denen die Wörter gebildet werden.

M: Wenn wir den Reichtum einer Sprache mit der Höhe der Kultur gleichsetzen, in der sie gesprochen wird, dann standen die Sprecher des Vedischen und des klassischen Sanskrit auf einer höheren kulturellen Stufe als alle Kulturen, die danach kamen, uns selbst eingeschlossen.

Die Gesellschaft, die im DHOARAM geschildert wird, stand meiner Meinung nach auf einem höheren kulturellen Niveau als zum Beispiel unsere heutige Zivilisation.

H: Auch ohne GOETHE, SCHILLER, MOZART und BEETHOVEN? Da stehst du mit deiner Ansicht wohl so ziemlich allein da.

M: Es kommt auf die Sichtweise an. Wenn wir den Rang einer Kultur danach bemessen, in welchem Maße die Menschen ihre Lebensgrundlagen erhalten oder ruinieren, dann hat DHOARAM's Welt den höchsten Rang, wie viele Naturvölker. Und wir Heutigen – beinahe hätte ich gesagt: wir Heuschrecken – bekommen den niedrigsten Rang, wie alle

---

[376] Vrgl. Kapitel 27: „Sind wir immer dümmer geworden?"

Hochkulturen. Für uns gilt auf einer Skala von 0 bis 10: Null Punkte – Durchgefallen!

H: Ich erinnere mich schwach: „Die Ersten werden die Letzen sein."

M: Im DHOARAM lesen wir [377]: „Noch viel wichtiger ist es, Mutter Erde zu erhalten, und unsere Mitgeschöpfe, die Tiere und die Pflanzen, zu hegen und zu pflegen. Wir dürfen nicht zu viele Bäume fällen, nicht zu viele Tiere jagen, und nicht zu viele Pflanzen schneiden. Die lebendige Welt um uns herum muss ohne Schaden weiterleben können, denn wir leben mit ihr und durch sie. Nur wenn wir uns als einen Teil dieser vielfältigen, lebendigen Welt begreifen, kann der Einklang bestehen bleiben. Der Mensch trägt im Zusammenleben mit der Natur eine besondere Verantwortung, denn er hat einen fähigen Verstand, eine herausragende Erfindungsgabe, und Geschicklichkeit in seinen Händen. Daher kann er der uns umgebenden Lebenswelt viel Schaden zufügen oder auch viel nützen. Wir sind aufgerufen, ihr zu nützen und ihr nicht zu schaden." –

H: Dort bliebe noch zu ergänzen: Der Mensch hat die besondere Fähigkeit, sich die Zukunft vorzustellen, sie zu gestalten, und Unglück abzuwenden. Statt dessen richten wir alles nach unserem Gusto ein, ohne Rücksicht auf die Natur, deren Teil wir sind, ohne Rücksicht auf uns selbst, ohne irgendein Verantwortungs-Bewusstsein.

M: Mir tun die Menschen nicht leid, denn wir schreiben das Drehbuch zu unserer Tragödie selbst. Mir tun die Tiere leid

---

[377] Dhoaram, Episode 09: „Erde, Sonne, Mond", Seite 51.1.

und die Pflanzen, insbesondere die Bäume, wie sie leiden müssen und zum großen Teil aussterben. Und am Ende Hinterlassen wir unseren Planeten als eine riesige Müllhalde.

M: Die Tragik des einzelnen Menschen besteht darin, dass er selbst, allein, nicht viel ändern kann. Es wäre eine Aufgabe der menschlichen *Gemeinschaft*, die dafür ein gemeinsames Bewusstsein haben müsste, aber nicht hat.

H: So sehr ich GRETA bewundere, so wird auch sie und ihre Bewegung den Untergang nicht aufhalten können.

M: Dann bleibt die Frage übrig, wieso denn die Naturvölker eines Tages aus ihrer Idylle herausfielen und sich im heutigen technologischen Sinne ‚höher‘ entwickelten? Auch im Sinne dessen, was wir heute Kultur nennen: Klassische Musik, Literatur, Malerei, Wissenschaften, Mathematik.

H: Die ersten Stufen einer solchen Evolution hat ja MILUM bei seiner „Reise in den Süden" schon erlebt und nach seiner Rückkehr dem staunenden DHOARAM berichtet. [378] Die von MILUM geschilderten Neuerungen waren, wie du weißt: Getreide-Anbau, Geld-Wirtschaft, Arbeiten für Geld, Reichtum und Armut, Götterglaube, Schreiben und Lesen, Städte mit ganz ebenen Straßen und ‚zwei Häusern übereinander‘, wobei MILUM nicht weiß, wozu diese Städte eigentlich nütze sind.

Der Archäologe CHILDE prägte im Jahre 1936 den Begriff „Neolithische Revolution" [379], die in verschiedenen

---

[378] Dhoaram, Episode 18: „Milum's Wanderung in den Süden".
[379] s. hier im Dialog das gesamte Kapitel 13.

Weltgegenden zu verschiedenen Zeiten stattfand, zwischen 8.000 und 4.000 v. Chr. In jedem Falle aber erst nach der letzten großen Eiszeit, welche in Mittel-Europa vor etwa 12.000 Jahren zu Ende ging. [380]

M: Und wodurch wurde eine solche Entwicklung ausgelöst?

H: Es darf spekuliert werden: Ein unglücklicher Zufall?

M: Oder einfach das Schicksal der Menschheit, wie es die alten Inder gesehen haben. Wir mussten nach kosmischen Gesetzen in das Kali-Yuga ^{W} eintreten und müssen da jetzt hindurch. [381]

H: Etwas mehr naturwissenschaftlich gedacht, kommen verschiedene Möglichkeiten in Betracht: (örtlicher) Klima-Wandel, Kalt- oder Warm-Zeiten, Feuchtigkeit oder Trockenheit, Ansteigen der Bevölkerungszahl, Aussterben jagdbarer Tiere, Krankheiten; also Ursachen, die eine andere und effektivere Wirtschaftsweise erzwungen haben. [382]

Da der Mensch erfinderisch ist, konnte er sich neuen Gegebenheiten anpassen, ohne auswandern zu müssen. Es kommen auch schlicht einige Erfindungen in Betracht, die vielleicht mehr oder weniger zufällig gemacht wurden, wie das Erfinden besserer Werkzeuge oder das Züchten neuer Getreide-Sorten. Auf solche unbeabsichtigte Art sind wohl auch die Musik-Instrumente entdeckt und später kultiviert worden, wie z.B. Flöten und Saiten-Instrumente, stelle ich mir vor.

---

[380] vrgl. Tafeln 1 und 2.

[381] finsteres Zeitalter, Dauer ~3000 Jahre, ab ~ 500 v. Chr., also etwa ab Buddha's Zeit. s. Tafel 2.

[382] „Mangelhypothese", s. Wikipedia: „Jungsteinzeit".

M: Und auch die Fähigkeit des Menschen, in Trance zu fallen und in der Trance Heilung zu bewirken, ist womöglich ungewollt gefunden worden, …

H: …, da sie als Möglichkeit schon vorhanden war und auf ihre Entdeckung wartete, wie du sagst. –

M: DHOARAM und sein Volk standen also an der Schwelle zur neolithischen Revolution. Die Menschen waren schon sesshaft geworden, zogen im Garten schon Gemüse und Salat; Getreide-Anbau betrieben sie aber noch nicht. Ebenso hatten sie noch kein Geld, keine Schrift, keine Götter, keine Städte. Über domestizierte Tiere erfahren wir nur etwas, als der Großvater einmal Hunde, Schweine und Hühner erwähnt. [383, 384]

Hierarchische Machtstrukturen erkenne ich im DHO-ARAM ebenfalls nicht, obwohl es weise Frauen und weise Männer gab, Heilerinnen und Heiler, Menschen mit besonderen Fähigkeiten und mit besonderen Aufgaben.

H: MILUM's Reise in den Süden zeigt uns, dass die Entwicklung in südlichen Ländern schon weiter fortgeschritten war, wie es ja den historischen Tatsachen entspricht.

DHOARAM lebte offenbar in einer Zeit, die man als Übergangs-Zeit vom magischen zum mythischen Bewusstsein bezeichnen kann. JEAN GEBSER unterscheidet in der Menschheits-Entwicklung fünf Stadien des Bewusstseins:

---

[383] Dhoaram, Episode 4: „Fragestunde bei Großvater".

[384] Pferde wurden von den Menschen erst sehr viel später gezähmt und geritten, wohl erst in der Bronzezeit. Wikipedia: „Pferde". Schon sehr viel früher wurden sie gejagt, und Pferde sind in den Höhlen-Zeichnungen die am meisten abgebildeten Tiere.

archaisches, magisches, mythisches, mentales und integrales Bewusstsein.[385] Zur Zeit sind wir im Zustand des mentalen Bewusstseins, welches durch unser naturwissenschaftliches Verständnis von Raum, Zeit, Materie und Kausalität geprägt ist. Der Übergang zum integralen Bewusstsein steht uns erst noch bevor, in der unsere rationale Fixierung auf die materielle Welt überwunden wird, und wir in der Lage sein werden, alle bisherigen Bewusstseins-Stufen zu integrieren, so GEBSER.

M: Na, wollen wir es hoffen. – – –

M: Die Verortung des Lebens DHOARAM's in Mittel-Europa legt doch sehr den Gedanken an die alten Germanen nahe.

H: Der Begriff ‚GERMANEN‘ [W] ist erst um 80 v.Chr. sicher nachgewiesen, und die germanischen Götter [W] in Menschengestalt müssen irgendwann in der mittel-europäischen Eisenzeit, also im ersten Jahrtausend v.Chr., erfunden worden sein. [386] DHOARAM lebte aber 4000 Jahre früher. Die Namen in der Erzählung klingen auch gar nicht germanisch. Außerdem gab es bei DHOARAM ganz ausdrücklich keine Götter, die aussehen wie Menschen; erst MILUM wurde auf seiner Reise in den Süden mit Götter-Statuen bekannt.

M: Wie mir scheint, sind auch die Götter ein Produkt der neolithischen Revolution. Je weiter wir uns von der ursprünglichen Lebensweise entfernten, wie sie im DHOARAM geschildert wird, umso mehr haben wir uns auch von der Natur-

---

[385] Jean Gebser: „Ursprung und Gegenwart", DVA, 1949; Wikipedia.
[386] Näheres in den Büchern von Árpád von Nahodyl Neményi [L].

Religion entfernt und unser Glaubens-Bedürfnis in Phanta-
sie-Gestalten, in die menschenähnlichen Götter, hineingelegt.

H: Und später wurden dann sogar lebende Menschen zu Göttern
erhoben, wenn man an die Römischen Kaiser denkt. –

Ich sehe es so, dass auch die Welt DHOARAM's sich bereits ein Stück weit von einer ganz ursprünglichen, naturverbundenen Lebensweise entfernt hatte.

M: Wie meinst du das?

H: Die heraufziehende neue Zeit deutete sich schon an: Telepathie ist nicht mehr allgegenwärtig; man lebt nicht mehr no-
madisch, sondern in festen Wohnsitzen; die Frauen bauen in
den Gärten Gemüse und Heilpflanzen an, also keine reine Jä-
ger- und Sammler-Kultur.

M: Es war aber auch davor nicht alles besser. Wie uns DHO-
ARAM's Mutter erzählt, wurden in früherer Zeit Kriege geführt, die so schrecklich waren, dass schließlich die Frauen in
Streik traten und die Männer zur Raison brachten. Die alljähr-
lichen rituellen Wettkämpfe in den Dörfern erinnern noch daran.

H: Wir müssen wohl die Vorstellung aufgeben, dass es ein Paradies jemals gegeben habe. Die alten Römer sprachen vom
Goldenen Zeitalter – ,aetas aurea' – welches das erste Zeitalter gewesen sei. Es folgten das Silberne, das Bronzene und
das Eiserne Zeitalter, nach OVID's: „Metamorphosen".

M: Hans, gibt es so etwas wie den Fortschritt der Menschheit?

H: Das ist die allgemeine Meinung, die da lautet, dass der
Mensch sich von primitiveren Formen zu höheren Formen

entwickelt habe, und dass wir heute auf dem Höhepunkt dieser Entwicklung stehen, oder kurz davor.

M: Nun, sechs Gegenargumente hatten wir ja schon, die besagen, dass wir nicht auf-, sondern abgestiegen sind, und in diesem Jahrhundert den absoluten Tiefpunkt erreichen, nämlich die Selbstvernichtung.

H: Mary, könntest du bitte noch einmal kurz zusammenfassen, welche Kriterien du dafür hast, dass wir nicht auf – sondern abgestiegen sind?

M: Ich fasse die Anzeichen des Niedergangs noch einmal kurz zusammen. In früheren Zeiten hatten wir:

1. Das Bewusstsein der Naturvölker, ihre Umwelt erhalten zu wollen und zu müssen, und dies auch zu tun; ihre Fähigkeit, in und mit der Natur zu leben, sie zu hegen und zu pflegen, sie nicht zu schädigen;

2. eine echte, naturnahe Religiosität; zudem Telepathie und Voraus-Wissen. Bei vielen Völkern hatten wir neben der Religion auch noch den Schamanismus;

3. Die Komplexität der indo-europäischen Ursprache, die heute noch im Sanskrit lebendig ist;

4. Die hohe künstlerische Ausdruckskraft in den Höhlen-Malereien, die sich in Europa, Afrika, Amerika, Asien und Australien fanden, also im gesamten Verbreitungs-Gebiet des homo sapiens sapiens. Die Höhlenmalereien haben ein Alter von 30.000 bis zu 44.000 Jahren;

5. Die enorme architektonische Leistung der Errichtung der Pyramiden und der Megalithe (STONEHENGE);

6. Die Feststellung des Biologen Gerald CRABTREE [L] auf genetischer Basis, dass der Mensch seit mindestens 3.000 Jahren immer dümmer geworden ist.

7. Die Tatsache, dass fast alle jetzt lebenden Menschen junge Seelen sind [387]; die meisten von uns sind zum ersten Male auf Erden inkarniert. Daher sind wir so ziemlich alle in hienieden Neulinge und unerfahren.

8. *H:* Und *achtens* die Upanishaden [W] (vor ca. 2.700 Jahren) und die Bhagavad Gita [W] (vor ca. 2.500 Jahren) [388] mit einer solch' tiefgründigen Weisheit, dass sich die europäische Philosophie dagegen geradezu mickerig ausnimmt. SCHOPENHAUER [L] sagte über die Upanishaden:

„Wie ist doch jede Zeile so voll fester, bestimmter und durchgängig zusammenstimmender Bedeutung! Und aus jeder Seite treten uns tiefe, ursprüngliche Gedanken entgegen, während ein heiliger Ernst über dem Ganzen schwebt. ... Es ist die belohnendste und erhebendste Lektüre, die ... auf der Welt möglich ist: Sie ist der Trost meines Lebens gewesen und wird der meines Sterbens sein."–

H: Ich möchte noch eine andere Frage anschneiden: Mary, findest du nicht auch, dass die beiden Erzählungen, „DHOARAM" und „SATYENDRA", sehr bewusst gestaltet sein müssen? Joachim möchte etwas mitteilen: Wie es einmal war und was unwiederbringlich verloren ist, was die alten

---

[387] „Junge Seelen" in Anlage 1 unter Seelen.
[388] s. Bhatia, SC, e.a.: The Bhagavad Gita and Contemporary Psychotherapies", im Literaturverzeichnis.

Zeiten auszeichnete, wovon wir nichts mehr wissen, und wie es einmal werden wird.

Dazu hat er die Form von Erzählungen gewählt, um nicht mit wissenschaftlichen Abhandlungen abzuschrecken, und um nicht in das allgemeine Wehklagen der heutigen Zeit einzustimmen.

Es sind schöne Erzählungen, die auch als solche schon gut zu lesen sind, und in die er dann mit großem Geschick die vielen Botschaften, die er rüberbringen wollte, eingeflochten hat. Trotzdem bleibt alles flüssig und stimmig. Das muss perfekt geplant gewesen sein.

M: Das ist überhaupt nicht so. Ich sprach mit Joachim bei meinem Besuch darüber: Beide Erzählungen sind ganz ohne Plan, ohne Plot entstanden. Joachim ist der Meinung, dass ein geplanter Roman, eine geplante Erzählung, nicht spontan sein kann, dass ihnen das Zufällige, das Widersprüchliche, das Unvorhergesehene fehlt. Es fehlt die Kreativität des Augenblicks während des Schreibens, das intuitive Element.

Zum DHOARAM, dessen erste Fassung schon vor 12 Jahren entstand, bemerkte er, dass es einfach floss, aus der Intuition heraus. Den SATYENDRA hat er erst im Jahre 2021 geschrieben. Er hatte die Absicht, einen Liebesroman zu schreiben, als er dieses Corona-Chaos leid war. Als er anfing zu schreiben, fielen ihm so viele Sachen auf einmal ein, dass er gar nicht wusste, womit er anfangen sollte. Er half sich damit, dass er sich eine Themenliste machte und diese Themen nach und nach einzeln abarbeitete nach dem Motto:

Divide et impera!

Nach dem neunten Kapitel wusste er nicht mehr weiter. Es herrsche Verwirrung, beim Protagonisten SATYENDRA und beim Autor selbst. Da hat er sich mit der Devise geholfen: Einfach weiterschreiben, alles ergibt sich. Und so war es dann auch.

H: Erstaunlich! Wie man sich irren kann! –

30. Schlussfolgerungen

H: Wir könnten zum Schluss noch einmal zusammenfassen, welches die wichtigsten Aussagen der beiden Erzählungen und auch die unseres Dialogs sind:

I. Es gibt eine Geistige Welt;

II. Die Menschheit ist soeben dabei, ihr eigenes Verschwinden von diesem Planeten herbeizuführen;

M: Ich füge hinzu:

III. Dieses Schicksal der Menschheit kann nicht abgewendet werden. Wir haben keine Chance.

Und dann bleibt uns noch:

IV. Der Idealzustand, in dem DHOARAM in seiner Jugendzeit lebte, ist nicht wieder herstellbar. Reste findet man noch bei SATYENDRA im Mittelalter in Indien in dem entlegenen Dorf im Wald, in dem der Heiler wohnte.

H: In diesem Dialog haben wir noch hinzugefügt:

V. Die Geistige Welt kann man, zumindest im Ansatz, mit streng wissenschaftlichen Methoden erforschen.

VI. Wir Menschen sind in den letzten 2.000, 4.000 oder gar 6.000 Jahren immer dümmer geworden, weniger sensibel und weniger sensitiv, weniger naturverbunden und weniger spirituell, bis hin zum heutigen blanken Materialismus, in den Köpfen und in der Welt.

M: **VII.** Unser westliches Medizin-System befindet sich in einem desolaten Zustand. Ein spirituelles Verständnis vieler

Krankheiten und der Einsatz naturnaher Therapie-Formen könnte vieles verbessern. [389]

M: Ich glaube, jetzt haben wir es.

H: Ich möchte doch noch einmal darauf zurückkommen, welchen Sinn es hat, von der Reinkarnation und von der Geistigen Welt zu *wissen*. Mir fällt dazu ein:

a. Wir können so die Angst vor dem Tode verlieren und das Leben gewinnen. Wir können uns mit dem Tode befreunden und ihn als integralen Teil des Lebens begreifen.

b. Wir wissen, dass wir uns im Jenseits eine Aufgabe gestellt haben, die wir hier unten auszuführen uns vorgenommen haben. Hierzu sagt RUMI: [390]

> „Du hast eine Aufgabe zu erfüllen. Du magst tun, was Du willst, magst hunderte von Plänen verwirklichen, magst ohne Unterbrechung tätig sein – Wenn Du aber *diese eine Aufgabe* nicht erfüllst, wird all Deine Zeit vergeudet sein.“

c. Wir erkennen, dass wir uns in einem ständigen Lernprozess befinden. Auch scheinbar negative und schmerzliche Erfahrungen bringen uns voran.

> Wir sind die Summe unserer Erfahrungen.

d. Wir wissen, dass unsere Talente, Wünsche, Ängste, Vorlieben, Abneigungen, zu einem Gutteil aus früheren Leben stammen, nicht nur aus den Genen unserer Eltern und aus Erziehung und Umwelt.

---

[389] ausführlich hier im Dialog in den Kapiteln 16–19.
[390] Quelle: Aphorismen.de/Zitat > Rumi.

e. Wir wissen, dass die Abkehr von Süchten und Verführungen uns im Sinne unseres Lebensplans weiterbringt;

f. Wir können so manchen vermeintlich psychiatrischen Erkrankungen ein ganz anderes, spirituelles Verständnis entgegenbringen, sehr zum Nutzen der Betroffenen und der Gesellschaft;

g. Wir hören zu, wenn unsere kleinen Kinder (2–6 Jahre) von einem früheren Leben erzählen;

h. Wir wissen, dass es eine Geistige Welt gibt, aus der wir kommen, und in die wir zurückkehren werden. Die Verbundenheit mit der Geistigen Welt begleitet uns unser ganzes Leben lang und gibt unserem Leben Hilfe und Richtung.

i. Wir wissen, dass alles, was ist und was geschieht, einen Sinn hat, auch wenn wir diesen nicht erkennen.

j. Wir wissen, dass es ein universelles Bewusstsein gibt, welches einige wenige Menschen schon in diesem Leben in einer Gottes-Schau erfahren können.

k. Wir wissen, dass unser individuelles Bewusstsein stets mit dem universellen Bewusstsein verbunden ist.

l. Wir schenken unsere Aufmerksamkeit und Dankbarkeit den synchronen Ereignissen, auch wenn wir die Zusammenhänge nicht durchschauen. [391]

M: Nun, das ist ja schon eine ganze Menge. Ein Leben mit einem Bild der Geistigen Welt ist doch ganz etwas anderes! Es ist eine innere Haltung, eine Wegweisung.

H: Nun müssen wir aber auch noch sagen, was wir *nicht* wissen.

---

[391] Näheres über Synchronizität in Kapitel 22

M: Über die Geistige Welt wissen wir das Allermeiste nicht.

Hier eine kleine Liste von Dingen, die wir nicht wissen:

Wie sehen die Engel aus?

Haben Engel Flügel?

Wie sieht Gott aus? Kann ich persönlich mit Gott reden? (Jetzt oder im Jenseits?)

Wie sieht es im Himmel aus?

Wie sieht es in der Welt aus, in der die unsterbliche menschliche Seele lebt, wenn sie nicht inkarniert ist?

Werde ich dort anderen Seelen begegnen? Vielleicht auch spirituellen Lehrern und Meistern?

Wie oft werden wir insgesamt auf Erden inkarniert?

Was war der Einzelne vor seiner 1. Inkarnation auf Erden?

Was wird der Einzelne nach unserer letzten Inkarnation auf Erden sein?

Habe ich mir im Jenseits tatsächlich meine Lebensaufgabe gestellt?

Warum kennen wir diese Aufgabe dann nicht?

Wenn wir den CAMPBELL ernst nehmen: Ist der Tod, mit dem ich reden soll, mein individueller Tod, oder ist er der Tod schlechthin, für alle derselbe?

Wie sieht mein Tod aus, oder der universelle Tod?

Spricht der auch Deutsch?

Wie kann man echte von unechten Erinnerungen an frühere Leben unterscheiden?

H: Maria, habe vielen Dank für diesen Einblick. Wir haben keine Vorstellung von der Geistigen Welt. Vielleicht können wir sie auch gar nicht haben mit dem beschränkten Erfahrungs-Schatz aus unseren drei Dimensionen.

Ich möchte noch eine drängende Frage aufwerfen, die mich schon lange beschäftigt.

M: Und zwar?

H: Wir hatten viele Beispiele dafür, dass der Mensch in direkten, bewussten Kontakt mit der Geistigen Welt treten kann, z.B. in Erinnerungen an frühere Leben, bei Nahtodes-Erfahrungen, im Mediumismus, bei spirituellen Besetzungen, bei außerkörperlichen Erfahrungen, in schamanischen Reisen, bei mystischen Jenseits-Erlebnissen (unio mystica, [392]).

Was wir nicht wissen ist, wie dieser Kontakt zustande kommt. Es muss eine Verbindung zwischen dem menschlichen Bewusstsein schon zu Lebzeiten hier auf Erden mit der Geistigen Welt geben, also muss das physische Gehirn mit der Geistigen Welt irgendwie verbunden sein. Die Neurologen können das nicht erklären. Es ist einfach nicht bekannt.

M: Nun, das ist eine Frage, die uns und die nicht-alltägliche Wirklichkeit betrifft. In der gewöhnlichen Welt, in der es Zeit und Raum, Materie und Energie gibt, dort, wo die Naturwissenschaften walten, dort gibt es solche offenen Fragen nicht? Dort wissen wir fast alles?

---

[392] siehe hier in Anlage 1: Terminologie > „Gottesschau".

H: Beileibe nicht! Lass uns jetzt einmal rein naturwissenschaftlich denken, und die Frage stellen nach der Entstehung der
Welt. Zum Beispiel können wir den Urknall überhaupt nicht
erklären. Nach heutiger Auffassung ist das totale Nichts vor
13,8 Mrd. Jahren explodiert; es wurden Zeit und Raum erschaffen, eine ungeheure Menge an Materie und Energie entstand aus gar nichts, die Kausalität und die physikalischen
Gesetzte bildeten sich erst. Davor war nichts, kein Raum,
keine Zeit, keine Materie, keine Energie, keine Kausalität und
keine physikalischen Gesetze. Was man sich allerdings
schlecht vorstellen kann. Und warum sollte das totale Nichts
explodieren? Und diese ungeheure Mengen an Materie und
Energie hervorbringen? Mehr als 2.000 Mrd. Galaxien!
$(2x10^{12})$ [393], allein im beobachtbaren Teil des Universums.
Alles jetzt rein naturwissenschaftlich gedacht. [394]

M: Alles, was vor dem Urknall *nicht* da war, sind ja genau die
Eigenschaften, die die Geistige Welt hat, wie wir ja schon öf-
ters feststellten: Kein Raum, keine Zeit, keine Materie, keine
Energie, keine Kausalität. Somit bestand, denke ich mir, vor
dem Urknall die Geistige Welt allein, ohne eine materielle
Welt dabei. Offenbar hat die Geistige Welt den Urknall überlebt, vielleicht sogar erzeugt, und sie besteht immer noch,
jetzt zugleich mit der materiellen Welt.

H: Ein neuer Gedanke! Ich bewundere dich, Maria, wirklich!

Das erinnert mich an die ersten Worte des JOHANNES-
Evangeliums: „Am Anfang war das Wort, und das Wort war

---

[393] z.B. https://bigthink.com/starts-with-a-bang/how-many-galaxies/
[394] s. Sabine Hossenfelder: „Mehr als nur Atome", im Literturverz.

bei Gott, und Gott war das Wort." Das ist allerdings eine vollkommen unsinnige Übersetzung aus dem Griechischen:

„Ἐν ἀρχῇ ἦν ὁ λόγος, καὶ ὁ λόγος ἦν πρὸς τὸν θεόν, καὶ θεὸς ἦν ὁ λόγος.".

Das entscheidende Wort ist das Wort ‚LOGOS', welches im Griechischen sehr viele Bedeutungen hat. In Thema A / A6 wird das genauer analysiert, und es wird dort folgende Übersetzung vorgeschlagen:

> „Am Anfang war das Universelle Bewusstsein,
> und das Universelle Bewusstsein war Gott,
> und Gott war das Universelle Bewusstsein."

M: Wenn wir das Universelle Bewusstsein mit dem Bewusstsein der Geistigen Welt, der Anderen Wirklichkeit gleichsetzen, dann passt jetzt alles zusammen. Der nächste Satz bei JOHANNES heißt dann entsprechend: „Alles ist durch das Universelle Bewusstsein geworden, und ohne das Universelle Bewusstsein wurde nichts, was geworden ist."

H: Das wusste schon das Alte Testament ganz zu Beginn: „Am Anfang schuf Gott Himmel und Erde." Das ist genau die gleiche Aussage, wenn wir wieder Gott mit dem Universellen Bewusstsein gleichsetzen. – Ich möchte hier den sehr üblichen Ausdruck „Universelles Bewusstsein" ersetzen durch: „Bewusstsein des Universums", was für mein Gefühl noch klarer sagt, wovon die Rede ist. [395] Das wäre dann BRAHMAN, im

---

[395] Ähnliche Begriffe sind: Bewusstsein des Kosmos, Gedächtnis des Universums, Intelligenz des Universums, Weltenseele.

Gegensatz zu ATMAN, dem Bewusstsein des einzelnen Menschen. – – –

M: Hans, hast Du noch etwas anderes Unerklärliches in unserer
normalen, materiellen Welt?

H: Sicher. Wir wissen nicht, wie das menschliche Gehirn funktioniert. Das menschliche Gehirn enthält etwa 100 Mrd. Nervenzellen. Zwischen den Nervenzellen befinden sich Schalt-
zellen, die Synapsen, Man sagt, dass jede einzelne Nerven-
zelle im Schnitt 1.000 solcher Verbindungen zu anderen Nervenzellen hat [396]. So kommt man auf mindestens 100 x 1.000
Mrd. Synapsen [W, 397, 398]. Alles funktioniert in einem komple-
xen Zusammenspiel von feinster Bio-Chemie und subtiler
Bio-Elektronik.

M: Und das habe ich alles in meinem Kopf? Ich kann nicht glauben, dass das alles durch einen reinen Zufall entstanden ist.

H: Wir wissen nicht, wie das alles zusammenarbeitet. Sich das
Gehirn als großen Computer vorzustellen, ist offenbar falsch.
WOLFGANG MAAS sagt hierzu: „Kolleginnen und Kollegen
aus der Neurowissenschaft meinen, dass wir heute im Grunde
weniger über die Funktionsweise des menschlichen Gehirns
wissen als noch vor zehn Jahren." [399]

M: Zwischen Gehirn und Computer liegen offenbar Welten. Es
ist aber nicht nur ein quantitativer Unterschied, sondern auch
ein qualitativer. Die Computer haben wir selbst gebaut und

---

[396] Helmholtz Home: „Wie viele Nervenzellen hat das Gehirn?"
[397] „Computer nach dem Vorbild des Gehirns?" Uni Heidelberg 2007
[398] Das Gehirn ist rund 1 Mio. mal effizienter als heutige
Supercomputer, European Scientist, 11.04.2022.
[399] „Unser Gehirn, der spannendste aller Computer", TU Graz, 2018.

wissen, wie sie funktionieren; beim menschlichen Gehirn wissen wir es überhaupt nicht. – Hast du sonst noch etwas?

H: Man weiß auch nicht, was Bewusstsein ist. Wie alle haben ein Bewusstsein und können es selbst beobachten, wissen aber nicht, wie das Gehirn es hervorbringt, und ich glaube nicht, dass Maschinen jemals ein Bewusstsein wie wir haben werden. Wir wissen einfach nicht, was das ist: Bewusstsein.

H: Ich, Johannes, meine nicht, dass wir sehr vieles wissen und nur weniges (noch) nicht wissen. Ich meine hingegen, dass wir nur sehr weniges wissen, irgendwie immer nur oberflächlich, und dass wir das Allermeiste nicht wissen.

M: So müssen wir mit unserem Nicht-Wissen von vielen Dingen leben. Bescheidenheit ist angesagt und Gelassenheit. – – –

H: Maria, ich danke dir für dieses wundervolle Gespräch.

M: Johannes, der herzliche Dank ist ganz meinerseits.

H: Darf ich dich zu morgen ins Brecht-Theater einladen?

M: Ja, gerne, lieber Johannes.

––––––––––

Ende des Kapitels 30: Schlussfolgerungen.

Ende des Dialogs.

––––––––––

Anlagen

Anlage 1. Zur Terminologie,
Anlage 2. Spirituelle Besetzungen,
Anlage 3. Einige Erkenntnisse aus dem Dialog,
Anlage 4. Die Kreuzkorrespondenzen MYERS',
Anlage 5. Zitate von RUMI und GRANT,
Anlage 6. Don José MATSUWA's „Triple Challenge",
Anlage 7. Zitate von C.G. JUNG,
Anlage 8. Zitate von Konfuzius,
Anlage 9. Quanten-Physik,
Anlage 10. Platon/Sokrates über Reinkarnation.

Anlage 1.   Zur Terminologie

Ein ausführliches Glossar finden Sie auf www.mutual-mente.com in Thema A / Glossa.r

*Hier folgen einige Grundbegriffe,
die im vorliegenden Text wichtig sind.*

Einige Fachbegriffe verwenden wir wie nachfolgend geschildert, sind uns aber dessen bewusst, dass es im Bereich Metaphysik / Spiritualismus / Wissenschaft von der Geistigen Welt keine Übereinkunft über eine einheitliche Redeweise gibt. Wir wollen dem allgemeinen Sprachgebrauch so weit wie möglich folgen und uns zugleich klar ausdrücken. Viele Begriffe findet man auch im Literaturverzeichnis, im Index und im Glossar in Thema A /A7.

Bardo [W], der, im Tibetischen Buddhismus der Zustand und das Erleben zwischen den irdischen Inkarnationen. Oft wird mit ‚Bardo' im Deutschen vereinfachend das Zwischenreich zwischen den irdischen Leben bezeichnet, das Jenseits, wo die menschlichen Seelen sich zwischen den irdischen Leben aufhalten.

Besetzungen, spirituelle, ausführlich in Anlage 2.

Bewusstsein, universelles = Bewusstsein des Universums, Bewusstsein des Kosmos, die Weltenseele. In der Mystik [W], in spirituellen Lehren, im Spiritualismus [W] wird angenommen, dass nicht nur jeder einzelne Mensch ein Bewusstsein hat, sondern auch das gesamte Universum. Im Hinduismus und im Buddhismus ist dies BRAHMAN, im Gegensatz zur individuellen menschlichen Seele ATMAN. Oftmals wird vermutet, dass ATMAN eine stetige Verbindung zu BRAHMAN hat, oder, anders gesagt, ein Teil von BRAHMAN ist. In der Gottesschau (Kapitel 11a, Thema A /A5) findet eine Verschmelzung von ATMAN mit BRAHMAN statt. Im Tode geht die menschliche Seele in die Weltenseele ein und wird später in einem neuen physischen Körper als individuelle Seele wiedergeboren.

Geistige Welt, gleichbedeutend mit: Das Jenseits, die Geistige Sphäre, die Andere Wirklichkeit, die Nicht-Alltägliche Wirklichkeit (CASTANEDA [L]), die Andere Realität, die Welt der Geister und Engel, die Welt der unsterblichen Seelen, die Welt der spirituellen Lehrer und Ratgeber, die Welt der aufgestiegenen Meister; die schamanische Unter- und Oberwelt, der religiöse Himmel; die immaterielle Welt, die nicht mit naturwissenschaftlichen Methoden erforscht werden kann.

Zur Geistigen Welt zählen wir alle Erscheinungen, die die Existenz einer solchen anderen Realität voraussetzen, wie z.B. die Reinkarnation; Erinnerungen an frühere Leben; spirituelle Besetzung durch die Seele eines Verstorbenen (s. Anlage 2); das menschliche Bewusstsein ist unabhängig vom menschlichen Gehirn und überlebt den körperlichen Tod; es gibt ein Universelles Bewusstsein, an das unser menschliches Bewusstsein angeschlossen ist; Mediumismus (absichtlicher Kontakt mit den Seelen Verstorbener); Nahtod-Erfahrungen als Übergang der menschlichen Seele in das Jenseits; religiöse und mystische Jenseits-Erlebnisse (Gottesschau, unio mystica [400]); schamanische Krise und schamanische Reisen.

Wir zählen zur geistigen Welt auch die Psi-Phänomene, die keine naturwissenschaftliche Erklärung haben, oder, anders gesagt, den Naturgesetzen widersprechen, wie z.B. Hellsehen, Blicke in Vergangenheit und Zukunft, usw. Näheres in Kapitel 11a im „Schema echte Spiritualität".

Die Geistige Welt ist von der materiellen Welt grundsätzlich verschieden. In ihr gibt es weder Raum noch Zeit, keine Materie, keine Energie, keine Kausalität, keine Naturgesetze.

Siehe auch: „Bewusstsein, universelles", „Spiritualismus", „Metaphysik" und „Psi-Phänomene" in dieser Anlage 1.

Geistige Welt, streng wissenschaftliche Erforschung der geistigen Welt, nahm ihren Anfang mit STEVENSON's Veröffentlichung [1960] [L] und fand [1974] ihren ersten Höhepunkt mit dessen „Twenty Cases" [L], in welchen zwanzig Fälle von verifizierten Erinnerungen von Kindern an ein früheres Leben ausführlich erforscht und dokumentiert sind. Zum leichten Einstieg in das Thema wird der Inhalt der „Twenty Cases" eingehend besprochen in Thema A /A0 und in Thema A /A1 auf www.mutual-mente.com. s. hier im Dialog Kapitel 01.

---

[400] siehe hier in Anlage 1: Terminologie > „Gottesschau".

Nachdem so das Eis gebrochen war, konnten auch andere Aspekte der Geistigen Welt in die wissenschaftliche Forschung einbezogen werden, insbesondere die **Nahtodes-Forschung** und die **Jenseits-Forschung,** s. Thema A /A2 und Thema A /A3, sowie hier im Dialog Kapitel 02 und 03.

Gott, die Welten-Seele, die All-Einheit, das Universelle Bewusstsein, der Urgrund allen Seins. Wir beziehen uns nicht auf das Gottes-Verständnis der großen Religionen. Siehe das Thema „Gottesschau" nachfolgend und ausführlich in Thema A /A5. Zu dem Begriff „Gott" siehe „Am Anfang war das Wort", „La palabra LOGOS", in Thema A /A6.

Gottesschau, Synonyme: ‚unio mystica', ‚visio mystica', Satori der Japaner, Samadhi, Vereinigung des individuellen Bewusstseins ATMAN mit dem Universellen Bewusstsein BRAHMAN im Hinduismus und Buddhismus. Die Gottesschau in verschiedenen Kulturen der Welt siehe Thema A /A5. Näheres über die Gottesschau des THOMAS VON AQUIN in Therma 11a in diesem Dialog.

s.a. das Thema Mystik hier in Anlage 1: Terminologie.

Himmel, für uns gleichbedeutend mit: ‚Die Geistige Welt', das Jenseits, die Andere Wirklichkeit, die Übernatürliche Welt.

Im Deutschen unterscheiden wir sprachlich leider nicht zwischen dem blauen, kosmischen Himmel und dem religiösen Himmel, in welchem sich die Götter, die Engel und die unsterblichen menschlichen Seelen zwischen den irdischen Inkarnationen aufhalten, falls es all dieses überhaupt gibt.

Diese mangelnde Unterscheidung kann zu Irrtümern führen; so kannten die Menschen in der Jungsteinzeit vermutlich keinen Himmel im religiösen Sinne, in welchem die

Götter wohnen, jedoch gab es einen Gott des blauen Himmels, ebenso wie Götter und Göttinnen der Morgenröte, des
Wetters, der Sonne, des Mondes und der Planeten. Vrgl.
hierzu die frühen Götter-Religionen in Kapitel 11.

Homo sapiens sapiens = anatomisch jüngerer homo sapiens,
macht zusammen mit dem anatomisch älteren homo sapiens
den homo sapiens aus. Der Homo sapiens sapiens entstand
vor etwa 72.000 Jahren in Afrika. Näheres in Kapitel 11b.

Hypnose: Dieses ist ein schwieriger Begriff, da er in der Literatur nicht einheitlich gebraucht wird, und es oft auch nicht klar
ist, welche Tiefe der Hypnose erreicht wird. Oft werden die
Wörter „Hypnose" und „Trance" synonym verwendet.

Man kann vier verschiedene Tiefen der Trance / Hypnose
unterscheiden: Leichte, mittlere, tiefe und sehr tiefe Trance /
Hypnose [401]. Die sehr tiefe Hypnose heißt auch Somnolenz.
Suggestionen des Hypnotiseurs werden vom Klienten bei
Somnolenz kaum noch umgesetzt; Hypnotherapie ist daher
kaum noch möglich; Operationen sind hingegen möglich.

Ein typisches Beispiel dafür, dass das Wort ‚Hypnose‘ in
der Literatur nicht eindeutig benutzt wird, findet sich in Anlage 2 dieses Dialogs bei der Besprechung der Bücher von
EDITH FIORE. Obwohl FIORE in der Einleitung von FIORE I
oftmals von Hypnose spricht [402], sagt sie auf p.1.5 ganz klar,
dass ihre Klienten unter der „Hypnose" nicht das Bewusstsein verlieren, sich aber nach und nach zunehmend auf das
innere Drama konzentrieren können. Sie werden immer der

---

[401] Sabine Jacob im Literaturverzeichnis.

[402] Fiore I, p. iii.3, p.iii.4, p. iv.1, p. iv.2, p. iv.3.

Therapeutin [FIORE] gewahr sein, die mit ihnen spricht. Die Klienten werden immer die Kontrolle über die Situation behalten [403]. In FIORE I, p.2.3, spricht FIORE aber von *tiefer Trance*, in die sie ihre Klienten versetzt. –

Literatur zu den Gefahren der Hypnose siehe im Literaturverzeichnis unter dem Stichwort: „Hypnose, Gefahren".

Extremfälle von gefährlicher Hypnose in Thema A /A3, §5a: „Die Hypnose-Katastrophe in den frühen 1990er Jahren".

Jenseits-Forschung: Was erlebt die menschliche Seele zwischen den irdischen Leben? siehe Thema A /A3, und hier im Dialog Kapitel 03 sowie Anlage 4.

Magie, echte, im engeren Sinne, ist die Einflussnahme des menschlichen Geistes auf reale Geschehnisse, auch auf andere Menschen, ohne dass wir diesen Einfluss naturwissenschaftlich erklären könnten. Im Schema „Echte Spiritualität" in Kapitel 11a wird Magie den Psi-Phänomenen zugeordnet.

Magie, echte, im weiteren Sinne: Von Magie im weiteren Sinne sprechen wir bei Ereignissen und Zusammenhängen, deren Zustandekommen naturwissenschaftlich unerklärlich ist. Beispiele unter Synchronizitäten in Kapitel 21.

Mediumismus = willentlich herbeigeführte spirituelle Besetzung des Mediums durch den Geist (die Seele) eines Verstorbenen, um auf diese Weise mit jenem zu kommunizieren [404].

---

[403] Fiore I, p.2.2.

[404] Ein eindrucksvolles Beispiel in Dhoaram, Episode 20.

Eine Gefahr besteht darin, dass der Geist am beabsichtigten Ende der Sitzung unwillig ist, das Medium zu verlassen [405].

siehe en.Wikipedia: Mediumship;

s. spirituelle Besetzungen hier im Dialog in Anlage 2.

Metaphysik = Begriff und Teil der Philosophie, kann eingeteilt werden in das Nachdenken über das Universum (Kosmologie), über die menschliche Seele (Psychologie) und über Gott (Theologie). Alle drei Bereiche gehen über die Naturwissenschaften hinaus. s.a.: **Spiritualismus**.

Meta-Spiritualität = Nachdenken, Sprechen, Lesen, Schreiben, Theorien bilden über echte Spiritualität. Setzt keine Begabung oder Praxis in echter Spiritualität voraus.

Mystik, Mystizismus: Gottes-Erfahrung, Gottesschau, unio mystica, Erlebnis der All-Einheit, Erlebnis des Universellen Bewusstseins, Vereinigung von ATMAN mit BRAHMAN. Bedeutende Mystiker waren u.v.a.: RUMI, TERESA VON ÁVILA, JOHANNES VOM KREUZ, FRANZ VON ASSISI, HILDEGARD VON BINGEN, NIKOLAUS VON KUES, THOMAS VON AQUIN, MEISTER ECKART.

s. Wikipedia: Mystik, und Wikipedia: Mystiker;

s. hier in Anlage 1: Terminologie > „Gottesschau";

s. Kapitel 11a in diesem Dialog: „Echte Spiritualität, …"

s. Thema A/A5: Gottesschau in versch. Kulturen der Welt.

Nahtod-Erlebnisse: Erlebnisse von Sterbenden, meist bei Menschen mit Herz-Kreislauf-Stillstand, die durch Reanimation

---

[405] Baldwin [L]: „Healing Lost Souls: Releasing Unwanted Spirits from Your Energy Body", p.xx.2

ins Leben zurück geholt wurden und von ihren Erlebnissen berichten. Einige Nahtod-Erfahren haben in ihren Büchern von ihren eigenen Erlebnissen berichtet, so. z.B. IAN MCCORMACK in „Ich war tot: Ein kurzer Blick ins Jenseits". Am bekanntesten ist jetzt das Buch von EBEN ALEXANDER geworden, in welchem er auf überzeugende Weise sein eigens Nahtodes-Erlebnis beschreibt: „Proof of Heaven", Simon & Schuster, 2012, „Blick in die Ewigkeit", Heyne, 2013/2016, wodurch 40 Jahre nach MOODY's Eisbrecher die Nahtod-Erfahrungen in weiten Teilen der Bevölkerung bekannt geworden sind.

Nahtodes-Forschung, angestoßen durch RAIMOND MOODY [1975] [L], worauf eine Welle weiterer Forschung folgte; s. das Stichwort „Nahtodes-Forschung" im Literatur-Verzeichnis, sowie Thema A /A2, und auch Kapitel 02 in diesem Dialog.

Psi-Phänomene, werden von der Parapsychologie erforscht. („Psi' ist ein griech. Buchstabe.) Siehe die Einordnung der Psi-Phänomene in Kapitel 11a: „Schema echter Spiritualität".

s. „Experimentelle Psi-Forschung" in Kap. 22 dieses Dialogs

Quanten-Physik siehe Anlage 9.

Reinkarnation [W] = Erneute körperliche, irdische Existenz einer *unsterblichen Seele,* nach dem physischen Tode eines Menschen nach einiger Zeit in einem Neugeborenen, falls es so etwas gibt. Näheres hierzu in Thema A /A0 und hier im Dialog in Kapitel 01. Nach den Ergebnissen der Modernen Reinkarnations-Forschung bleiben das Bewusstsein, das Ich-Gefühl und die Erinnerungen von Leben zu Leben im Unterbewussten von Inkarnation zu Inkarnation weitgehend erhalten und sind in einigen Fällen, vor allem bei kleinen Kindern, in deren Wachbewusstsein gut erinnerlich, bis hin zur Identifikation mit der erinnerten Person. Vrgl. Tabelle 1 in Kapitel 1 dieses Dialogs.

In den verschiedenen Reinkarnations-Lehren: Buddhismus, Hinduismus, Judentum, Christentum, Islam, Theosophie, sind die Ansichten über die Reinkarnation sehr unterschiedlich, und nicht in Übereinstimmung mit den Resultaten der modernen Reinkarnations-Forschung; s. hier im Dialog Kapitel 01; Genaueres in Thema A /A0 und A /A1.

Rückführungen in frühere Leben unter Hypnose ergaben in den seltensten Fällen Erinnerungen an tatsächlich gelebte frühere Leben, s. Kapitel 1 hier im Dialog gleich nach der Tabelle 1. Mit solchen Rückführungen begannen Therapeuten wie MOREY BERNSTEIN, MORRIS NETHERTON, THORWALD DETHLEFSEN, [L, L, L]. Nur in sehr wenigen Fällen konnten nachweislich tatsächlich gelebte frühere Leben erinnert werden, s. Kapitel 23 in diesem Dialog.

In Anlage 2 in diesem Dialog kommen die Rückführungs-Therapeuten BALDWIN, BANNERJEE, CHAPLIN, FIORE und WICKLAND [L, L, L, L, L] zu Wort, die bei ihren hypnotischen Rückführungen in frühere Leben feststellten, dass einige ihrer Klienten nicht an Traumata aus früheren Leben litten, sondern an spirituellen Besetzungen; s. Anlage 2.

Schamane: Praktizierender des **Schamanismus** bei traditionellen Naturvölkern, insbesondere in seiner Rolle als Heiler. Der Schamane ist ein Meister der Ekstase, d.h., er kann absichtlich in einen Zustand der Trance verfallen, in welchem er die geistige, nicht-materielle Welt betritt, sich mit seinem Krafttier trifft, oder sich in dieses verwandelt, um mit dessen

Hilfe die Heilung eines anderen Menschen zu bewirken. Näheres über den Schamanismus hier im Dialog in Teil II in den Kapiteln 07-14.

Seele; Seele, unsterbliche: Da das Wort ‚Seele' im Deutschen in ganz verschiedenen, meist unscharfen Bedeutungen verwendet wird, legen wir uns für diesen Dialog wie folgt fest: Die Seele des Menschen ist der unsterbliche Teil des Menschen, welcher den physischen Tod überlebt (für den Fall, dass es so etwas gibt). Im Englischen findet man in der entspr. Literatur etwa gleichbedeutend die Wörter ‚soul' und ‚spirit'. Näheres zum Begriff „Seele" und zur Unsterblichkeit der menschlichen Seele im Kapitel 01 Reinkarnation.

Junge Seelen / Alte Seelen = Menschen, die bisher wenige Male / viele Male auf Erden inkarniert waren. Die allermeisten Menschen sind derzeit junge Seelen wegen des rasanten Anstiegs der Weltbevölkerung in den letzten 100 Jahren: Verdoppelung der Weltbevölkerung in den letzten 48 Jahren, von 1974 – 2022. Siehe Abbildung 1 in Kapitel 25 dieses Dialogs: „Die Grenzen des Wachstums" und im Literaturverzeichnis: "Club of Rome" und dort *[1972]:* Meadows und *[1972]* Abbildung. Viele Menschen sind gewiss Neulinge in ihrem heutigen irdischen Leben.

Seelentausch: Dieses Wort können wir *nicht* an Stelle von „Seelen-Übersprung" verwenden, da es einen gegenseitigen Austausch der Seelen in beiden Richtungen bedeuten würde.

Seelen-Übersprung = Übergang der Seele eines Verstorbenen nicht in den Körper eines Neugeborenen (Reinkarnation, Wiedergeburt), sondern in den Körper eines Lebenden, wobei die dort vorhandene Seele verdrängt wird. Wo die verdrängte Seele bleibt, ist meist unbekannt. Die Erzählung „SATY-ENDRA" gibt darauf eine denkbare Antwort. Die am besten dokumentierten Fälle von Seelen-Übersprung: JASBIR, SUMITRA, und MARJA LIISA, finden sich bei MATLOCK, JA-MES [2017] [L]. MATLOCK nennt es ‚Replacement Reincarnation'; hier: ‚Seelen-Übersprung'. Das Beispiel JASBIR findet sich auch in Thema A /A0, §10.

Seelenwanderung wird in der Literatur in verschiedenen Bedeutungen verwendet: 1. gleich wie Reinkarnation und Wiedergeburt; 2. Wiedergeburt der Seele eines Menschen in einem Tier oder umgekehrt. Ob es letzteres gibt, ist seit PYTHAGORAS umstritten; eine überraschende Lösung dieses Rätsels findet sich darin, dass der Mensch zugleich aus drei oder vier Wesensgliedern besteht, wie im DHOARAM, Episode 07 und im SATYENDRA, Kap. 16 gelehrt wird. Näheres hier im Dialog Kapitel 20.

Spiritismus, angebliche oder tatsächliche Kommunikation mit den Seelen Verstorbener. Siehe Thema A /A0, §4. Siehe weiter oben: „Mediumismus". Die Kardecisten in Brasilien, die sich schon seit Beginn des 20. Jh. auf die Therapie von spirituellen Besetzungen spezialisiert hatten, nennen sich daher Spiritisten, s. Anlage 2 in diesem Dialog.

Spiritualismus = Weltanschauung, die von der Existenz geistiger Dimensionen, geistiger Wesenheiten und einem Überleben der Seele nach dem körperlichen Tode ausgeht. Nach naturwissenschaftlicher Auffassung gibt es das alles nicht. Verwandter Begriff: Metaphysik, siehe dort. Alle Religionen sind in diesem Sinne spiritualistisch und nicht materialistisch. Gegensatz: (philosophischer) Materialismus.

Spiritualität: Definition in dem Schema: „Echte Spiritualität, Religiosität, Gottesschau" in Kapitel 11a. s.a. Wikipedia.

Spirituelle Besetzungen, ausführlich in Anlage 2.

Synchronizitäten. Eine **Synchronizität** ist das Zusammentreffen von zwei Ereignissen, die sinnvoll aufeinander bezogen erscheinen, die aber so gut wie unmöglich zufällig zugleich eingetreten sein können.

Oder etwas anders ausgedrückt: Eine Synchronizität besteht in der Einflussnahme von Geschehnissen aufeinander, für die es keinen naturwissenschaftlich erkennbaren kausalen Zusammenhang gibt. [406]

Beispiele für Synchronizitäten finden sich in Kapitel 21.

Wie Synchronizitäten zustande kommen, wissen wir weder aus naturwissenschaftlicher Sicht, noch in einem offeneren, spiritualistischen Weltverständnis.

Walk-in wird In der Literatur in verschiedenen Bedeutungen verwendet: 1. gleich wie Seelen-Übersprung, s.d.; 2. ähnlich wie Seelen-Übersprung, jedoch Ersetzung der vorhandenen Seele eines lebenden Menschen durch die Seele eines Wesens, welches vorher auf der Sonne oder einem anderen Planeten gelebt hat (klingt nicht gerade glaubhaft).

Wiedergeburt = Reinkarnation, siehe diese.

---

[406] Im Sinne von: „Alles ist mit allem verbunden." s. Larry Dossey [L]: „One Mind –", Crotona Verlag, 2014.

Anlage 2. Spirituelle Besetzungen

1.) Spirituelle Besetzungen sind an unseren Universitäten, in unserem Medizin-System, in Psychologie, Psycho-Therapie und Psychiatrie weitgehend unbekannt, da sie ein spirituelles Weltbild voraussetzen.

2.) Spirituelle Besetzungen kommen jedoch vermutlich häufig vor und können viel Leid verursachen, welchem Ärzte und Psychologen verständnislos gegenüberstehen, wie im Folgenden gezeigt wird.

3.) Spirituelle Besetzungen im Zusammenhang mit der Reinkarnation siehe Thema A /A0, §§ 9 und 12.

4.) Spirituelle Besetzungen im Zusammenhang mit der Organtransplantation siehe Thema A /A4, §§ 4–6.

5.) Literatur findet sich am Ende dieser Anlage 2.

Definition: **Besetzung, spirituelle, im engeren Sinne** [407] = Steuerung der Gedanken und des Verhaltens eines Menschen durch den Geist (die Seele) einer verstorbenen Person [408], [409]. Der besetzende Geist heißt **Besetzer**. Eine Besetzung kann **teilweise** oder **vollständig**, zudem **vorübergehend** oder **andauernd** sein. Eine vollständige und andauernde Besetzung eines Menschen von Geburt an kann

---

[407] Eine solche enge Definition ist nötig, um genauer zu wissen, wovon wir in unseren Texten reden.

[408] Wir sprechen hier nicht von Besessenheit durch Dämonen, wie sie die kathol. Kirche kennt. Solche Dämonen waren nie als menschliche Wesen inkarniert (Fiore II [L], p.4.1).

[409] Campbell [L] kennt auch spirituelle Besetzungen durch Naturgeister, s. in Kapitel 19 das Beispiel des Fluss-Geistes.

nicht von Reinkarnation unterschieden werden, wird hier also mit dieser gleichgesetzt. [410]

Ein Mensch ist besonders dann für eine spirituelle Besetzung empfänglich, wenn Körper und Geist geschwächt sind, wie nach einem Unfall, bei schwerer Krankheit, unter einer Operation, bei einer Organtransplantation, allgemein unter Vollnarkose, bei einer Ohnmacht, unter Hypnose, bei einer Elektro-Krampftherapie, unter Schock oder unter Folter. [411]

„It seems that almost any trauma can cause a vulnerability to entity attachment." (Baldwin, p.6.3)

"Es scheint, dass fast jedes Trauma eine Anfälligkeit für eine spirituelle Besetzung hervorrufen kann."

"Sudden change of behavior following an accident, illness, surgery, organ transplant, even death of a family member, can indicate a new entity attachment." (Baldwin, p. xx.2)

"Eine plötzliche Verhaltensänderung nach einem Unfall, nach einer Krankheit, einer Operation, einer Organtransplantation oder sogar nach dem Tod eines Familienmitglieds können auf eine neue spirituelle Besetzung hinweisen."

JAMES BALDWIN sprach mit einem Organ-Spender, der eine Multi-Organ-Entnahme erlitten hatte. Nachdem der Spender den Empfänger seines Herzens besetzt hatte, sagte er:

"My kidneys went one way, my liver went another way, and my heart went somewhere else. I followed my heart because that's where I live." (Baldwin, 2003, p.8.5)

---

[410] siehe Thema A/A0, §§ 9 und 12.
[411] William Baldwin [L], p.xix.5, p. xxii.2, p.6.3, p.8.3, p.61.2; Fiore II [L], p.10.5.

»Meine Nieren gingen hierhin, meine Leber dorthin, und mein Herz noch woanders hin. **Ich folgte meinem Herzen, denn das ist es, wo ich lebe.**«

Eine gute Quelle unserer Kenntnis der spirituellen Besetzungen sind die nachfolgend besprochenen US-amerikanischen Autoren WICKLAND, CHAPLIN, FIORE und BALDWIN sowie die brasilianischen KARDECISTEN, [L, L, L, L, L].

Die vier genannten US-amerikanischen Autoren waren Regressionstherapeuten gewesen, die früher ihre Klienten in vergangene Leben zurückgeführt hatten. Jedoch mussten sie bei der Arbeit mit einigen Klienten feststellen, dass sie auf diese Weise deren Probleme nicht lösen konnten. Bis sie darauf kamen, dass die betreffenden Klienten möglicherweise von dem Geist einer verstorbenen Person besetzt seien. Die Therapeuten entwickelten entsprechende therapeutische Vorgehensweisen, um die besetzten Klienten und die besetzenden Geister voneinander zu lösen. Das bedeutet zugleich die Befreiung des Besetzten von seien Beschwerden, als auch die Befreiung des Besetzers aus seiner unglücklichen Erd-Verbundenheit, so dass er die Erden-Sphäre verlassen und ins Jenseits überwechseln kann. In der amerikanischen Literatur heißt dies „Spirit Releasement Therapy".

DR. CARL WICKLAND [L] [1924!] schrieb schon früh sein berühmtes Buch: „Dreißig Jahre unter den Toten". Er hatte herausgefunden, dass seine Ehefrau ANNA medial war und dass er durch sie als Medium mit den Geistern Verstorbener sprechen konnte, wenn sie einen Patienten besetzt hielten. Genauer gesagt, ließ seine Frau den Geist des verstorbenen Besetzers in sich hineinfahren und durch sich sprechen. Madame ANNA

WICKLAND war also ein Inkorporationsmedium. Oft gelang es Dr. WICKLAND im Gespräch, den Besetzer davon zu überzeugen, dass er tot sei, dass es keinen Sinn mehr mache, den Patienten weiterhin besetzt zu halten, sondern dass es besser für ihn sei, sich von verstorbenen Freunden und Verwandten ins Jenseits geleiten zu lassen. So half Dr. WICKLAND nicht nur seinen Patienten, die mit den unterschiedlichsten Beschwerden zu ihm gekommen waren, sondern auch den besetzenden Geistern, die bis dahin die Erden-Sphäre und die Nähe zu anderen Menschen nicht hatten verlassen können.

ANNABEL CHAPLIN [L] [2019] erlernte geistiges Bildersehen und Meditations-Techniken bei einem Therapeuten.[412] Sie entdeckte die Anwesenheit von Besetzern bei ihren Klienten als Auslöser zahlreicher Beschwerden und Irritationen und arbeitete gemeinsam mit den Klienten in Form von Gebeten, Meditationen und Visualisierungen an der Befreiung ihrer Patienten von den Besetzern und der Besetzer aus ihrer Anhaftung an lebende Personen. Auch sie berichtet, dass die Besetzer oftmals Seelen von plötzlich oder gewaltsam Verstorbenen sind, die nicht wissen, dass ihr Körper tot ist. [413]

ANNABEL CHAPLIN war eine große Verehrerin von CARL GUSTAV JUNG. Sie verwendete für sich selbst niemals Visionen in Trance, sondern nur im völliger Wachheit, ganz im Sinne von C.G. JUNG's WACHTRÄUMEN und AKTIVER IMAGINATION. Sie spricht auch von „symbolischer Imagination" und schreibt

---

[412] Sie empfiehlt hierzu als Lektüre: "The Raincloud of Knowable Things – A Practical Guide to Transpersonal Psychology" by Barbara Somers & Ian Gordon-Brown, 2008.

[413] Chaplin, 2019, p.16.2.

"It is important to state here and now that all mental images that I have ever experienced were in full waking consciousness. Never have I been in the trance state. I always knew who I was and where I was. The mental images seem to come from a source beyond my every day knowledge." (Chaplin, p.7.4)

"Es ist wichtig, hier und jetzt festzustellen, dass alle mentalen Bilder, die ich jemals erlebt habe, im vollen Wachbewusstsein waren. Niemals war ich im Trancezustand. Ich wusste immer, wer ich war und wo ich war. Die mentalen Bilder scheinen aus einer Quelle zu kommen, die jenseits meines alltäglichen Wissens liegt."

Gelegentlich führte ANNABEL CHAPLIN auch ihre Klienten nach derselben Methode in deren Bilderwelt. (Chaplin, p. 8.1, p 31.1)

CHAPLIN arbeitete auch mit Klienten, die im gewöhnlichen Leben zu stark mit einer anderen Person verbunden sind und schreibt: „Die heimtückischsten Bindungen sind die der Besitz ergreifenden Liebe, weil die Liebe so begehrenswert, so schön und so gut erscheint. Aber seltsamerweise wirken die Bindungen der Besitz ergreifenden Liebe genauso zerstörerisch wie die des Hasses – der einzige Unterschied ist, dass das eine besser klingt und besser aussieht als das andere." [414] Auch bei der Arbeit mit spirituellen Besetzungen kann nicht aufgelöste Liebe das Motiv sein für die Anhaftung.

DR. EDITH FIORE I [1978 / 1979 / 2005] [L] war ausgebildete Psychologin, arbeite ab 1975 mit „Hypnose" und erkannte, dass oftmals die aktuellen Probleme ihrer Patienten aus der frühen

---

[414] Chaplin, p.30.4.

Kindheit oder sogar aus der Geburt oder aus der Zeit im Mutterleib stammten. (Fiore I, p. iii.3) Dann fand sie auch bei einigen Patienten, die unter „Hypnose" waren [415], heraus, dass ihre Probleme aus einem früheren Leben stammten. [416] –

DR. EDITH FIORE II [1987 / 1995] [L] bemerkte später, dass etliche ihrer Klienten gar nicht unter traumatischen Erlebnissen aus früheren Leben litten, sondern dass sie von den Geistern Verstorbener besetzt waren (Fiore II, p.9ff). Sie wandte ähnliche Methoden an wie bei der Rückführung in frühere Leben, um solche Klienten von den besetzenden Geistern zu befreien.

DR. WILLIAM BALDWIN [L, 417] [2003]. In seiner Ausbildung als Arzt zum Hypnotherapeuten fand er die Möglichkeit, dass Menschen sich eines früheren Lebens erinnern können, und hatte selbst ein solches Reinkarnations-Erlebnis. Im Jahre 1980 besuchte er einen Vortrag von EDITH FIORE und erfuhr dort auch von dem Buch von ANNABEL CHAPLIN [L]. Er lernte auch das Buch von CARL WICKLAND aus dem Jahre 1924 kennen und wandte die Methoden der Aufdeckung spiritueller Besetzungen und deren Auflösung dieser drei Vorreiter bei seinen Klienten an.

BALDWIN bevorzugt die Ausdrücke „spirit attachment" und "spirit releasement therapy". BALDWIN arbeitet, ebenso wie FIORE II und CHAPLIN, ohne Medium, indem er seine Patienten in eine fokussierte Aufmerksamkeit („focused awareness") versetzt, wie er sagt, und mit Hilfe des Klienten mit dem

---

[415] Zur Problematik der Bezeichnung „Hypnose" siehe in Anlage 1 > „Hypnose".

[416] Fiore I, p.iii.4fff.

[417] nicht zu verwechseln mit dem Schauspieler William Baldwin oder dem Schriftsteller James Baldwin.

besetzenden Geist spricht. BALDWIN erwähnt ausdrücklich, dass er *keine* Vollhypnose anwendet. [418]

BALDWIN fand auch die Möglichkeit, dass ein Klient im schamanischen Sinne in diesem oder im vorigen Leben einen Seelen-Anteil verloren hat und dass hier auch die Rückführungs-Therapie helfen kann. [419]

BALDWIN betont, wie wichtig es ist, dass ein guter Regressions-Therapeut sowohl die Arbeit mit früheren Leben, ebenso die Arbeit mit spirituellen Besetzungen, als auch die Arbeit mit verlorenen Seelen-Anteilen beherrscht. (Baldwin, p.x.4,p. xi.4)

BALDWIN sagt, dass die Persönlichkeit aus einem früheren Leben im Unterbewusstsein eines Menschen im jetzigen Leben schlummern kann:

"Persönlichkeiten aus vergangenen Leben neigen dazu, im Unbewussten einer lebenden Person zu schlummern." ... "Wenn ein Klient einen Tod aus dem vergangenen Leben schildert, scheint die Persönlichkeit aus dem vergangenen Leben intakt zu bleiben. Sie behält ihre eigenen Verhaltensweisen und Abhängigkeiten, körperlichen Anzeichen und Krankheitssymptome, seelischen Leiden und Verstimmungen und Einstellungen bei. Diese Zustände können durchaus in zukünftige Inkarnationen mitgenommen werden, um dort möglicherweise gelöst und geheilt zu werden."(Baldwin, S. xix.3)

BALDWIN berichtet, dass mehr als die Hälfte seiner Regressions-Klienten Zeichen von "spirit attachment" zeigten. (Baldwin, p 37.1). Er sagt: "I am convinced that past-life trauma and spirit interference are the primary causes in many cases of mental and physical illness." (Baldwin, p. 37.3)

---

[418] Baldwin, p.xiii.2.
[419] Baldwin, p.xxii.2

"Ich bin davon überzeugt, dass Traumata aus früheren Leben und spirituelle Besetzungen die Hauptursachen für viele psychische und physische Krankheiten sind."

Die KARDECISTEN [L] **in Brasilien.** Die vier vorgenannten Autoren wussten zunächst offenbar nicht, dass die therapeutische Arbeit mit spirituellen Besetzungen in Brasilien eine lange Tradition hat und dort gut bekannt und verbreitet ist. Die Kenntnis und die Therapie der spirituellen Besetzungen ist in Brasilien ein Teil des „Kardecismus", benannt nach dem großen Mediumismus-Forscher ALLAN KARDEC, der seine Bücher um 1850 in Frankreich geschrieben hatte. „Das Buch der Geister" und „Das Buch der Medien" sind heute noch, auch auf Deutsch, im Buchhandel erhältlich. *"Kardecismo"* oder „*Kardexismo"* ist in Brasilien eine Form des „*Espiritismo"*.[420] Zu den KARDECIS-TEN in Brasilien zählen angesehene Persönlichkeiten wie Ärzte und Universitäts-Professoren. –

Unter **Geistern** verstehen wir mit KARDEC Seelen von Verstorbenen, die mit uns in Verbindung treten oder mit denen wir in Verbindung treten können. **Spirituelle Medien** sind lebende Personen, die mit Geistern, also mit den Seelen Verstorbener, kommunizieren können.

Die brasilianischen Therapeuten arbeiten immer zu zweit: Einer von ihnen ist das Inkorporations-Medium, der andere ist der sog. Indoktrinator, d.h. der Moderator, der mit dem Geist des Verstorbenen spricht, während der Geist im Medium sitzt. Mediumismus ist eine absichtlich herbeigeführte spirituelle Besetzung. Der Moderator versucht den Besetzer davon zu überzeugen, dass er tot ist, und ihn zu überreden, den Patienten

---

[420] ausführliche Literatur zu den KARDECISTEN in Brasilien findet man am Ende von Thema A/A4: Literatur, Teile II, III, IV.

zu verlassen und den gewöhnlichen Weg ins Jenseits anzutreten. Also sehr ähnlich wie bei WICKLAND (s. weiter oben).

Medium und Indoktrinator erhalten in Brasilien eine vierjährige Schulung, wobei das Medium eine entsprechende Begabung mitbringen muss. Schnellkurse sind hier nicht der richtige Weg.

Die brasilianischen Besetzungs-Therapeuten verlangen für ihre Arbeit *kein Geld*. Sie haben alle einen gewöhnlichen Beruf, machen die Arbeit mit Besetzungen ehrenamtlich. Die KARDECISTEN sind christlich orientiert, jedoch von den Kirchen unabhängig. Für sie sind Reinkarnation und spirituelle Besetzungen Selbstverständlichkeiten, Dinge, wo die großen christlichen Kirchen nicht mitmachen. –

––––––––––

Um über spirituelle Besetzungen sinnvoll sprechen zu können, müssen wir folgende Voraussetzungen machen:

• Es gibt einen Teil des Menschen, der den leiblichen Tod überlebt. Diesen Teil nennen wir die *Seele* des Menschen (englisch/amerikanisch: *spirit* oder *soul*). Siehe Anlage 1 > Terminologie > Seele.

• Es kommt vor, dass die Seele eines Verstorbenen sich nicht aus der irischen Sphäre lösen kann, erdgebunden bleibt, wie BALWIN sagt, und nicht weiß, dass ihr physischer Körper verstorben ist. Es kommt vor, dass sich die Seele eines Verstorbenen an eine andere, lebende Person anklammert und ihre Gedanken, Gefühle und Verhaltensweisen beeinflusst und ihr womöglich Schaden zufügt. Die sich anheftende Seele nennen wir einen Besetzer; der Vorgang heißt spirituelle Besetzung.

• Geschulte Therapeuten können eine spirituelle Besetzung erkennen und können oftmals den Besetzer überreden, die besetzte Person zu verlassen und den normalen Weg ins Jenseits anzutreten. (Über den Anfang dieses Weges erfahren wir mehr durch die inzwischen bekannt gewordenen Nahtodes-Erlebnisse, s. Kapitel 02 in diesem Dialog und Thema A /A2.)

Die Motive für den Besetzer, sich in eine lebende Person einzuschmuggeln, können z.B. sein: Einer vermeintlich hilflosen Person (Vater, Mutter, Sohn, Tochter, Ehepartner) in einer schwierigen Lebenslage beistehen zu wollen; sich nicht trennen zu können; Dankbarkeit, Liebe, die nicht loslassen kann, Wiedergutmachung, Rache, Suchtbefriedigung. Süchte bleiben oft über den Tod hinaus erhalten und können über die besetzte Person befriedigt werden, wobei diese schon vorher süchtig war oder aber von dem Besetzer erst zur Sucht, z.B. zum Alkoholismus, verleitet wird.

Zuneigung oder Rachegelüste können aus dem vergangenen Leben stammen, als beide Personen, Besetzer und Besetzter, zusammengelebt haben und freundschaftlich oder feindschaftlich miteinander verbunden waren.

Es sind dies einige der Grund-Annahmen und Grund-Einsichten des Spiritismus. Das Wort „Spiritismus" hat im Deutschen keinen guten Klang. In Brasilien hingegen ist der *Espiritismo* geachtet und weit verbreitet. Er wird vielfältig praktiziert, wobei dort einige Formen des Spiritismus einen afrikanischen Ursprung haben (Candomblé, Umbanda und Mucumba [w,w w]), oder aber sich im KARDECISMUS auf den Franzosen ALLAN KARDEC zurückführen.

――――――――――

Seit Generationen verschreiben sich die Professoren an den medizinischen Fakultäten der westlichen Universitäten einem materialistischen Weltbild und übertragen dieses von Generation zu Generation auf die Studenten und späteren Ärzte. Kein

Wunder also, dass hierzulande die allermeisten Ärzte, Psychiater, Psychologen und Psychotherapeuten ein materialistisches
Weltbild mit sich herumtragen und nichts von einer unsterblichen Seele und von spirituellen Besetzungen wissen und wissen wollen. Daher sind die Erkenntnisse der Brasilianer und
auch der vier genannten amerikanischen Autoren so wertvoll,
aber nicht zu uns vorgedrungen.

Was aber, wenn auch bei uns spirituelle Besetzungen häufig vorkommen, jedoch nicht als solche erkannt werden, da es
sie ja gar nicht geben kann? Was geschieht dann? Näheres darüber findet man in Kapitel 19 dieses Dialogs „COLIN CAMP-
BELL" und in Kapitel 19a: „Schizophrenie".

Spirituelle Besetzungen spielen auch in der modernen Reinkarnations-Forschung eine Rolle, da sie eine mögliche Erklärung für die Erinnerungen an frühere Leben abgeben können,
anstelle der Reinkarnation im eigentlichen Sinne. Näheres
siehe in Thema A /A0, §§ 9 und 12.

Weiterhin machen spirituelle Besetzungen die Übertragung
von Kenntnissen und Verhaltensweisen vom Spender auf den
Empfänger bei der Organtransplantation [421] verständlich.. – – –

Besetzung, vollständige = eine spirituelle Besetzung, bei
der die Primär-Seele des Besetzten vollkommen verschwindet
und der Besetzer alle Handlungen, alle Gedanken und Gefühle, Erinnerungen, Sprache, Körperhaltung, Mimik und
Gestik der besetzten Person bestimmt. Die besetzte Person
wird geistig mit dem Besetzer identisch, bis auf die äußere
Erscheinung. Eine vollständige Besetzung kann vorübergehend oder andauernd sein.

---

[421] s.a. Thema A /A4 ganz; s. das Thema „Organ-Transplant" auf
www.mutual-mente.com, Abschnitt Ld.

Der Fall SHÁRADA in Thema A /A0, §11 kann als *alternierende, vollständige Besetzung* angesehen werden.

Im Falle JASBIR in Thema A /A0, §10 handelt es sich um eine im Alter von 3 ½ Jahren plötzlich auftretende, vollständige und dann andauernde spirituelle Besetzung; wir nennen es einen **Seelen-Übersprung**. Siehe hier in Anlage 1: Terminologie > Seelen-Übersprung.

Eine vollständige und andauernde Besetzung schon von Geburt an kann nicht von der Reinkarnation unterschieden werden. Wir setzen beide gleich: Thema A /A0, §12, N12.

Spirituelle Besetzungen sind eine Erklärung für Übertragungen von Kenntnissen und Verhaltens-Weisen vom Organspender auf den Organ-Empfänger: siehe Thema A /A4.

Literatur zu spirituellen Besetzungen

WICKLAND, CARL: „Thirty Years among the Dead", National Psychological Institute, Los Angeles, California 1924 (!); Newcastle 1974.
  • „Dreißig Jahre unter den Toten", Reichl 1994.

BALDWIN, WILLIAM J. [2003]: "Healing Lost Souls – Releasing Unwanted Spirits from Your Energy Body", Hampton Roads, auch in Thema A /A0, §9, sowie in Thema A /A4, §§4-6.

CHAPLIN, Annabel [2019]: "Release into the Light" Archive Publishing, UK. (Frühere Ausgabe: "The Bright Light of Death", DeVorss, California, [1977, 1988]); besprochen in Thema A /A0,§9 und in Thema A /A4,§4.

FIORE, EDITH, I: "You have been here before: A Psychologist Looks at Past Lives", Coward 1978 / Ballantine 1979 / Advanced Studies Consultants 2005.

FIORE, EDITH, II : „The Unquiet Dead – A Psychologist Treats Spirit Possession", Dolphin Books 1987 / Ballantine 1995.

Kardecisten in Brasilien: Literatur findet man am Ende von Thema A /A4, Literatur, Teile II, III, IV.

BANERJEE, H.N. [1964]: "Report of the Case Suggestive of Extra Cerebral Memory", Research Monograph N°. 1 – 4; University of Rajasthan, Jaipur.

BANERJEE, H.N .[1966]: "Spirit Possession and Extra Cerebral Memory Compared", Parapsychology (The Indian Journal of Parapsychological Research), Vol. 7, pp. 1-25, 1965-1966,

BANERJEE, H.N. [1979]: "The Once and Future Life – An Astonishing Twenty-Five-Year Study on Reincarnation", Dell

BANERJEE, H.N. [1980]: "Americans Who Have Been Reincarnated – Ten Case Histories", Macmillan

Anlage 3. Einige Erkenntnisse in diesem Dialog

Motto: *Wer die Geschichte nicht kennt,*
wird auch das Heute nicht verstehen.

Verifikation ist die Basis der modernen
Reinkarnations-Forschung.

Die Nahtodes-Erlebnisse gewähren tatsächlich
einen ersten Blick ins Jenseits.

Ja, es gibt eine Geistige Welt, in der
die Gesetze der Physik keine Gültigkeit haben.

Ja, es gibt eine Geistige Welt, die von
Schamanen und Mystikern betreten werden kann.

Ja, es gibt eine Geistige Welt,
die zu einem wichtigen Teil
wissenschaftlich erforscht werden kann.

Die Erkenntnis schlummert im Unverstandenen.

Auf das Establishment ist kein Verlass.

Die Geschichte der Wissenschaften zeigt,
dass die Mehrheit oft irrte.

Gott kann man nicht verkaufen.

Hierher etwas abgewandelt:

Den Schamanismus kann man nicht verkaufen.

Probleme der großen Politik werden nicht gelöst,
sondern durch andere ersetzt.

> Hans: „Macht euch die Welt untertan":
> Wohl der größte Irrtum der Menschheits-Geschichte.

Hans: Der freie Wille ist nur scheinbar ein freier Wille. Es kommt uns nur so vor, als hätten wir ihn.

Hans: Echte Paradoxa haben keine Lösung.

Hans: Mary, du bist die Meisterin der Tautologien.

Hans: Nur was geschrieben steht, kann Wissenschaft sein.

Hans: Parole chiare – pensieri chiari.

Hans: Wer heilt, hat Recht.

Hans: Wir Menschen sind in den letzten 2.000, 4.000, bis zu 6.000 Jahren immer dümmer geworden, weniger sensibel und weniger sensitiv, weniger naturverbunden und weniger spirituell, bis hin zum heutigen blanken Materialismus, in den Köpfen und in der Welt.

Hans: Wir sind die Summe unserer Erfahrungen.

Hans: Die Menschheit ist soeben dabei, ihr eigenes Verschwinden von diesem Planeten herbeizuführen.

> *Maria: Jede große Theorie ist im Detail falsch.*

> *Maria: Die spirituell Interessierten*
> *liegen im Prinzip vielfach richtig,*
> *im Detail hingegen oft falsch.*

> *Maria: Vorurteile sind stärker als die besten Argumente.*

> *M: Es gibt nur eine Reinkarnation, und die ist überall gleich.*

> *Maria: Wir sind heute die Informations-Gesellschaft,*
> *und sind zugleich die uninformierte Gesellschaft.*

Maria: Wer zaubern kann, der schreibt keine Bücher darüber.

Maria: *Nur wer die schamanische Krise durchlebt hat,*
kann ein echter Schamane sein.

Maria: *Kolonialisierung und Missionierung*
bedeuten Kulturzerstörung.

Maria: Wer die Sache nicht versteht, der sieht den Wald vor lauter Bäumen nicht.

Maria: Sehr zu Recht heißt die künstliche Intelligenz „künstliche Intelligenz".

Maria: Alles ist selbstverständlich geworden,
doch es gibt keine Dankbarkeit mehr.

Maria: Das Unvermeidliche ist unvermeidlich.

Maria: Cuanto más sabes, menos sabes.

Seneca: **Ducunt fata volentem, nolenten trahunt.**

So sprechen die Schicksals-Mächte:
Die Willigen leiten wir, die Unwilligen zerren wir.

Spengler: Eine Aufgabe, welche die Notwendigkeit der
Geschichte gestellt hat, wird gelöst,
mit dem Einzelnen oder gegen ihn.

Rumi: Du hast eine Aufgabe zu erfüllen. Du magst tun, was Du willst, magst hunderte von Plänen verwirklichen, magst ohne Unterbrechung tätig sein – Wenn Du aber *diese eine Aufgabe* nicht erfüllst, wird all Deine Zeit vergeudet sein.

Anlage 4. FREDERIC MYERS:
Die Kreuzkorrespondenzen [422]

FREDERIC MYERS lebte von 1843 bis 1901, gründete 1882 gemeinsam mit HENRY SIDGWICK and EDMUND GURNEY die (British) SOCIETY FOR PSYCHICAL RESEARCH (SPR) und war lange Jahre deren Präsident. Sein großes Interesse galt dem Nachweis eines Lebens nach dem Tode, und er schrieb nach 20-jährigem Studium dieser Materie das unübertroffene Werk: "Human Personality and its Survival of Bodily Death", veröffentlicht posthum 1903.

HAMILTON über MYERS in der PSI Encyclopedia [423]:

"However, he departed from the mainstream (the work of continental pioneers such as SIGMUND FREUD) in considering much anomalous mental phenomena to be normal aspects of human consciousness, not pathological symptoms requiring treatment, and also possible indicators of the continuation of that consciousness after death."

"Er wich jedoch vom Mainstream ab (der Arbeit kontinentaler Pioniere wie SIGMUND FREUD), indem er viele anomale mentale Phänomene als normale Aspekte des menschlichen Bewusstseins betrachtete, nicht als pathologische Symptome, die einer Behandlung bedürfen, und auch als mögliche Indikatoren für das Fortbestehen dieses Bewusstseins nach dem Tod."

Wenige Wochen nach MYERS' Tod begannen Schreibmedien in weit voneinander entfernten Teilen der Welt –

---

[422] Übernommen aus www.mutual-mente.com, Thema A/A3, §2.
[423] siehe Hamilton unter Myers im Literaturverzeichnis.

in den USA, in England und in Indien, die nichts voneinander wussten – merkwürdige Texte zu schreiben, die je für sich genommen keinen Sinn ergaben.[424]

Da aber in diesen Texten Anweisungen enthalten waren, dass und wie die Medien miteinander in Verbindung treten sollten, geschah dies schließlich, und zusammengefügt machten die Texte Sinn, wenn auch immer noch seltsam genug. Die Texte waren mit ‚MYERS' signiert und schienen von dem verstorbenen FREDERIC MYERS zu stammen. Über 30 Jahre hinweg wurden von insgesamt 12 Schreibmedien über 1000 Mitteilungen mit bis zu 40 Seiten Länge im Einzelfall geschrieben.

Beim Lesen der zusammengefügten Texte gewinnt man den Eindruck, dass der verstorbene MYERS auf originelle Art und Weise vom Jenseits aus versucht, uns davon zu überzeugen, dass es ein Leben nach dem Leben gibt.

Als alternative Erklärung für das Phänomen bleibt nur noch telepathischer Kontakt zwischen den Schreibmedien, wobei aber bekannt ist, dass diese zu Anfang überhaupt nichts voneinander wussten.

MYERS versucht nicht nur, den Nachweis für unsere Unsterblichkeit zu erbringen, sondern er informiert uns gleichzeitig eingehend über die jenseitige Welt. Er beschreibt sie als aus sieben verschiedenen Ebenen bestehend, die der Mensch im Laufe seiner Entwicklung durchschreitet. In aller Kürze:

---

[424] Eine ausführliche Darstellung der Cross-Korrespondenzen mit weiteren Literaturhinweisen findet man in der Psi-Encyclopedia: https://psi-encyclopedia.spr.ac.uk/. Im Browser suchen.

Die erste Ebene ist die normale, uns gewohnte hiesige Welt. Nicht selten verbleiben wir auch noch nach dem Tode körperlos auf dieser Ebene als Spukgeist oder spiritueller Besetzer, vor allem nach plötzlichem, unnatürlichem Tode wie etwa durch eine Gewalttat, durch Unfall oder Selbstmord.

Die zweite Ebene wird im Sterbeprozess nur kurz durchschritten, wie wir es aus den oft geschilderten Nahtodes-Erlebnissen [425] kennen: Außer-körperliche Erfahrung, Lebensrückschau, Durchgang durch den Tunnel, Empfang im Jenseits durch verstorbene Freunde und Verwandte; Konflikt zwischen dem Wunsch, im Jenseits verbleiben zu dürfen und dort weiter voran zu schreiten, und der Zwang, ins irdische Leben zurück kehren zu müssen, wenn es sich um ein Nahtodes-Erlebnis handelt, bei dem nicht endgültig gestorben wird.

Die dritte Ebene ist das schöne Land der Illusionen, in welchem alle unsere Wünsche erfüllt werden. Sie ist eine Kreation unseres Geistes. Die meisten von uns kommen dorthin. Es ist der uns von den Religionen versprochene Himmel oder das Paradies. Von dieser Ebene aus können wir wiedergeboren werden. Andererseits können wir, wenn wir alle Illusionen abgelegt haben, von dort aus auch weiter aufsteigen.

Die vierte Ebene: Nach Überwindung aller Wünsche und Anhaftungen dürfen wir in das Reich der Vollkommenheit eintreten, in welchem wir mit einem höheren Bewusstsein überirdisch schöne Dinge erschaffen können. Von dort

---

[425] siehe hierzu Kapitel 02 in diesem Dialog und den gesamten Text „Nahtodes-Forschung" in Thema A/A2.

aus werden wir nicht mehr wiedergeboren. MYERS befindet sich dort.

Die fünfte Ebene: Über diese und die folgenden Ebenen kann MYERS nur vom Hörensagen berichten, da er sich selbst während seiner Diktate erst in der vierten Ebene aufhält. Auf der fünften Ebene, der Flammen-Ebene, bekommen wir einen Körper gleich einer Flamme, mit welchem wir durch die gesamte Sternenwelt reisen können, ohne zu verbrennen, mit dem Ziel, eine vollständige Erfahrung des gesamten physikalischen Universums zu machen.

Die sechste Ebene ist die Ebene des Lichts, in der sich gereifte Geistwesen aufhalten, die alle Aspekte der Schöpfung mit tiefem Verständnis durchlebt haben. Sie existieren als weißes Licht, als reine Gedanken, und können Materie und Form hinter sich lassen.

Die siebente Ebene ist das letztendliche Ziel unserer langen Reise, dort, wo wir in das nicht mehr Benennbare eintreten und eins werden mit GOTT – so MYERS.

Neben diesen sieben Ebenen erwähnt MYERS nur kurz den Hades, die Unterwelt. Dorthin gelangen nach dem Tode nur wenige von uns. Nach MYERS befinden sich die Unglücklichen dort in einem schrecklichen, komatösen Zustand ohne jede Hoffnung. Mehr kann er darüber nicht sagen, da er dort selbst nicht gewesen ist.

Weiter bei MYERS: Die Existenz als Mensch auf der ersten Ebene, also hier auf unserem Planeten, ist ein Zwischenzustand, der dem Lernen dient. Der Mensch lebt in Unwissenheit, in Ich-Bezogenheit, Grausamkeit und Hass gegenüber anderen.

Er verletzt andere, sucht sie zu beherrschen, auszubeu-
ten und zu zerstören. Erst wenn er nach einem langen Lernprozess all' diese Neigungen durch selbstlose Liebe ersetzt
hat, kann er zur vierten Stufe aufsteigen, aus der heraus er
nicht mehr als Mensch verkörpert wird. Auf diese Weise
macht MYERS die schrecklichen Zustände auf unserem Planeten verständlich, indem sie uns Gelegenheit geben zu lernen.

Glaubwürdigkeit von MYERS. Wenn MYERS mit uns tatsächlich aus der Geistigen Welt kommuniziert hat, dann gibt
   es eine Geistige Welt, und wir haben eine Fülle von Informationen über sie in Händen. Um die Glaubwürdigkeit
   der Texte MYERS' einzuschätzen, geben uns die Einzelheiten in der Psi-Encyclopedia ein Menge Stoff zum
   Nachdenken. [426] Merkwürdig genug, dass sie so wenig
   bekannt sind. Ob es sich bei MYERS letztlich um einen
   Nachweis für die Existenz des Jenseits handelt (etwa in
   der Strenge der Reinkarnations-Forschung IAN STEVEN-
   SON's), ist ohne ein genaues Studium nicht zu beurteilen.

PETER SHEPHERD gibt MYERS [L] wie folgt wieder [427]:

"The ultimate existence conceivable to the mind of man is
that of 'God', and according to MYERS, that is precisely
where we are headed. Our training takes us through every
form of existence – from mineral to plant, from plant to
animal, from animal to human, from human to divine. We
eventually return to our psychic origin, our true nature,
which is that of God. It is like God exploring His Creation

---

[426] Hamilton (2x) unter Myers im Literaturverzeichnis.
[427] https://trans4mind.com/afterlife/myers2.html.

through our individual travels, experiences and education."

"Die ultimative Existenz, die für den menschlichen Verstand vorstellbar ist, ist die von 'Gott', und laut MYERS ist das genau das, wohin wir uns bewegen. Unsere Ausbildung führt uns durch jede Form der Existenz – vom Mineral zur Pflanze, von der Pflanze zum Tier, vom Tier zum Menschen, vom Menschen zum Göttlichen. Schließlich kehren wir zu unserem psychischen Ursprung zurück, zu unserer wahren Natur, die diejenige Gottes ist. Es ist, als würde Gott seine Schöpfung durch unsere individuellen Reisen, Erfahrungen und Ausbildung erforschen."

(Vergleiche die folgenden Zitate von Rumi und Grant.)

Literatur unter „MYERS" im Literaturverzeichnis.

302   Anlage 5   Zitate Rumi's und Konfuzius'

Anlage 5. Zitate RUMI's

Dschalal ad-Din Muhammad RUMI (1207 - 1273), zählt zu den bedeutendsten persisch-sprachigen Dichtern des Mittelalters und gilt als Mitbegründer der islamischen Mystik. Geboren im heutigen Afghanistan, lebte und wirkte er lange bis zu seinem Tod in Konya, in der heutigen Türkei. Der Mevlevi-Derwisch-Orden geht auf ihn zurück.

RUMI [L]: „Zuerst warst du Mineral, dann Pflanze, dann Tier, dann Mensch. Du wirst ein Engel werden, und auch das wirst du hinter dir lassen. Es warten noch tausend weitere Existenz-Formen auf dich. Was du dir nicht vorstellen kannst, das wirst du sein." *in: André Al Habib [2014]: „Sufismus - Das mystische Herz des Islam", Verlag H.J. Maurer.*

RUMI [L]: "Ich starb als Stein und wurde Pflanze;
Ich starb als Pflanze und wurde Tier;
Ich starb als Tier und wurde zum Menschen.
Warum sollte ich mich also fürchten?
Wurde ich jemals geringer durch den Tod?
Einstmals werde ich als Mensch sterben, und
werde ein Wesen aus Licht, ein Engel des Traums.
Aber mein Weg führt weiter, –
Alles außer Gott verschwindet.
Ich werde, was niemand gesehen oder gehört hat;
Ich werde Stern über allen Sternen,
Und strahle über Geburt und Tod."

Quellen: Rut Rex: "Was mich die Shaolin-Mönche lehrten";
und https://www.grin.com/document/86408.

Hier noch ein anderer Gedanke RUMI's:

RUMI [L]: „Du hast eine Aufgabe zu erfüllen.
Du magst tun, was Du willst,
magst hunderte von Plänen verwirklichen,
magst ohne Unterbrechung tätig sein,
wenn Du aber *diese eine Aufgabe* nicht erfüllst,
wird all Deine Zeit vergeudet sein."

Aphorismen.de/Zitat > Rumi

TOM COWAN zitiert den berühmten Huichol-Schamanen DON JOSÉ MATSUWA mit den Worten (16. *Juni 2020)*:

DON JOSÉ MATSUWA:
"The shaman's path is unending.
I am an old, old man and still a baby,
standing before the mystery of the world,
filled with awe."

'https://shamanicpractice.org/article/don-jose-matsuwas-triple-challenge

Zitat des Konfuzius

»*Wenn die Sprache nicht stimmt, so ist das, was gesagt wird, nicht das, was gemeint ist.*
Ist das, was gesagt wird, nicht das was gemeint ist, so kommen die Werke nicht zustande.
Kommen die Werke nicht zustande, so gedeihen Moral und Kunst nicht. Gedeihen Moral und Kunst nicht, so trifft das Recht nicht.
Trifft das Recht nicht, so weiß das Volk nicht, wohin Hand und Fuß setzen. Also dulde man keine Willkür in den Worten; Das ist es, worauf es ankommt. «

KONFUZIUS, *551 – 479 v.Chr., Provinz* SHANDONG, *China*

Quelle: https://www.aphorismen.de/zitat/3983, und http://www.netzmafia.de/service/konfuzius.html.

Anlage 7:   Zitate von C.G. Jung

1.) „Eine große Wahrheit ist eine Wahrheit, deren Gegenteil immer noch eine Wahrheit ist."
(C.G. JUNG ᴸ im Literaturverzeichnis.)

2.) „Rationalismus und Doktrinarismus sind unsere Zeitkrankheit; sie geben vor, alles zu wissen; man wird aber noch vieles entdecken, was wir heute von unserem beschränkten Standpunkt aus als unmöglich bezeichnen."
(C.G. JUNG ᴸ: „Erinnerungen, Träume, Gedanken", Abschnitt 301, im Literaturverzeichnis.)

3.) „Eine wirklich wissenschaftliche Einstellung muss voraussetzungslos sein."
(Jung, Carl Gustav, „Zitate", im Literaturverzeichnis.)

4.) „In jedem Chaos ist ein Kosmos, in jeder Unordnung ist eine geheime Ordnung."
(C.G. Jung, Zitate, im Literaturverzeichnis.)

5.) „Den wissenschaftlichen Beweis dafür erbrachten die bekannten RHINE'schen Versuche [über Fernwahrnehmung]. Neben zahllosen Fällen von spontanem Vorauswissen, unräumlichen Wahrnehmungen und dergleichen … beweisen sie, dass die Psyche zeitweilig jenseits des raumzeitlichen Kausalgesetzes funktioniert. Daraus ergibt sich, dass unsere

Vorstellungen von Raum und Zeit und damit auch der Kausalität unvollständig sind. Ein vollständiges Weltbild müsste sozusagen noch um eine andere Dimension erweitert werden; erst dann könnte die Gesamtheit der Phänomene einheitlich erklärt werden. Deshalb bestehen die Rationalisten auch heute noch darauf, es gäbe keine parapsychologischen Erfahrungen; denn damit steht und fällt ihre Weltanschauung. Wenn solche Phänomene überhaupt vorkommen, ist das rationalistische Weltbild ungültig, weil unvollständig, … und wir müssen die Tatsache ins Auge fassen, dass unsere Welt mit Zeit, Raum und Kausalität sich auf eine dahinter oder darunter liegende andere Ordnung der Dinge bezieht, in welcher weder ‚Hier und Dort‘, noch ‚Früher und Später‘ wesentlich sind. Ich sehe keine Möglichkeit zu bestreiten, dass wenigstens ein Teil unserer psychischen Existenz durch eine Relativität von Raum und Zeit charakterisiert ist."

(C.G. Jung: „Erinnerungen, Träume, Gedanken", Abschnitt 311.)

6.) „Durch das wissenschaftliche Verständnis ist unsere Welt entmenschlicht worden. Der Mensch steht isoliert im Kosmos da. Er ist nicht mehr in die Natur verwoben und hat seine emotionale Anteilnahme an Naturereignissen, die bis dahin eine symbolische Bedeutung für ihn gehabt hatten, eingebüßt."   (C.G. Jung [L] im Literaturverzeichnis, Zitat)

Anlage 9. Quanten-Physik

M: Steht da nicht noch das Thema Quanten-Physik im Raume?

H: Das Thema Quanten-Physik ist ein schwieriges, weil wir alle nichts davon verstehen.

M: Warum sollten wir dann darüber sprechen?

H: Weil das Thema heute in der Laien-Literatur immer wieder auftaucht.

M: Wenn von spirituellen Erscheinungen die Rede ist, dann lese ich manchmal, dass diese von der modernen Physik längst bewiesen seien. Zum Beispiel: Die Reinkarnation, das Universelle Bewusstsein, die unsterbliche menschliche Seele, Geistheilen, Telepathie, usw. Wie kann das sein?

H: Man behauptet, dass die Quanten-Theorie das alles erklären könne. Nun wird diese Behauptung von Menschen aufgestellt, die von moderner Physik, insbes. von der Quanten-Theorie, keine Ahnung haben, und von Spiritualität auch nicht viel.

M: Mir fällt auf, dass dort auch von Quanten-Heilung, Quanten-Kommunikation mit dem Jenseits, Quanten-Bewusstsein, Quanten-Wirtschaft [428], ... die Rede ist. [429]

H: ANTON ZEILINGER, Nobelpreis-Träger für Physik 2022 wegen seiner Versuche zur Teleportation, wird oft zitiert zum Beleg dafür, dass die Homöopathie wirksam sein müsse. Zeilinger selbst sagt dazu: „Dass ein Bezug zwischen meiner Arbeit und

---

[428] Buch von Anders Indsets im Econ-Verlag, 2019.

[429] Dieses Missverständnis der Quanten-Physik wird schon in Kapitel 01 in diesem Dialog kurz angesprochen.

der Homöopathie hergestellt wird, ist wissenschaftlich unbegründet. Ich bedaure es sehr, dass mein Name damit in Verbindung gebracht wird." [430]

H: LARS JAEGER nennt das Quanten-Esoterik. Das, was wir heutzutage Esoterik nennen, ist zu Recht in Verruf gekommen; das Wort wird jetzt oft im Sinne von Spinnerei gebraucht. Daher ist das Wort für uns unbrauchbar geworden.

Eine gute Definition von Esoterik, die vor 100 Jahren gültig gewesen wäre, lautet: „Esoterik ist ein Sammelbegriff für ein breites Spektrum verschiedenartiger Weltanschauungen, die die spirituelle Entwicklung des Individuums betonen, jedoch durch keine organisierte Religion oder religiöse Konfession im engeren Sinn als Glaube vertreten werden." [431]

M: Da haben wir ja wieder einmal ein terminlogisches Problem. Mit Absicht haben wir im Dialog ja nicht von Esoterikern, sondern von spirituell Interessierten gesprochen.

M: Nun wollten wir über Quanten-Theorie sprechen, und haben zunächst über die missbräuchliche Benutzung des Begriffes „Quanten-Theorie" geredet. Ist denn für unsere Betrachtungen die Quanten-Theorie ernstlich von Belang?

H: Die Quanten-Theorie entstand mit einer Entdeckung von MAX PLANCK im Jahre 1900. Er fand, dass es Licht nicht in beliebig kleinen Mengen gibt, sondern nur in Portionen von je

---

[430] Süddeutschen Zeitung, 1. Februar 2012

[431] Mehr zur Esoterik im klassischen Sinne findet man bei Perplexity mit den Fragen: „Was ist Esoterik?", „What are some examples of esoteric practices?" und „How can one learn more about esoteric practices?"

einem Licht-Quant, wie er es nannte. Er konnte auch die Ener-
gie-Menge E eines Licht-Quants oder Photons angeben mit

$$E = h \times f$$

wobei h eine Naturkonstante ist und f die Frequenz der Farbe
des betreffenden Lichtes.

Zur weiteren Entwicklung der Quanten-Theorie trug AL-
BERT EINSTEIN im Jahre 1905 bei durch seine Arbeit über den
photo-elektrischen Effekt, für die er den Nobelpreis erhielt.

M: Und weiter?

H: Die Quantentheorie wurde weiter entwickelt und ist heute die
Grundlage der Physik der kleinsten Teilchen, der Moleküle,
der Atome, Protonen, Elektronen. Nur so können auch viele
für uns sichtbare Erscheinungen und Erfindungen verstanden
werden, wie z.B. Farben, Ferromagnetismus, elektrische Leit-
fähigkeit, Laser, Transistoren, Mikroprozessoren, MRT, u.v.a.
Viel Hoffnung und Arbeit steckt man heute in die Entwicklung von Quanten-Computern.

Dann kam man auf die Idee, dass vielleicht auch die Biologie sich quanten-physikalischer Effekte bediene. Die Biologie
ist bewundernswert erfinderisch und hat z.B. uns Menschen
hervorgebracht. So ist es sehr unwahrscheinlich, dass die Biologie so etwas Elementares wie Quanten-Effekte ausgelassen
hätte. Man spricht vorsorglich von Quanten-Biologie [432].

---

[432] Wikipedia: Quantenbiologie; Deutschlandfunk: „Die kühnen Konzepte
der Quantenbiologie".

M: Gibt es dazu konkrete Ansätze?

H: Ja. Hier einige Beispiele:

1.) Prof. Dr. MARTIN PLENIO, Direktor des Instituts für theoretische Physik der Universität Ulm. Sein Forschungs-Programm umfasst u.a. Quanten-Optik, Quanten-Verschränkung, Quanten-Sensorik und Quanten-Effekte in der Biologie, insbes. in der Photo-Synthese. Zahlreiche Preise und Auszeichnungen, u.a. den MAX-BORN-Preis. [433]

2.) *Prof. Dr. HENRIK MOURITSEN,* Forschungs-Projekt „QuantumBirds", Universität Oldenburg, zur Navigation von Vögeln, Fledermäusen und Fischen, einschließlich quantenphysikalischer Prozesse. Die Deutsche Forschungs-Gemeinschaft hat weitere 9,2 Mio. € für 2023 –2026 genehmigt. [434]

3.) *CHRISTIAN MATTHIAS KERSKENS & DAVID LÓPEZ PÉREZ,* [435] Forschungs-Projekt „Quantum Brain" der University of Dublin, Ireland, fanden Anzeichen von Quanten-Verschränkung und Superposition bei Hirn-Prozessen. Das würde bedeuten, dass das menschliche Bewusstsein nicht nach der klassischen Physik, sondern quanten-physikalisch arbeitet.

4.) *Prof. Dr. MATTHEW FISHER,* University of California, fand, dass die unterschiedlichen Wirkungen zweier Lithium-Isotope bei Depressionen, insbes. bei bipolaren Störungen, nur

[433] Plenio, Martin: https://www.uni-ulm.de/nawi/institut-fuer-theoretische-physik-start-page/prof-martin-plenio/

[434] „Wie Tiere ihren Weg finden", https://www.presse.uni-oldenburg.de/mit/2022/234.html, 25.11.2022.

[435] Kerskens, CM & López Pérez, D.: „Experimental indications of non-classical brain functions", J. Phys. Commun. 6 (2022).

durch Quanten-Effekte im Gehirn zu verstehen sind. Daraus könnten neue Therapie-Konzepte abgeleitet werden. [436]

M: Das ist ja doch schon eine ganze Menge. Ist das menschliche Gehirn nun also ein Quanten-Computer oder nicht? Spielen Quanten-Prozesse in der Biologie, also auch in unseren Körpern, wirklich eine Rolle?

H: Lass uns noch ein wenig abwarten. Die genannten ersten Ergebnisse der Quanten-Biologie lassen hoffen, dass wir bald mehr wissen werden.

M: Und was hat das alles mit dem Universellen Bewusstsein zu tun und mit der Verbindung unseres individuellen Bewusstseins mit jenem?

H: Bisher noch gar nichts. Diese Frage bewegt sich, naturwissenschaftlich betrachtet, immer noch im Bereich der Spekulationen [437]. Wir wissen bisher über das Universelle Bewusstsein nur aus persönlichen Erfahrungen von Mystikern mit der Gottes-Schau [438] und aus der alten indischen Philosophie.

---

[436] Matthew P A Fisher, University of California, Santa Barbara, USA: „Are We Quantum Computers, or Merely Clever Robots?" Singapore 2017, p178 (ucsb.edu), auch unter Quantum Brain | KITP (ucsb.edu).

[437] Einige Literatur bei Perplexity: „How does the human brain connect to Universal Consciousness?" und „Is there any scientific evidence to support the idea of universal consciousness?".

[438] s. Anlage 1: Terminologie: Thema Gottesschau, und Thema A/A5.

Anlage 10: Platon/Sokrates über Reinkarnation

Brief an eine spanische Freundin

Liebe Freundin, bis vor Kurzem glaubte ich, dass PLATÓN nicht die Reinkarnation lehrte, sondern der Meinung gewesen sei, dass die Seele des Menschen aus der Geistigen Welt komme und wieder dorthin zurückkehre, ohne in einem neuen menschlichen Körper wiedergeboren zu werden. So liest man es auch an manchen Stellen in der Literatur.

Jetzt ist mir aber die Schrift „PHAIDÓN" des PLATÓN zur Kenntnis gekommen, welches einen Dialog des SÓKRATES [439]. enthält, den er wenige Stunden vor seinem Tode mit einigen seiner Schüler führte Dort erfahren wir:

SÓKRATES betrachtet die individuelle Seele als unzerstörbar und sieht in ihr den Träger der Kenntnisse, Fähigkeiten und Erinnerungen des Menschen [440]. Nach SÓKRATES' Verständnis bewohnt, beherrscht und bewegt die Seele den Körper, sie verleiht ihm durch ihre Anwesenheit das Leben. Beim Tod trennt sie sich von ihm, was einen Zerfall des Körpers zur Folge hat. Im Verlaufe der <u>Seelenwanderung</u> verbindet die Seele sich nacheinander mit verschiedenen Körpern. Demnach besteht kein Grund zur Todesfurcht, denn der Tod bedeutet nur Zerstörung des jeweiligen Körpers, die Person aber ist die Seele, die immer intakt erhalten bleibt.

Nach Sókrates' Überzeugung hängt das Schicksal der Seele nach dem Tod von ihrem Verhalten während des Lebens ab;

---

[439] Die Akzente entsprechen der spanischen Schreib- und Redeweise.

[440] siehe Tabelle 1 in Kapitel 01 hier im Dialog, wo die Übertragungen von Leben zu Leben gemäß der modernen Reinkarnations-Forschung aufgeführt sind.

optimal ist eine philosophische Lebensführung, wie Sókrates selbst sie praktiziert hat. [Vgl. die Karma-Lehre des Buddha.] Diese Sichtweise verhilft ihm zu einer gelassenen Haltung und einem heiteren, unbeschwerten Sterben, während die anderen tief betrübt sind und weinen.

Liebe Freundin: Hiermit ist schon das Wesentliche gesagt, was ich aus dem PHAIDÓN *entnehmen will, nämlich, dass* PLATÓN/SÓKRATES *bereits Ansichten vertreten, die wir als Standard-Modell der Reinkarnations-Lehre bezeichnen können, und wie sie durch die moderne Reinkarnations-Forschung bestätigt wurden.*

Wenn Du wissen willst, welche Schlussfolgerungen SÓKRATES *daraus für sich selbst zog, kannst Du noch ein bisschen weiterlesen.*

Die philosophische Einstellung zum Tod

Der Tod soll eine Wohltat sein, die man aber sich selbst nicht erweisen darf [Selbstmord]; vielmehr muss man warten, bis sie einem von außen zuteil wird. Das begründet SÓKRATES mit der Annahme, dass man als Mensch auf einer „Wache" *(phrourá)* [441] sei, also auf einem Posten stehe, den man nicht willkürlich verlassen dürfe. Das sei ein bedeutender Gedanke, wenn auch nicht

---

[441] What does phrourá mean: prison, jail, custody, garrison, guard duty?
  Was bedeutet das: Gefängnis, Kerker, Gewahrsam, Garnison oder Wachdienst?
  ¿Qué significa: prisión, cárcel, custodia, guarnición o guardia?

leicht zu begreifen, sagt er. Man könne sich die Menschheit als Herde vorstellen, die von den Göttern gehütet werde wie eine Tierherde vom Hirten. Nicht eigenwillig dürfe man sich von der Herde entfernen, sondern erst wenn es von einer Gottheit so verfügt werde.

Das Kreislaufargument für die Unsterblichkeit

SÓKRATES nimmt auf das Modell der Seelenwanderung Bezug: Die Seele trennt sich beim Tod vom Körper, um später in einen anderen Körper einzutreten und so den Kreislauf von Leben und Gestorben-Sein fortzusetzen. [Das ist die ganz gewöhnliche Reinkarnations-Lehre.]

Das Argument der Wiedererinnerung

SÓKRATES vertritt die Hypothese, alle Lernprozesse seien nichts anderes als Erinnerungsvorgänge. Demnach beruht das Lernen darauf, dass die Seele an etwas erinnert wird, was sie schon vor ihrem Eintritt in ihren jetzigen Körper gewusst hat (Anamnesis-Konzept).

Alles Wissen, das sie je erlangen kann, war in ihr schon vor der Geburt vorhanden. Es wurde vergessen, als die Seele in den Körper kam, doch ein äußerer Anstoß kann es in ihr Bewusstsein zurückrufen und ihr damit wieder zugänglich machen. Dies setzt voraus, dass die Seele schon vor der Entstehung des Körpers existierte und über Vernunft verfügt hat. Somit kommt ihr ein eigenständiges Dasein zu.

Die Seele als Erschafferin ihres Schicksals

Lässt die Seele sich durch leibliche Begierden fesseln, kann sie sich auch nach der Trennung vom Körper nicht zur göttlichen Sphäre aufschwingen, wo sie von allen menschlichen Übeln frei wäre. Vielmehr bleibt sie niedergedrückt und schwerfällig, irrt auf der

Erde umher und sucht sich einen neuen Körper, der zu ihrem Zustand passt. Dabei kann sie zu tierischen Daseinsformen herabsin-
ken. [442]

Vom Zwang zur Wiedergeburt befreit wird nur der Philosoph,
der schon zu seinen Lebzeiten für völlige Reinigung der Seele ge-
sorgt hat. Ihm ist nach dem Tode ein Dasein im Kreis der Götter
vergönnt. Aus diesem Grund verweigert sich der Philosoph den
leiblichen Begierden und strebt nicht nach materiellem Besitz,
Macht und Ruhm. Ihm ist bewusst, dass der Körper ein Gefängnis
für die Seele ist. Er misstraut den Sinneswahrnehmungen und verlässt sich nur auf die Erkenntnis, die der Seele zuteil wird, wenn sie
sich, abgeschieden von allem Äußerlichen, auf das Geistige kon-
zentriert. Heftige seelische Erschütterungen, die mit intensivem
Vergnügen oder Schmerz, großer Angst oder starker Begierde verbunden sind, meidet der Philosoph. Denn er weiß: Solche Reize
binden die Seele an das Materielle, sie nageln sie förmlich an den
Körper, indem sie die materiellen Auslöser der Affekte als das Evi-
denteste und Realste erscheinen lassen, und führen sie damit auf einen katastrophalen Irrweg. Indem der Philosoph zu innerer Ruhe
kommt und sich in allem nach der Vernunft ausrichtet, das Wirkliche und Göttliche betrachtet und sich davon nährt, bereitet er sich
richtig auf den Tod und auf ein seliges Dasein vor. Seine Seele
wird dann frei von Furcht vor Vernichtung sein.

Konsequenzen für die Lebensführung

Nachdem Sokrates seine Position plausibel gemacht hat, wendet er
sich den praktischen Folgerungen zu, die sich aus der

---

[442] Entspricht der Reinkarnationslehre des Pythagoras.

Unsterblichkeit ergeben. Wenn Entscheidungen des Menschen nicht nur für die Dauer seines Lebens Folgen haben, sondern für eine unermessliche Zukunft, die der Seele bevorsteht, dann erhalten seine Taten ein Gewicht, das ihnen keineswegs zukäme, wenn ihre Auswirkungen auf die kurze Dauer seines irdischen Daseins beschränkt wären. Die Folgen einer Vernachlässigung der unsterblichen Seele müssen furchtbar sein, wenn die Seele die Schlechtigkeit, die sie sich während ihres Aufenthalts im Körper angeeignet hat, in ihr nachtodliches Dasein mitnimmt. Daraus erhellt die ungeheure Bedeutung der philosophischen Sorge für das Wohl der Seele. Erst vor diesem Hintergrund wird voll verständlich, warum sich der Philosoph unablässig bemüht, so gut zu werden wie möglich.

Anmerkung von Joachim Felix:

Der platonische SOKRATES versucht, im Dialog mit seinen Schülern die Unsterblichkeit der Seele plausibel zu machen, ist sich aber darüber im Klaren, dass er sie nur mit Worten nicht beweisen kann. In sämtlichen Schriften des PLATON werden empirische Ansätze zur Erkenntnisgewinnung völlig außer Acht gelassen. Vielmehr werden von SOKRATES nur theoretische, „philosophische" Argumente vorgetragen.

Insgesamt können wir aber festhalten, dass Platon/Sokrates eine Reinkarnationslehre vertreten, die im Wesentlichen den neuerdings empirisch gewonnenen Erkenntnissen entspricht. Näheres zu den neueren Erkenntnissen zur Reinkarnation siehe: Kapitel 012 hier im Dialog", und „Thema A" auf www.mutual-mente.com. __

Buddha [443]	in Nord-Indien, * ~ 500 v. Chr.	† ~ 420 v.
Kali-Yuga [444]	finsteres Zeitalter, Dauer ~3 TJ.	≤ ~500 v.
Pythagoras [445]	* Insel Samos, † in Süditalien	† 496 v.
Sokrates [446]	hinterließ nichts Schriftliches	† 399 v.
Platon [447]	Schüler des Sokrates	† 347 v.

Literatu zu Phaidon: https://de.wikipedia.org/wiki/Phaidon;

Projekt Gutenberg: „Phaidon":https://www.projekt-gutenberg.org/platon/platowr2/phaidon.html

============

---

[443] Buddha Shakyamuni, auch Siddharta Gautama genannt. Geburts- & Todes-Daten nicht genau bekannt. Keine Schriften hinterlassen.

[444] beginnt mit dem Auftreten Buddha's, dauert bis ~ 2.500 n.Chr.

[445] Pythagoras lehrte den Reinkarnationsglauben und die mögliche Wiedergeburt als Tier. Keine Schriften erhalten. Über ihn berichten schon seine Zeitgenossen Heraklit und Xenophanes [W].

[446] Sokrates lehrte, dass Kenntnisse von früheren Leben in das jetzige Leben mitgebracht werden. Wurde durch Platon bekannt.

[447] Platon, Schüler des Sokrates, Lehrer des Aristoteles. Zahlreiche Schriften. Durch ihn sind die Lehren des Sokrates bekannt geworden und dessen dialogische Dialektik.

Literaturverzeichnis,
nach Autoren und Begriffen

Ahausen, Gret von:

Pfingstfeuer und die "Gret von Ahausen" Weser-Kurier, 2012.

Jutta Michels [2018]:"Pfingstfeuer", Roman nach einer wahren Geschichte der Grete von Ahausen, Schünemann

Ahauser Heimatverein: „Spurensuche - Eine Reise durch die Ahauser Geschichte(n)"

Hansen, Dörte [2003]: „Kann man doch in die Zukunft blicken?" P.M. Perspektive Peter Moosleitners Magazin, Ausgabe 4/2003, Seiten 79–81;

Hans Reiter [2014]: „Gott und Jenseits – Irrtum oder Möglichkeit? Eigenverlag, Seite 152;

Carola Lipp [1995]: „Medien populärer Kultur: Erzählung, Bild und Objekt in der volkskundlichen Forschung" Campus Verlag, Seiten 148, 149, 152;

Aigner, Florian [2018]: Quantenphysik – die missverstandene Wissenschaft", Austria Presse Agentur, Science, https://science.apa.at/power-search/11124501850775320564.

Akupunktur: Wikipedia (dort recht ausführlich);

Carina Rehberg: „Akupunktur: So wirkt die Heilkunst aus China", Zentrum der Gesundheit, 09.09.2022, https://www.zentrum-der-gesundheit.de/bibliothek/natur-heilkunde/behandlungsformen/akupunktur

Alexander, Eben [2012]: „Proof of Heaven: A Neurosurgeon's Journey Into the Afterlife", Simon & Schuster; „Blick in die Zukunft", Heyne, 2013/2016;

„The Map of Heaven", Simon & Schuster, 2014, „Vermessung der Ewigkeit", Heyne 2015/2017;

„Living in a Mindful Universe", Simon & Schuster, 2017, „Tore ins unendliche Bewusstsein", Heyne, 2017/2020.

Ambrose, Stanley [1998]: "Late Pleistocene human population bottlenecks, volcanic winter, and differentiation of modern humans" Journal of Human Evolution, **34**(6) 623-651.

Al Habib, André [2014]: „Sufismus, das mystische Herz des Islam", Verlag H.J. Maurer.

AQUIN: s. THOMAS VON AQUIN.

Antidepressiva:

„Nebenwirkungen von Antidepressiva": Zentrum der Gesundheit, 2022.

„Nebenwirkungen ‚moderner' Antidepressiva", ADFD: https://www.adfd.org/austausch/viewtopic.php?t=9725

ADFD: Nebenwirkungen und Absetztsymptome von Psychpharmaka: https://adfd.org/austausch/

SRF.ch [2019]: „Antidepressiva in der Kritik – Nebenwirkungen gut möglich"

mdr Wissen [2022]: „ Antidepressiva bringen langfristig nicht mehr Lebensqualität".

„Antidepressiva keine langfristige Lösung" Bonusan 2018

„Was sind *moderne* Antidepressiva?"
https://www.adfd.org/austausch/viewtopic.php?f=6&t=963.

Antidepressiva: Lebensgefährliche Plazebos? 0505045.pdf,

Arznei-Telegramm 5/2005

Kritisch: „ You Might Want to Read the Truth about these Drugs ": *https://www.psychforums.com/schizophrenia/topic57376.html*

ATWATER, PMH [1999]: "Future Memory", dort das Beispiel von Kathleen J. Forti, pp 28.4, 31.1–32; dieses Beispiel findet sich auch in PMH Atwater: "Letter to the editor" in https://digital.library.unt.edu/ark:/67531/metadc799160/.

Avasthi, A: „Indianizing psychiatry – Is there a case enough?" Indian J Psychiatry. 2011 Apr-Jun; 53(2): 111–120. doi: 10.4103/0019-5545.82534; PMCID: PMC3136012;   PMID: 21772642

Baldwin, William [2003]: "Healing Lost Souls – Releasing Unwanted Spirits from Your Energy Body", Hampton Roads. Näheres in Anlage 2.

Bandkeramik: "Linearbandkeramische Kultur", Wikipedia.

BANERJEE, HN [1964]: "Report of the Case Suggestive of Extra Cerebral Memory", Research Monograph N°. 1 – 4; University of Rajasthan, Jaipur.

BANERJEE, HN [1966]: "Spirit Possession and Extra Cerebral Memory Compared", Parapsychology (The Indian Journal of Parapsychological Research), Vol. 7, pp. 1-25, 1965-1966,

BANERJEE, HN [1979]: "The Once and Future Life – An Astonishing Twenty-Five-Year Study on Reincarnation", Dell

BANERJEE, HN [1980]: "Americans Who Have Been Reincarnated – Ten Case Histories", Macmillan

BARTH, Karl, „Karl Barths Theologie der Krise heute", 280 S., Evangelische Verlagsanstalt: Leipzig 201.; Wikipedia: Ganztodtheorie.

Besetzungen, spirituelle: s. Anlage 2 & dort auch Literatur.

BHATIA, SC [2013]: „The Bhagavad Gita and contemporary psychotherapies", Indian J Psychiatry. 2013 Jan; 55(Suppl 2): S315–S321, doi: 10.4103/0019-5545.105557, PMCID: PMC3705702, PMID: 23858274.   full text.

BLECH, JÖRG [2003]: „Die Krankheitserfinder"

Jörg Blech [2003]: Die Krankheitserfinder.pdf, free download http://docplayer.org/43128156-Die-krankheitserfinder.html

Jörg Blech [2004]: Die Krankheitserfinder, S. Fischer-Verlag;

Jörg Blech: Rezensionen im Perlentaucher: https://www.perlentaucher.de/buch/joerg-blech/die-krankheitserfinder.html.

Internet: „Erfundene Krankheiten", zahlreiche Beiträge.

Bloch, Walter [2020]: "Geheimnisse von Raum und Zeit – Synchonizität und Nichtlokalität", Crotana, 388 Seiten

Blutverdünner: *siehe bei* Wikipedia: "Blutverdünner".

Zentrum der Gesundheit: „Natürliche Blutverdünner ohne Nebenwirkungen", 12. März 2022.

Xarelto, s. weiter unten

BOWMAN, Carol

Bücher: "Children's Past Lives" und "Return from Heaven".

Umfangreiche Website: https://www.carolbowman.com/.

Forum: https://www.carolbowman.com/reincarnation-forum.

Bridey Murphy und Morey Bernstein: Wikipedia, auch suchen in Psi Encyclopedia = https://psi-encyclopedia.spr.ac.uk/.

Bundesverfassungsgericht BRD [2004]:
Geistiges Heilen: 1 BvR 784/03.

Campbell, Colin:

Niyati Evers: Interview with Colin Campbell – African Sangoma: "Shamanic Perspectives on Mental Illness"
https://www.peerzone.org/wp-content/up-loads/2021/12/Evers_-_Shamanic_Perspectives_on_Mental_Illness.pdf;
visionpdf.com/shamanic-perspectives-on-mental-illness.

The Gaia Foundation: https://www.gaiafoundation.org/team-member/colin-campbell-botswana-south-africa.

„Colin Campbell (Healer)": *https://www.sourcewatch.org/index.php/Colin_Campbell_(Healer).*

Spirit Molecule: "The Spiritual Link Between Schizophrenia and Shamanism". https://www.spiritmolecule.com/psychedelics/the-spiritual-link-between-schizophrenia-and-shamanism.

Maureen B. Roberts: "Embracing the Fragmented Self – Shamanic Explorations of the Sacred in Schizophrenia & Soul Loss", http://www.jungcircle.com/embrace.html

siehe auch: Schizophrenie; *siehe auch:* Schamanismus.

Candomblé: Wikipedia und vielfach im Internet.

Castaneda, Carlos [1968]: "The Teachings of Don Juan - A Yaqui Way of Knowledge" University of California Press.

"Die Lehren des Don Juan – Ein Yaqui-Weg des Wissens", März-Vg 1972; Fischer 1973;

"A Separate Reality – Further Conversations with Don Juan" Simon and Schuster, 1971;

"Eine andere Wirklichkeit – Neue Gespräche mit Don Juan" Fischer-Verlag, 1973;

Castaneda finden Sie auch hier im Dialog in Kapitel 08.

CHAPLIN, Annabel [2019]: "Release into the Light" Archive Publishing, UK, with a new Introduction. (Frühere Ausgabe: "The Bright Light of Death", DeVorss, [1977, 1988]).

Näheres über Chaplin hier im Dialog in Anlage 2.

Cheops-Pyramide, erbaut ca. 2.600 v.Chr., s. Wikipedia.

Club of Rome, MEADOWS, u.a.:

[1972] MEADOWS, Donella, MEADOWS, Dennis, RANDERS, Jørgen, BEHRENS III, William W. „The Limits to Growth – A Report for the Club of Rome's Project on the Predicament of Mankind" New York;

"Bericht des Club of Rome zur Lage der Menschheit";

[1972] **Abbildung:** Standardlauf des Weltmodells, https://de.wikipedia.org/wiki/Datei:Meadows_ltg_page124_fig35_world_model_standard.svg

[1992] MEADOWS, Donella, MEADOWS, Dennis & RANDERS, Jørgen: „Beyond the limits – Global collapse or a sustainable future";

„Die neuen Grenzen des Wachstums" Die Lage der Menschheit: Bedrohung und Zukunftschancen;

[2004] **Meadows,** D., Randers, J., and Meadows, D.: „Limits to Growth: The 30-Year Update";

[2004] **Abbildung:** Standardlauf des Weltmodells,: *https://de.wikipedia.org/wiki/Datei:GDW30.png;*

[2008] TURNER, Graham: „A Comparison of The Limits to Growth with Thirty Years of Reality." Socio-Economics and the Environment in Discussion (SEED). CSIRO Working Paper Series Number2008-9. Juni 2008, ISSN 1834-5638;

[2012] RANDERS, Jørgen: „A Global Forecast for the Next Forty Years" Chelsea Green;

„Der neue Bericht an den Club of Rome", oekom-Verlag;

[2021] **HERRINGTON,** Gaya: "Update to limits to growth – Comparing the World3 model with empirical data", Journal of Industrial Ecology 2021; 25: 614– 626, https://doi.org/10.1111/jiec.13084.

Contergan: *Wikipedia:* Contergan-Skandal;

Planet Wissen: Der Fall Contergan, 2020;

Aerzteblatt, offizielle Zeitschrift der Deutschen Ärzteschaft: "Die Contergan-Katastrophe", 2007;

NDR: "Nach Menocil und Contergan", 2022;

Wikipedia:" Liste von aufsehenerregenden Vorfällen im Zusammenhang mit Entwicklung, Vermarktung oder Anwendung von Arzneimitteln".

Crabtree, Gerald R.: "Our fragile intellect", Part I. Trends in Genetics, 2012; DOI: 10.1016/j.tig.2012.10.002;

Crabtree, Gerald R.: "Our fragile intellect", Part II. Trends in Genetics, 2012; DOI: 10.1016/j.tig.2012.10.003;

ScienceDaily: "Humans are slowly but surely losing intellectual and emotional abilities, article suggests." Science-Daily, 12 November 2012.

Crowley, Nicki: "Psychosis or Spiritual Emergence? – Consideration of the Transpersonal Perspective within Psychiatry",

Declaration of War Against Exploiters of Lakota Spirituality, von WILMER STAMPEDE MESTETH, DARRELL STANDING ELK und PHYLLIS SWIFT HAWK. Verbreitet von: Creighton University, Omaha (USA), abgerufen am 16. April 2015;

The Peples Path: Lakota Declare War Against "Shamans" & "Plastics"

Native American Spirituality: Its Appropriation and Incorporation Amongst Native and non-Native Peoples",

Dethlefsen Thorwald [2016]: "Reinkarnationstherapie" I und II, Aurinia-Verlag.

Dhoaram der Seher – Eine schamanische Einweihung und ihre Folgen", BoD-Verlag Norderstedt, Erzählung von Joachim Felix Hornung, 2021. Auch auf www.mutual-mente.com.

Don José Matsuwa: „Honoring the memory of Don José Matsuwa", Dance of the Deer Foundation, 2019, https://www.shamanism.com/journal-tags/don-jose-matsuwa;

Don José Matsuwa: in Anlage 6;
Don José Matsuwa: unter Brant Secunda.

Doppelblind-Studien, randomisierte:

London, 1948: Erste randomisierte Doppelblindstudie der Welt. Es wurde Streptomycin gegen Placebo geprüft. Das überwältigende Ergebnis zugunsten von Streptomycin wurde auch als Bewährungs-Probe der randomisierten Doppelblindstudien gewertet, was es aber nicht war. Näheres hierzu siehe unter www.mutual-mente.com /Doppelblindstudien. Die Original-Publikation: „Streptomycin treatment of pulmonary tuberculosis – A Medical Research Council Investigation" The British Medical Journal 1948, **2**, 769-782;

Kienle, Gerhard und Rainer Burkhardt [1983]: „Der Wirksamkeitsnachweis für Arzneimittel – Analyse einer Illusion" Urachhaus, Stuttgart;

Kiene, Helmut [2001]: „Komplementäre Methodenlehre der klinischen Forschung – Cognition-based Medicine". Springer-Verlag;

Hornung, Joachim Felix: „Doppelblindstudien", unter www.mutual-mente.com.

Dossey, Larry [2014]: „One Mind – Alles ist mit Allem verbunden", Crotona Verlag, Amerang;

„*One Mind* – How Our Individual Mind Is Part of a Greater Consciousness and Why It Matters", Hay House, 2013.

Eckoldt, Matthias [14.08.2014]: „Was ist Bewusstsein?" Deutschlandfunk Kultur, sehr guter Artikel! https://www.deutschlandfunkkultur.de/wissenschaft-was-ist-bewusstsein-100.html.

Eliade, Mircea [1951/1975/2020]: „Schamanismus und archaische Ekstasetechnik", Suhrkamp, 472 Seiten, eng bedruckt. Seitenzahlen hier im Text zitiert nach der 17. Auflage, 2020, vermutlich so wie in früheren Auflagen;

L'original : **Eliade**, Mircea [1951]: "Le chamanisme et les techniques archaïques de l'extase", Payot, Paris ;

Español: **Eliade**, Mircea [1960]: „El chamanismo y las técnicas arcaicas del éxtasis", Editorial Fondo de Cultura Económica, 485 páginas, ISBN: 96-81610-58-X;

English: **Eliade**, Mircea (1964/2020): "Shamanism, Archaic Techniques of Extasy", Princeton University Press, 610 pages, closely printed;

Eliade, Mircea: Wikipedia.de;   en.Wikipedia.org.

Erfundene Krankheiten: BLECH, JÖRG [2003] weiter oben.

Erfundene Krankheiten: zahlreich Beiträge im Internet.

False Memory Syndrome siehe unter Hypnose, Gefahren.

Feynman, Richard: „If you think you understand quantum mechanics, you don't understand quantum mechanics." https://en.wikiquote.org/wiki/Talk:Richard_Feynman

FIORE, EDITH, **I:** "You have been here before: A Psychologist Looks at Past Lives", Coward 1978 / Ballantine 1979 / Advanced Studies Consultants 2005. s. Anlage 2

FIORE, EDITH, **II :** „The Unquiet Dead – A Psychologist Treats Spirit Possession", Dolphin Books 1987 / Ballantine 1995. s. Anlage 2.

Fisher, Joe [2001]: „Coming Back Alive – The Case for Reincarnation", Souvenir Press

Floyd, Keith [1996]: "A Near-Death Experience Triggered by Electroconvulsive Therapy" Journal of Near-Death Studies, Volume 14, Number 3, Spring 1996, pp:187-195, doi:10.17514/JNDS-1996-14-3-p187-195;   pdf download!

Gebser, Jean [1949]: „Ursprung und Gegenwart", DVA,
– s.a. Wikipedia.de: Jean Gebser.

Geertz, Clifford:
Wikipedia: Schamanismus > Clifford Geertz.

Geistheilen, Geistiges Heilen, Bundesverfassungsgericht: Entscheidung von 2004: 1 BVR 784/03.

Geschlechts-Umwandlung im Schamanismus,

 „Transsexualität": https://www.wikiwand.com/de/Transsexualit%C3%A4t , s. dort: Schamanismus.

 Holger Kalweit [2004]: „Die Welt der Schamanen – Traumzeit und innerer Raum", Schirner, Kap. 14. Sehr gutes Buch!
 Kapitel 14: Geschlechtsmwandlung,
 dort auch: Homosexuelle und Transvestiten

 Bleibtreu-Ehrenberg, G.B.:»Homosexualität und Transvestition im Schamanismus«, Anthropos, Nr. 115 (1970), S. 189-228, Nomos Vg., free download bei scribd.com.

 „Transsexualität – Transsexuelle Orientierung",
 https://www.heilpraxisnet.de/symptome/transsexualitaet-transsexuelle-orientierung/. s. dort „Schamanismus"

Gimbutas, Marija: s. Wikipedia.

Glaube und Gesundheit

 „So gut ist Glauben für unsere Gesundheit", Wiebke Hollersen „Die Welt" 04.02.2015.

 „Unsere tägliche Gesundheit gib uns heute – Hält uns der Glaube gesund?", Christian Heinrich, Spiegel.de, 2013.

Bonelli, RM & Koenig, HG [2022]: „Mental Disorders, Religion and Spirituality 1990 to 2010" – A Systematic Evidence-Based Review; free pdf at Researchgate.

Sharma, P [2009]: „Contemporary Perspectives on Spirituality and Mental Health", Indian J Psychol Med | Jan - Jun 2009, Vol 31, Issue 1, DOI: 10.4103/0253-7176.53310; 0253-7176.53310

Goldberg, Bruce: "Past Lives, Future Lives", Ballantine, 1993

Gret von Ahausen, s.. Ahausen, Gret von

Grof, Stanislav [2000]: „ Psychology of the Future". Lessons from Modern Consciousness Research (Suny Series in Transpersonal and Humanistic Psychology); free pdf.

Grof, Stanislav, erwähnt in Lucius Werthmüller: „Veränderte Bewusstseinszustände – ein Überblick", wo auch die Identifikation mit Tieren und Pflanzen beschrieben wird.

Spiritual Emergence Network = S.E.N: *www.senev.de.*

Spiritual Emergency Resource Center: http://www.centerforspiritualemergence.com/resources.html.

HAHNEMANN, SAMUEL [1810]: Allererste Ausgabe: „Organon der rationellen Heilkunde. Dresden 1810;

„*Organon der Heilkunst*", 6. Aufl., 2016, Haug, Heidelberg.

mehr Literatur unter „ Homöopathie", weiter unten

Hamilton, Trevor, siehe unter Myers.

HAMPE, JOHANN CHRISTOPH [1975]: „Sterben ist doch ganz anders – Erfahrungen mit dem eigenen Tod", Stuttgart. s.a. Nahtodes-Erlebnisse hier weiter unten.

HARALDSSON, Erlendur [1991]: "Children claiming past-life memories – Four cases in Sri Lanka". Journal of Scientific Exploration, 5(2), 233-262.   free full text pdf available.

s. Mills, Haraldsson, Keil (1994)

Harari, Yuval Noah:

  „*Sapiens:* A Brief History of Humankind", 2015, Harper.

  „*Eine kurze Geschichte* der Menschheit", Pantheon 2015.

  „*Sapiens. Der Aufstieg"*, Graphic Novel, 2021, C.H.Beck.

  „*Eine kurze Geschichte* der Menschheit", Wikipedia.

HARNACK, EDGAR W. [2011]: „Die diagnostische Trennung von Psychose und spiritueller Erfahrung I". Zs. f. Spiritualität und Transzendentale Psychologie, 1(3);

HARNACK, E.W. [2012]: „Die diagnostische Trennung von Psychose und spiritueller Erfahrung II". Zs. f. Spiritualität und Transzendentale Psychologie 2(1).

Harnack, E.W. [2011]: "The diagnostic separation of psychosis and spiritual experience I: The phenomenological nature of psychosis. Journal for Spirituality and Transcendental Psychology, 3(1), 362-380.

Harnack, E.W. [2012]: The diagnostic separation of psychosis and spiritual experience II: Distinctive criteria for clinical practice. Journal for Spirituality and Transcendental Psychology, 2(1), 76-94.

HARNER, Michael [1980/2011]: „The Way of the Shaman", Harper-Collins;

„*Der Weg des Schamanen",* [1994/2013], Heyne.

Harner, Michael: Wikipedia.

Neoschamanismus: Wikipedia.

HASSLER, Dieter: www.Reinkarnation.de.

HEIM, ALBERT [1891/92] (sic!): „Notizen über den Tod durch Absturz", Jahrbuch des Schweizer Alpenclub, 27. Jahrgang, Seiten 327–337; s.a. Nahtodes-Forschung in Kapitel 2.

Hellinger, Bert: *www.hellinger.de*; auch in Wikipedia.

Herrington, Gaya [2020]: "Update to limits to growth – Comparing the World3 model with empirical data", Dash, Harvard Library, https://dash.harvard.edu/handle/1/37364868.

s.a. unter „Club of Rome" [L].

Himalayan Shamans– Shamanistic Research Centre of Nepal, *www.himalayanshamans.com*.

Hippokrates, „primum nil nocere": Wikipedia. (im Verb ‚nocere' liegt der Ton auf der 2. Silbe.)

Hofmann, Hellmut [2001]: „PSI – die Andere Wirklichkeit", Edition „Va bene", Wien 2001.

Homo sapiens, homo sapiens sapiens

Wir verwenden die Bezeichnung ‚homo sapiens sapiens' für den anatomisch jüngeren homo sapiens. Diese Bezeichnung wird seit den 1990er Jahren offiziell nicht mehr verwendet, wodurch ein heilloses Durcheinander entstand. Viele Texte sind nicht mehr interpretierbar. Oftmals wird der homo sapiens sapiens, der „anatomisch jüngere homo sapiens" (ab ca. 70.000 vor Chr.) nicht mehr deutlich von dem „anatomisch älteren homo sapiens" (ab ca. 200.000 v.Chr.) unterschieden. Oft heißt es einfach nur noch ‚homo sapiens', und man weiß nicht, wovon die Rede ist. Die Bezeichnung ‚homo sapiens sapiens' ist immer noch vielfach in Gebrauch. Durch Barbara Weber [L] (s.u.) fühlen wir uns in unserer Wortwahl bestärkt.

Offizielle Systematik: FAMILIE = Hominidae; GATTUNG: Homo; ART: Homo sapiens; UNTERART = anatomisch jüngerer homo sapiens [nicht mehr offiziell = homo sapiens sapiens].

Biology online: „Homo sapiens sapiens – Definition and examples" https://www.biologyonline.com/dictionary/homo-sapiens-sapiens.

ARD Alpha „Die Entwicklung des modernen Menschen", https://www.br.de/wissen/homo-sapiens-evolution-geschichte-moderner-mensch-referat-100.html;

Deutschlandfunk: „ Entwicklung des Homo sapiens sapiens – Wie der Mensch zum Menschen wurde", https://www.deutschlandfunk.de/entwicklung-des-homo-sapiens-sapiens-wie-der-mensch-zum-100.html, 2016

Max-Planck-Gesellschaft: „Die ersten unserer Art", Forschungsbericht 2017 - Max-Planck-Institut für evolutionäre Anthropologie, Philipp Gunz, 2017, https://www.mpg.de/11820357/mpi_evan_jb_2017.

Out-of-Africa-Theorie: https://www.biologie-seite.de/Biologie/Out-of-Africa-Theorie.

Planet Schule, „Von Lucy bis zum Homo sapiens" > „Entscheidende Veränderungen – der weitere Weg der Menschheit", https://www.planet-schule.de/schwerpunkt/experiment-verwandtschaft/mensch-affe-hintergrund-100.html.

Paeger, Jürgen [2006 – 2021]: "Der moderne Mensch – Homo sapiens", https://www.oekosystem-erde.de/html/homo_sapiens.html;

Weber, Barbara [2016]: "Entwicklung des Homo sapiens sapiens – Wie der Mensch zum Menschen wurde", https://www.deutschlandfunk.de/entwicklung-des-homo-sapiens-sapiens-wie-der-mensch-zum-100.html.

Homöopathie

Hahnemann, Samuel [1810]: „Organon der rationellen Heilkunde", allererste Ausgabe Dresden 1810;

„Organon der Heilkunst". Nach der handschriftlichen Neubearbeitung Hahnemanns für die 6. Auflage herausgegeben von Richard Haehl, Haug, 1995, Bearbeiter Josef Schmidt.

Homöopathie, klassische: s. Wikipedia: Homöopathie.

Repertorium (Homöopathie): Wikipedia.

Homöopathische Repertorien, s. die Literaturangaben in: *Repertorium* (Homöopathie): Wikipedia.

Repertorisierung, s. Repertorium (Homöopathie), Wikipedia;

Hornung, Joachim [1996]: "Quo vadis Homöopathieforschung?" Über klinische Studien und Arzneimittelprüfung am Gesunden in der Homöopathie. Forschende Komplementärmedizin **3**, 91-101;

Wein, Claudia [2002]: „Qualitätsaspekte klinischer Studien zur Homöopathie" KVC-Verlag (Natur und Medizin).

Teixeira, Marcus Zulian: "Similia Similibus Curentur": The scientific grounding of the homeopathic therapeutic principle through the systematic study of the rebound effect of modern drugs. DOI: 10.1016/j.clinsp.2022.100091, https://www.elsevier.es/en-revista-clinics-22-articulo-similia-si-milibus-curentur-the-scientific-S1807593222032926

Hornung, Joachim Felix [2022]: **Thema A:**
auf www.mutual-mente.com /Thema A. Dort enthalten u.a.:
Thema A0: „Leben wir nur einmal?",
„Moderne Reinkarnations-Forschung",

Thema A2: „Nahtodes-Erlebnisse",

Thema A3: „Jenseits-Forschung",

Thema A7: „Glossar", viele Begriffe des Spirituelismus.

Hornung, Joachim Felix [2021]: „**Satyendra,** eine Erzählung von Liebe, Reinkarnation und Schamanismus", BoD Nor-derstedt,   auch auf www.mutual-mente.com.

Hornung, Joachim Felix [2021]: „**Satyendra** y su gran amor – Un relato de chamanismo y reencarnación", BoD Madrid; auch auf www.mutual-mente.com.

Hornung, Joachim Felix [2021]: „**Dhoaram**, der Seher – Eine schamanische Einweihung und ihre Folgen", BoD Nor-derstedt;   auch auf www.mutual-mente.com.

Hornung, Joachim Felix [2024]: „**Dialog über unsere Ver-gangenheit, Gegenwart, und nahe Zukunft",** BoD-Ver-lag, Norderstedt;   auch auf www.mutual-mente.com.

Hornung, Joachim Felix: „Doppelblindstudien",
auf www.mutual-mente.com.

Hornung, Joachim Felix: „Oswald Spengler",
auf www.mutual-mente.com.

Hornung, Joachim [1996]: "Quo vadis Homöopathiefor-schung?" Über klinische Studien und Arzneimittelprüfung am Gesunden in der Homöopathie. Zeitschrift Forschende Komplementärmedizin **3**, 91-101.

Hossenfelder, Sabine: "Mehr als nur Atome – Was die Physik über die Welt und das Leben verrät", 2023, Siedler-Vg.

Hypnose, allgemein: s. Anlage 1 > Terminologie > Hypnose

Hypnose, Gefahren

Gerke, Michael [2009]: „Hypnose als Straftat"
https://www.hrr-strafrecht.de/hrr/archiv/09-08/index.php?sz=11.

hypnose.de: Hypnose: Gefahren, Risiken, Nebenwirkungen > Risiken bei der therapeutischen Anwendung.

Milton-Erickson-Gesellschaft: „Gefahren der Hypnose",
https://www.meg-stiftung.de/index.php/de/publikationen/2-hypnose-und-kognition/35-gefahren-der-hypnose.

Milton-Erickson-Gesellschaft: „Schaden durch Hypnose",
https://www.meg-tuebingen.de/wp-content/uploads/2021/05/2011-03-Schaden-durch-Suggestion.pdf.

„Hypnotherapie von Milton Erickson - Vorteile & Risiken" > Nachteile. https://www.lebenskarten.de/psychotherapie/hypnotherapie/

NetDoktor: „Hypnose" > Welche Risiken birgt eine Hypnose? https://www.netdoktor.de/therapien/psychotherapie/hypnose/.

planet wissen: Showhypnose – alles fake? https://www.planet-wissen.de/gesellschaft/psychologie/hypnose/hypnose-showhypnose-100.html.

Wikipedia: Hypnose insbes. Abschnitt "Schaden durch H."

„Gefahren der Hypnose", weitere Artikel im Internet.

False Memory Syndrome

„Die Hypnose-Katastrophe in den frühen 90er Jahren" in Thema A /A3, §5a.

American Medical Association, Council on Scientific Affairs, [1985]: "Scientific Status of Refreshing Recollections by the Use of Hypnosis". Siehe den Absatz: "Hypnosis and Memory Recovery Techniques";

FALSE MEMORY SYNDROME FOUNDATION, sehr interessante Site mit vielen Unterseiten, u.a.: "Recovered Memories: Are They Reliable?" und "Key Concepts in Hypnosis": http://www.fmsfonline.org/

False Memory Syndrome Foundation: en.Wikipedia.org

Royal College of Psychiatrists [1997]: "Reported Recovered Memories of Child Sexual Abuse";

SCHETSCHE, MICHAEL [2002]: „Trauma im gesellschaftlichen Diskurs".
https://www.igpp.de/eks/pdf/trauma_im_diskurs.pdf

Iannuzzo, Giovanni [2012]: "Clinical Parapsychology and Parapsychological Counseling in Psychiatric Practice."
https://www.semanticscholar.org/paper/Clinical-Parapsychology-and-Parapsychological-in-Iannuzzo-Iannuzzo/ec848223b8c77039115b62be704f696b20545bf9.

Impfschäden nach Covid-19-Impfung, = Post-VAC-Syndrom, siehe dort.

Indianer, Religion der Indianer.

SWR2 Glauben: „Manitu und der Gott des weißen Mannes – Wie die Indianer Nordamerikas von allen guten Geistern verlassen wurden". https://www.swr.de/-

/id=20992832/property=download/nid=659102/zj486k/swr2-glauben-20180304.pdf

„Religion der Indianer": https://relilex.de/religion-der-indianer/.

„Indianer Religion": https://welt-der-indianer.de/kunst-kultur/indianer-religion/.

Wikipedia: „Indianer Nordamerikas", „Indianische Religion".

Irwin, Lee: [2017]: „Reincarnation in Amercica – An Esoteric History", Lexington

Fisher, Joe: [2001]: „Coming Back Alive – The Case for Reincarnation", Souvenir Press

International Association for Near-Death Studies: „Journal of Near-Death Studies", https://iands.org.

s.a. Nahtodes-Forschung hier im Literaturverzeichnis.

Irwin, Lee [2017]: „Reincarnation in Amercica – An Esoteric History", Lexington

Jacob, Sabine: „Welche Trancetiefen gibt es in Hypnose? https://hypnose-als-therapie.de/tiefenhypnose/.

Jaeger, Lars (2020): „Quantenwirtschaft – Ein Kommentar zu Anders Indset's neuem Buch", Spektrum.de, Scilogs https://scilogs.spektrum.de/beobachtungen-der-wissenschaft/quantenwirtschaft-ein-kommentar-zu-anders-indsets-neuem-buch/.

Jaspers, Karl [1946]. Allgemeine Psychopathologie, 4. Aufl. Berlin, Seite 80.
s.a. Wikipedia: Karl Jaspers.

Moldzio, Andrea: „Schizophrenie - eine philosophische Erkrankung?". Königshausen u. Neumann; 2. Edition 2020.

Kupke, Christian: "Was ist so unverständlich am Wahn?" Philosophisch-kritische Darstellung des Jaspers'schen Unverständlichkeitstheorems. In: Journal für Philosophie & Psychiatrie. 1, 2008, S. 1–12. http://www.jfpp.org/jfpp-1-2008-01.html, vollständiger Text.

Wahn: Wikipedia

s. Unverständlichkeits-Theorem

s. Harnack, Edgar W.

Jenseits-Forschung: www.mutual-mente.com /Thema A /A3; hier im Text: Kapitel 03.

Jung, Carl Gustav, deutsch meist C.G. Jung, englisch Carl Jung.

Jung, Carl Gustav [1971]: „Erinnerungen, Träume, Gedanken", Edition C.G. Jung im Patmos Verlag 1971/2013, pdf: https://docplayer.org/22783829-Erinnerungen-traeume-gedanken-von-c-g-jung.html; pdf full_text.

Jung, Carl Gustav [1961]: „Memories, Dreams, Reflections" Random House;

Jung, Carl Gustav [1971]: „Synchronizität, Akausalität, Okkultismus ", DTV, Nr. 35174, https://kupdf.net/download/c-g-jung-synchronizitt-akausalitt-und-okkultismus_5af4be7de2b6f51c496c1a2b_pdf;

Jung, Carl Gustav [1947]: „Theoretische Überlegungen zum Wesen des Psychischen ", Gesammelte Werke, 8. Band, §§ 343-442, Walter-Verlag, Olten;

Zitat C.G. Jung: „durch das wissenschaftliche Verständnis ..." https://zitatezumnachdenken.com/carl-gustav-jung/3519

Zitat C.G. Jung: „Eine große Wahrheit ist eine Wahrheit, deren Gegenteil immer noch eine Wahrheit ist." https://beruhmte-zitate.de/zitate/1239436-carl-gustav-jung-eine-grosse-wahrheit-ist-eine-wahrheit-deren-gegen/

Zitat C.G. Jung: „In jedem Chaos ...": beruhmte-zitate.de/

Zitat C.G. Jung: „Eine wirklich wissenschaftl. Einstellung muss voraussetzungslos sein." https://zitatezumnachdenken.com/carl-gustav-jung/3440

Carl Gustav Jung: Wikipedia.

Kardec, Kardecismus, siehe hier **Anlage 2** & Thema A /A0, §9.

Katie, Byron, Byron Kathleen Mitchell:

„ *The Work* of Byron Katie", Byron Katie International, 2013;

Byron Katie [2002]: „Lieben was ist"; „Loving what is".

Kausen, Ernst [2013]: „Die indogermanische Sprachfamilie und die Rekonstruktion ihrer Ursprache" https://hausderdeutschensprache.eu/2013/08/die-indogermanische-sprachfamilie-und-die-rekonstruktion-ihrer-ursprache.

KEIL, Jürgen [1994]. siehe Mills, Haraldsson, Keil, 1984.

Kepler, Johannes [1609]: "Astronomia Nova", Prag 1609, und „Harmonices mundi", 5 Bücher, Linz 1619.

Kiene, Helmut [2001]: „Komplementäre Methodenlehre der klinischen Forschung – Cognition-based Medicine", Springer;

s.a. Doppelblindstudien.

Kienle, Gerhard und Rainer Burkhardt [1983]. „Der Wirksamkeits-Nachweis für Arzneimittel – Analyse einer Illusion", Urachhaus;   *s.a. Doppelblindstudien.*

Knauer, Roland [2018]: "Als die Menschheit fast ausstarb", Spektrum.de, https://www.spektrum.de/news/der-toba-super-vulkan-ausbruch-hat-die-menschheit-wohl-doch-nicht-bei-nahe-ausgerottet/1563464.

Krause, Johannes: "Wir sind Teil einer Familie, die sich vor 8000 Jahren getrennt hat": https://www.spiegel.de/wissen-schaft/geschichte-der-menschheit-wir-sind-alle-migranten-a-00000000-0002-0001-0000-000162407700; 15.02.2019.

Krause, Johannes und Trappe, Thomas: „Die Reise unserer Gene", Propyläen, 2019, 288 Seiten.

Konfuzius, Zitat „Wenn die Sprache nicht stimmt …", s. Anlage 8, https://www.aphorismen.de/zitat/3983; http://www.netzmafia.de/service/konfuzius.html.

Kristallschädel: Chris Morton & Ceri Louise Thomas: "The Mystery of the Crystal Skulls", 1998/2002, Harper Collins.

Krippner, Stanley: Wikipedia.

Kryptomnesie = verborgenes Wissen: Wikipedia.

Kübler-Ross, Elisabeth [1969]: "On Death and Dying", N.Y.;

s.a. Nahtodes-Forschung hier im Literaturverzeichnis.

KUHN, Thomas: „The Structure of Scientific Revolutions", Chicago 1962/1970, „Die Struktur wissenschaftlicher Revolutionen", Suhrkamp 1967/1976.

Lascaux, Höhle: Wikipedia;

„Höhlenmalerei – Die erste Revolution der Kunst", 2016: *https://www.sueddeutsche.de/wissen/serie-die-kleinen-gros-sen-dinge-die-farben-des-lebens-1.3106316.*

"Lascaux Cave Paintings", *https://duck-duckgo.com/?q=lascaux+cave+paintings&t=ne-wext&atb=v357-5bc&ia=web.*

Picasso: *Dia-Logos: https://www.dialogos-philosophie.de/view-topic.php?t=213.*

Picasso: https://www.goodreads.com/quotes/1210344-we-have-learned-nothing-in-twelve-thousand-years-upon-exiting.

Picasso: https://www.spektrum.de/quiz/was-hat-picasso-einst-tief-beeindruckt/702794

Leary, Timothy: Wikipedia.

Leonardo da Vinci: Wikipedia.

Loma, Aleksandar: „Krieg und Frieden – vom Indogermanischen zum Griechischen", free pdf: https://aleksandarloma.com/PDF/Clanci/207.pdf.

https://www.academia.edu/84817131/Krieg_und_Frieden_vom_Indogermanischen_zum_Griechischen.

Lommel, Pim van [2009]: „Endloses Bewusstsein – Neue medizinische Fakten zur Nahtoderfahrung", Düsseldorf;

s.a. Nahtodes-Forschung hier im Literaturverzeichnis

Manitu, s.o. „Indianer", Religion der Indianer: SWR 2

Matlock, James: (2017/2021). 'Replacement Reincarnation', *Psi Encyclopedia*, London: The Society for Psychical Research: https://psi-encyclopedia.spr.ac.uk/articles/replacement-reincarnation; *James Matlock ist dort Autor vieler Beiträge.*

Matlock, James G.: "Past Life Memory Case Studies", http://jamesgmatlock.com/wp-content/up-loads/2013/12/Past-Life-Memory-Case-Studies.pdf.

Matlock, James G. (in preparation, 1.1.2013): „Extraordinary Claims, Extraordinary Evidence: Ian Stevenson's Reincarnation Case Studies and the Nature of Science."

Psi Encyclopedia Articles on Reincarnation: http://jamesgma-tlock.com/wp-content/uploads/2021/10/Psi-Encyclopedia-Articles-on-Reincarnation-Oct-2021.pdf

JAMES MATLOCK ist Autor der Psi-Encyclopedia, wo man unglaublich viele und gute Sachen über Reinkarnation findet.

Matsuwa, Don José: s. Don José Matsuwa und Secunda, Brant.

MEADOWS u.a. siehe unter **CLUB OF ROME** [L]

Mills, Antonia, Haraldsson, Erlendur, Keil, Jürgen [1994]: "Replication Studies of Cases Suggestive of Reincarnation by Three Independent Investigators". Journal of the American Society for Psychical Research (ASPR) Vol. 88, pp. 207-219 July 1994.

"Mills, Antonia": https://psi-encyclopedia.spr.ac.uk/articles/antonia-mills#footnoteref10_76cxj4e

"Antonia Mills, Ph.D. – The Principal Reincarnation Researchers", http://jamesgmatlock.com/resources/researchers/mills/

Mindell, Arnold: „City Shadows – Psychological Interventions in Psychiatry", Routledge 1988

Moldzio, Andrea: „Schizophrenie - eine philosophische Erkrankung?". Königshausen u. Neumann; Edition (2020).

Monroe, Robert [2007]: "Der zweite Körper: Astral- und Seelenreisen in ferne Sphären der geistigen Welt", Heyne.

Moody, Raymond [1975]: "Life after Life – The Investigation of a Phenomenon", Covington, Georgia, USA; "Leben nach dem Tod", Rowohlt 1977.

s.a. Nahtodes-Forschung hier im Literaturverzeichnis

Moreira-Almeida, Alexander, et al [2008]: "Comparison of Brazilian Spiritist Mediumship and Dissociative Identity Disorder", https://www.academia.edu/235489/Comparison_of_Brazilian_spiritist_mediumship_and_dissociative_identity_disorder, free pdf.

Myers, Frederic (*1843, † 1901): „Proof of Life After Death" by Peter Shepherd, in Trans4mind, 1997-2016,
   https://trans4mind.com/afterlife/myers1.html,

   https://trans4mind.com/afterlife/myers2.html.

[Myers, Frederic] **Hamilton,** Trevor: "Frederic WH Myers", Psi Encyclopedia [2020];   im Browser suchen: https://psi-encyclopedia.spr.ac.uk/articles/frederic-wh-myers.

[Myers, Frederic] **Hamilton,** Trevor: "The Cross-Correspondences" Psi Encyclopedia [2017]; Internet: https://psi-encyclopedia.spr.ac.uk/articles/cross-correspondences.

Nagaraj, AKM, e.a.: „The Mystery of Reincarnation", Indian J Psychiatry. 2015; 57(4): 439,
   doi: 10.4103/0019-5545.105519,
   PMCID: PMC3705678,   PMID: 23858250

Nahodyl, Catrin von: „Hexen – Schamaninnen Europas", BoD-Verlag Norderstedt, 2017.

Nahodyl Neményi, Árpád von, etl. Bücher, unter anderen:

„Quellen des germanischen Heidentums",
BoD-Verlag Norderstedt, 2017.

"Thors Hammer", BoD-Verlag Norderstedt, 2019.

"Liebesgöttin Freyja", BoD-Verlag Norderstedt, 2020.

Nahtodes-Forschung, **Nahtodes-Erlebnisse,** in Thema A /A2 und hier in Kapitel 2.

Literatur-Angaben auch in Thema A /A2, §6, Literatur;

Focus.de/Wissen [2016]: "Fünf unglaubliche Berichte aus dem Jenseits"

Hampe, Johann Christoph [1975]: „Sterben ist doch ganz anders – Erfahrungen mit dem eigenen Tod", Stuttgart.

Heim, Albert [1891/92] (sic!): „Notizen über den Tod durch Absturz", Jahrbuch des Schweizer Alpenclub, **27**, 327–337.

International Association for Near-Death Studies:
https://iands.org; „Journal of Near-Death Studies".

Kübler-Ross, Elisabeth [1969]: "On Death and Dying", New York. In diesem grundlegenden Werk stellt die Autorin die fünf psychologischen Stadien des Sterbens dar. Zahlreiche Bücher der Autorin folgten. Sie legte den Grundstein für die Hospiz–Bewegung.

Lommel, Pim van [2009]: „Endloses Bewusstsein – Neue medizinische Fakten zur Nahtoderfahrung", Düsseldorf.

Moody, Raymond [1975]: "Life after Life – The Investigation of a Phenomenon", Covington, Georgia, USA;
"Leben nach dem Tod", Rowohlt 1977.

Near-Death Experience Foundation: NDERF.org.

Ring, Kenneth & Elsaesser-Valarino, Evelyn [1998]: "Lessons from the Light – What we can Learn from the Near-Death Experiences", New York;

Ring, Kenneth & Cooper, Sharon [1999]: „Mindsight – Near–Death and Out-of-Body Experiences in the Blind", Palo Alto.

Neolithische Revolution: s. Tafel 1 und das gesamte Kapitel 13.

Neo-Schamanismus: Wikipedia und hier im Index.

Netherton, Morris [2015]: „Strangers in the Land of Confusion", CreateSpace.

Netherton, Morris, und Shiffrin, Nancy [1979]:"Past Live Therapy", ACE.

Newton, Isaac [1686]. „Philosophiae Naturalis Principia Mathematica".

Newton, Michael [2009]. "Memories of the Afterlife: Life-Between-Lives Stories of Personal Transformation" Llewellyn; „Erinnerungen aus dem Zwischenreich – Leben zwischen den Leben", Astrodata 2009;

Newton, Michael: alle Bücher:
http://newtoninstitute.org/books/.

Niyati Evers: Interview with Colin Campbell – African Sangoma: "Shamanic Perspectives on Mental Illness"
https://www.peerzone.org/wp-content/up-loads/2021/12/Evers_-_Shamanic_Perspectives_on_Mental_Illness.pdf;
visionpdf.com/shamanic-perspectives-on-mental-illness.

Operationen, unnötige, siehe z.B., u.v.a. im Internet:

„Weil sie finanzielle Probleme haben, führen Krankenhäuser unnötige OPs durch" (2018): https://www.focus.de/gesund-
heit/news/neue-studie-weil-sie-finanzielle-probleme-haben-
fuehren-krankenhaeuser-unnoetige-ops-
durch_id_9126960.html

„Operieren als Geschäftsmodell – Willkommen in der Medi-
zinfabrik", Planet Wissen 24.01.2020.

„OP hilft nur selten bei Rückenschmerzen: Pflicht zur Zweit-
meinung und bessere Vergütung multimodaler Therapien
gefordert", OPs bei Rückenschmerzen meist sinnlos – Zweit-
meinungspflicht gefordert (medscape.com), 03.04.2023

Out-of-Africa-Hypothese ist die Annahme, dass die Gattung
Homo ihren Ursprung in Afrika hatte und sich von dort
über die ganze Welt verbreitete, siehe z.B.:

„Out-of-Africa-Theorie", https://www.biologie-seite.de/Biolo-
gie/Out-of-Africa-Theorie.

"Stammesgeschichte des Menschen", z.B. in Wikipedia.

"Ausbreitung des Menschen", z.B. in Wikipedia.

Paeger, Jürgen [2006 – 2021]: "Der moderne Mensch – Homo
sapiens", https://www.oekosystem-erde.de/html/homo_sa-
piens.html.

s.a. „homo sapiens" in Kapitel 11b und im Literaturverz.

Parapsychologie = Erforschung der PSI-Phänomene, wie etwa =
ESP = Extra-Sensory Perception =Außersinnliche Wahrnehmung = percepción extrasensorial:

Hofmann, Hellmut [2001]: „PSI – die Andere Wirklichkeit",
Edition „Va Bene", Wien;

Myers, Frederic, berichtet in seinen Kreuz-Korrespondenzen über das Jenseits; siehe Hamilton oben unter Myers.

Psi-Phänomene, hier in Anlage 1: Terminologie,

Psi-Forschung, experimentelle: hier im Text Kapitel 22.

s.a. Psi Encyclopedia hier im Literaturverzeichnis.

Pasricha, Satwant [2001]: "Cases of Reincarnation Type in South India – Why so few Reports?". Journal of Scientific Exploration Vol. 15, Nr. 2, pp. 211-221;

Pasricha, SK, Jurgen Keil, Jim B. Tucker, Ian Stevenson [2005]: "Some Bodily Malformations Attributed to Previous Lives" Journal of Scientific Exploration, 19 (3).

Pasricha, SK: „Relevance of para-psychology in psychiatric practice", Indian J Psychiatry. 2011 Jan-Mar; 53(1): 4–8, doi: 10.4103/0019-5545.75544, PMCID: PMC3056186; PMID: 21431000.

Pflanzengeister: "Pflanzengeister und Schamanismus – Ein Blick auf europäische Traditionen" https://www.shamanicstudies.net/pflanzengeister-in-den-europaeischen-traditionen/.

Tunritha – der Blog: Lebendiger nordischer Schamanismus: https://blog.tunritha.de.

Post-VAC-Syndrom = Impfschäden nach der Covid19-Impfung

"Impfschäden – Erste Klagen gegen Biontech", Sept. 2022 350 Betroffene wollen Schadenersatz, Apotheke Adhoc.

"Serious adverse events of special interest following mRNA Covid-19 vaccination in randomized trials in adults", Vaccine, 40/40, 22.09.2022

"Post-VAC-*Syndrom*-Betroffener: „Nehmt uns ernst",
NRWZ 19.09.2022

"Post-VAC-*Syndrom* bzw. Long-Covid, ausgelöst durch die
Impfung", https://www.long-covid.at/impfkomplikation-
long-covid-nach-impfung.html; 22.09-2022.

"Post-VAC-*Syndrom*: Long Covid nach der Impfung",
https://www.netdoktor.at/magazin/post-vac-syndrom-long-
covid-nach-der-impfung/ 31.08.2022

Covid-Impfungen: Das Problem des "Nicht-Wissen-Wollens",
https://www.heise.de/tp/features/Covid-Impfungen-Das-Prob-
lem-des-Nicht-Wissen-Wollens-7364192.html. 03.Dez.2022

"Covid-Impfung als Todesursache? Dieser Pathologe findet es
heraus." https://www.schwaebische.de/ueberregional/poli-
tik_artikel,-es-ist-wichtig-die-richtigen-fragen-zu-stellen-
_arid,11589898.html, 22.12.2022

Proto-Indo-Europäisch = PIE = Indo-Europäische Ursprache =
Ur-Indo-Europäisch: Wikipedia.de   und   en.Wikipedia.org;

, Ernst [2013]: „Die indogermanische Sprachfamilie und die
Rekonstruktion ihrer Ursprache", https://hausderdeutschen-
sprache.eu/2013/08/die-indogermanische-sprachfamilie-
und-di-rekonstruktion-ihrer-ursprache.

„*Indoeuropäische Ursprache*" de-academic.com.

„*Indoeuropäische Ursprache*" *Deutsch Wikipedia*.

Indogermanische Ursprache: Wikipedia.

Schleicher, August [1862]: „Ein Culturbild aus der indogermanischen Urzeit": Wikisource und Wikidata.

„Indogermanische Sprachen": Wikiwand.

Proto-Indo-European Language: en.Wikipedia.org.

Proto-Indo-Europeans: en.Wikipedia.org.

"Who Were the Proto-Indo-Europeans?" https://patrickwy-man.substack.com/p/who-were-the-proto-indo-europeans.

„European Invasion: DNA reveals the origins of modern Europeans", https://theconversation.com/european-invasion-dna-reveals-the-origins-of-modern-europeans-38096.

"A History of Indo-Europeans, Migrations and Language", *https://www.historyfiles.co.uk/FeaturesFarEast/CentralAsia_IndoEuropeans01.htm.*

„Proto-Indo-European mythology": en.*Wikipedia*.org.

"What came before Proto-Indo-European?" Quora: https://www.quora.com/What-came-before-proto-indo-european;

What did Europeans speak before Indo-European languages? *https://sage-tips.com/qa/what-did-europeans-speak-before-indo-european-languages/*

Pre-Indo-European languages: en.*Wikipedia.org*

Psi-Phänomene: s. Parapsychologie; siehe das Schema: „Echte Spiritualität, Religiosität, Gottesschau" in Kapitel 11a.

Psi Encyclopedia: https://psi-encyclopedia.spr.ac.uk/

Adult Past-Life Memories Research,
The Cross-Correspondences,
Replacement Reincarnation,
Xenoglossy in Reincarnation Cases,
Possession-past-lives,

Reincarnation,
Near-Death Experiences,
Between-Life Experiences,
Psi Phenomena.

Jedes einzelne Thema im Internet unter Psi-Encyclopedia suchen!

Psychiatrie-Kritik

Psychiatrie-Erfahrene: www.psychiatrie-erfahrene.de.

Psychiatrie-Kritik: Wikipedia.

s.a. Jaspers, Karl weiter oben.

s.a. Schizophrenie, weiter unten.

siehe auch: COLIN CAMPBELL.

s.a. Psychopharmaka, Kritik.

s. zahlreiche weitere Beiträge im Internet.

Psychiatrie, transkulturelle:
im Text = Transkulturelle Psychiatrie

AG Transkulturelle Psychiatrie in der Charité, Berlin.

„ Migration, Kultur Und Psyche": Rebekka Ehret, Pro Mente Sana

„ Transkulturelle Aspekte psychischer Erkrankungen";SpringerLink, W. Machleidt & I. T. Calliess, 2008;

„ Transkulturelle Psychiatrie und Behandlung von *Migranten", Medizinwelt Elsevier, Machleidt & Graef-Carliess, 2019; auch bei ResearchGate*

„Schizophrenie im kulturellen Vergleich", psycharchives, Gausmann, Ulf, 1999;

Transkulturelle Psychiatrie: Wikipedia.

viele weitere Beiträge im Internet.

Psychopharmaka, Kritik:

Wikipedia: „Psychopharmakon", dort insbesondere „Unerwünschte Wirkungen", „Rechtliches", „Kritik".

Dr. Willi: „Vor- und Nachteile von Psychopharmaka".
https://www.dr-willi.de/behandlung/medikation/

Tagesspiegel: „Psychopharmaka: Keine Wunderpillen".

Schlossparkklinik: „Welche Nebenwirkungen Psychopharmaka haben", www.schlosspark-klinik-dirmstein.de.

zahlreiche Beiträge im Internet: „Psychopharmaka Kritik".

s.a. Antidepressiva

s.a. Psychiatrie, Kritik

s.a. Schizophrenie.

Puthoff, H.E [1996]: „CIA-Initiated Remote Viewing at Stanford Research Institute", Journal of Scientijc Exploration, Vol. 10, No. 1, pp. 63-76, 1996. pdf full paper.

RAMSTER, PETER, in Chapter 24 „Reincarnation" des Buches:
"The Case for the Afterlife" von Victor Zammit:
„ A Lawyer Presents the Evidence for the Afterlife",
https://www.victorzammit.com.

„Afterlife Sciences" > "Past Life Regressions",
https://www.victorzammit.com/evidence/pastliferegressions.htm,
und https://www.victorzammit.com/evidence/index.html.

Ramster, Peter [1990]: "Search of Lives Past" ISBN 0-646-00021-7;

Psychology Wiki: "Reincarnation Research" > Peter Ramster

Ramster, Peter: "Biography" (Mini-Bio), https://www.imdb.com/name/nm0709120/bio.

Reinkarnation:www.mutual-mente.com: Thema A /A0 + A1.

„*Does Evidence* About Reincarnation Suggest Survival of Consciousness?" https://noetic.org/blog/reincarnation/, October 3, 2022.

„*Evaluating the Evidence* for Reincarnation", Psychology Today, 20.12.2021.

The Mind-Blowing Evidence for Reincarnation and Past Lives! https://www.thesouljam.com/post/is-this-undeniable-evidence-for-reincarnation

Chilling Reincarnation Stories: Meet 6 People Who Lived Before, Readers Digest, 01.04.2022

Matlock, James G.: "Past Life Memory Case Studies", http://jamesgmatlock.com/wp-content/uploads/2013/12/Past-Life-Memory-Case-Studies.pdf.

Matlock, James G. (in preparation, 1.1.2013): „Extraordinary Claims, Extraordinary Evidence: Ian Stevenson's Reincarnation Case Studies and the Nature of Science."

Psi Encyclopedia Articles on Reincarnation: http://jamesgmatlock.com/wp-content/uploads/2021/10/Psi-Encyclopedia-Articles-on-Reincarnation-Oct-2021.pdf

Psi-Encyclopedia, dort findet man unglaublich viele und gute Sachen über Reinkarnation: https://psi-encyclopedia.spr.ac.uk/

Reinkarnationsforschung: Deutsch Wikipedia

Siehe die Autoren Zammit, Hassler, Ramster, Matlock, Stevenson, Bowman, Pasricha, hier im Literaturverzeichnis.

s.a. insbes. STEVENSON, IAN, hier im Literaturverzeichnis.

Reinkarnations-Forschung: s. Reinkarnation; s. Kapitel 1, s. Thema A auf mutual-mente.com.

Religion: Wikipedia.

Religion der Indianer: s. Indianer

Rhine, Joseph Banks; Rhine, J.B.:

Wikipedia: Rhine, Joseph Banks, American parapsychologist;

Wikipedia: „Telepathie", spricht speziell über Rhine;

s.a.: https://www.britannica.com/biography/J-B-Rhine.

Rhine: a.) Positive Stimmen:

Jung, Carl Gustav [1971]: „Synchronizität, Akausalität, Okkultismus", DTV Deutscher Taschenbuch-Verlag N35174, dort ab Seite 20.3 ff.

Jung, Carl Gustav [1947]: „Theoretische Überlegungen zum Wesen des Psychischen ", Gesammelte Werke, 8. Band, §§ 343-442, Walter-Verlag, Olten;

Rhine, J.B. [1934]: "Extra-Sensory Perception", Boston, download: https://www.sacred-texts.com.

Rhine, J.B. [1937]: "New Frontiers of the Mind - The Story of the Duke Experiments", New York, Toronto.
deutsche Übersetzung: "Neuland der Seele" DVA, 1938;

Rhine, J.B. [1948]: "The Reach of the Mind", 1948, Faber & Faber, London. Dort auf Seite 54: Usher und Burt mit Experimenten über 1344 km Distanz zwischen Durham, North Carolina, und Zagreb, Yugoslavia.

Rhine, J.B., Humphrey, B.M. [1942]: „A Transoceanic ESP Experiment" Journal of Parapsychology, **6** (1), 52-78, https://www.proquest.com/docview/1292214077.

Sommer, Andreas: "Who was Dr. Karlo Marchesi? The Zagreb-Durham Transoceanic ESP Experiments. By Boris Kožnjak" https://www.forbiddenhistories.com/2014/08/marchesi-koznjak-zagreb.

McConnell, Robert A.: „ESP - Fact or Fancy?", Scientific monthly (London) LXIX (1949), N2. https://www.jstor.org/stable/19761,

Tyrrell, GNM [1946]: „The Personality of Man", Penguin, Das Buch von GNM Tyrrell, Präsident der Society for Psychical Research 1945-46, enthält eine gute Zusammenstellung aller Erfahrungen auf dem Gebiete der ESP, auf welchem er sich selbst große Verdienste erworben hat.

Alvarado, Carlos [2011]: „Prescribing for Parapsychology: Note on J. B. Rhine's Writings in the Journal of Parapsychology", Australian Journal of Parapsychology ISSN: 1445-2308 Volume 11, N 1, pp. 89-99.

Rhine: b.) Gegenstimmen, *unter vielen anderen:*

Allison, Paul D. [1979]: "Experimental Parapsychology as a rejected Science." In: Roy Wallis (editor): On the margins of science. The social construction of rejected knowledge. In: Sociological Review Monograph No. 27. University of Keele, Keele, Staffordshire 1979.

Simmons, Joseph P., Leif D. Nelson, Uri Simonsohn [2011]: "False-Positive Psychology: Undisclosed Flexibility in Data Collection and Analysis Allows Presenting Anything as Significant", in: Psychological Science vol. 22 no. 11: 1359–1366. doi:10.1177/0956797611417632 (open access)

John, Leslie K., George Loewenstein, Drazen Prelec [2012)]: "Measuring the Prevalence of Questionable Research Practices with Incentives for Truth Telling", In: Psychological Science vol. 23 no. 5: 524–532, doi:10.1177/0956797611430953.

Ring, Kenneth & Elsaesser–Valarino, Evelyn [1998]: "Lessons from the Light – What we can Learn from the Near–Death Experiences", New York.
s.a. Nahtodes-Forschung hier im Literturverzichnis

Ring, Kenneth & Cooper, Sharon [1999]: „Mindsight – Near–Death and Out–of–Body Experiences in the Blind", Palo Alto;
s.a. Nahtodes-Forschung hier im Literaturverzeichnis

Rigveda: Wikipedia. s.a. „Veda".

Rumi, Dschalal ad-Din ar-Rumi, 1207-1273, persischer Mystiker, Begründer des Mevlevi-Derwisch-Ordens;

Rumi: Wikipedia;

André Al Habib [2014]: „Sufismus - Das mystische Herz des Islam", Verlag H.J. Maurer;

Rumi Zitat: „Du hast eine Aufgabe zu erfüllen ..."
Aphorismen.de > Rumi,   (hier in Anlage 5)

Rumi Zitat: „Ich starb als Stein, ...", (hier in Anlage 5)
in: Rut Rex: "Was mich die Shaolin-Mönche lehrten",
BoD – Books on Demand, 2015, 200 Seiten,

https://books.google.es/books?id=6PcZCgAAQBAJ&dq=%2
2%E2%80%9CIch+starb+als+Stein+und+wurde+Pflanze
%22&hl=de&source=gbs_navlinks_s.

https://www.facebook.com/100448120049353/pho-
tos/a.101192399974925/726104010817091/.

https://www.facebook.com/veitlindau/photos/ich-starb-als-
stein-und-wurde-pflanzeich-starb-als-pflanze-und-wurde-
tierich-sta/726104010817091/.

https://www.grin.com/document/86408.

Sangoma, Heiler im südlichen Afrika: Wikipedia.
Siehe auch COLIN CAMPBELL

Sanskrit: Wikipedia.de,   und https://en.wikipedia.org/.

 Sanskrit: https://www.asien.net/indien/sanskrit/.

YogaWiki > Sanskrit: https://wiki.yoga-vidya.dbegriffe im In-
dexe/Sanskrit.

Satyendra, eine Erzählung von Liebe, Reinkarnation und Schamanismus", BoD Norderstedt, von Joachim Felix Hornung,
2021; auch auf www.mutual-mente.com.

„*Satyendra* y su gran amor – Un relato de chamanismo y
reencarnación, BoD Madrid, 2021;
también en www.mutual-mente.com.

Schamane, Schamanen, Schamanismus. Alle 3 Begriffe finden
Sie im Index!

Geschlechts-Umwandlung, siehe dort.

Himalayan Shamans – Shamanistic Research Centre of Nepal", *www.himalayanshamans.com.*

Holger Kalweit [1988]: „Die Welt der Schamanen", Fischer.

Lindquist: „Galina Lindquist's research while affiliated with Stockholm University and other places": Acht Artikel: https://www.researchgate.net/scientific-contributions/Galina-Lindquist-2014228735;

Lumi, Miko: "Soul hunting (Seelenrückholung)", https://lumi-schaman-do.com/soul-hunting-seelenrueckholung.

Nahodyl, Catrin von: „Hexen – Schamaninnen Europas", BoD-Verlag, Norderstedt, 2017.

Pflanzengeister: "Pflanzengeister und Schamanismus – Ein Blick auf europäische Traditionen" https://www.shamanism.eu/de/ressourcen/mediathek/beitrag/pflanzengeister-in-den-europaeischen-traditionen.

Schamanen: Wikipedia.

Schamanismus: Wikipedia;

Schamanentrommel: Wikipedia;

Neo-Schamanismus: Wikipedia.

Schizophrenie und Schamanismus siehe weiter unten.

Korea:

Schamanismus in Südkorea – Hexerei trifft Hightech", *https://www.deutschlandfunk.de/schamanismus-in-suedkorea-hexerei-trifft-hightech-100.html.*

Koreanischer Schamanismus – *de.wikibrief.org.*

Freie Universität Berlin: „Der koreanische Schamanismus und sein Wirken auf Buddhismus und Konfuzianismus";

Wikipedia: „Schamanismus in Korea".

China:

„*Koexistenz* und Verbreitung mehrerer Religionen in Xinjiang" in: „Die Geschichte und Entwicklung Xinjiangs", *Presseamt* des Staatsrates der Volksrepublik China: *http://german.china.org.cn/pressconference/2004-04/30/content_8746079_2.htm.*

Dilmurat Omar, Xinjiang Normal University: „Das Überleben des Schamanismus im chinesischen Zentralasien" https://www.jstor.org/stable/25843055.

Skandinavien:

Schlüter, Hanjo: „Leben im Norden Skandinaviens früher und heute", nur noch erhältlich über info@Hanjo-Schlueter.de.

Wikipedia: „Sami-Schamanismus".

Schizophrenie:

Antidepressiva: "You Might Want to Read the Truth about these Drugs" (sehr kritisch): *http://www.psych-forums.com/schizophrenia/topic57376.html.*

Schizophrenie: Wikipedia.

„*Transkulturelle Psychiatrie* und Behandlung von Migranten" in : „Schizophrenie im Kulturvergleich", https://medizin-welt.elsevier.de/psychiatrie.

Dissociative Fugue: International Society for the Study of Dissociation: *http://www.dissoc.de/issd12.html.*

Dissoziative Identitäts-Störung: Wikipedia;

s.a.: Psychiatrie, transkulturelle weiter oben.

s.a.: COLIN CAMPBELL, weiter oben.

s.a. Schizophrenie & Schamanismus, nachfolgend.

s.a.: Antidepressiva.

Schizophrenie und Schamanismus, z.B.:

*René Dehnhardt [2003]: „Schamanismus und Schizophrenie",
Europ. Hochschulschriften, ISBN 9783631508855.*

*Philippa Schmidt: „Bei uns schizophren, anderswo ein Scha-
mane"https://www.schizophre-
nie.uzh.ch/dam/jcr:00000000-6e2c-8707-0000-
00005b90dcce/Kuesnachter_2014-07-24.pdf*

*Klaus E. Müller: „Der Schamane war ein Spezialist für Psy-
chosen", Deutschlandfunk 06.08.2011.*

"Shamanic Perspectives on Mental Illness", s. Campbell, Colin

Spirit Molecule: "The Spiritual Link Between Schizophrenia
and Shamanism". https://www.spiritmolecule.com/psychedel-
ics/the-spiritual-link-between-schizophrenia-and-shamanism.

s.a. Yoga-Vida: https://wiki.yoga-vidya.de/Schamanismus.

s.a.: Schizophrenie, Haupteintrag weiter unten.

Secunda, Brant, siehe den *Haupteintrag weiter unten.*

Schleicher, August [1862]: „Ein Culturbild aus der indogermanischen Urzeit": Wikisource.

Schlüter, Hanjo: „Leben im Norden Skandinaviens früher und
heute", nur noch erhältlich über info@Hanjo-Schlueter.de.

Schopenhauer, Arthur: Parerga und Paralipomena II, § 184[7].

Secunda, Brant, Dance of the Deer Foundation, Archive for Don José Matsuwa: "Honoring the memory of Don José Matsuwa" and "Journey to the Heart", in *https://www.shamanism.com/journal-tags/don-jose-matsuwa.*

"Brant Secunda, Schamane & Heiler" in: *https://www.shama-nism.com/brant-secunda-2.*

Tom C*OWAN*: „Don Jose M*ATSUWA*'s Triple Challenge",
https://shamanicpractice.org/article/don-jose-matsuwas-triple-challenge/,   … auch hier in Anlage 6.

Shárada: "Uttara Huddar/Sharada (Past Life)" https://psi-ency-clopedia.spr.ac.uk/articles/uttara-huddarsharada-past-life.

"Xenoglossy & Phobia Reincarnation Case of Sharada Uttara Huddar: A Past Life Personality Preserved Intact within the Soul" *https://www.reincarnationresearch.com/xenoglossy-phobia-reincarnation-case-of-sharada-uttara-huddar-sharada-a-past-life-personality-preserved-intact-within-the-soul/.*

Shárada: www.mutual-mente.com / Thema A /A0, §11.

S*TEVENSON, Ian* [1984]: „Unlearned Language", New Studies in Xenoglossy, University of Virginia Press;

SHARMA, P. & T*UCKER,* J. B. [2004]: "Cases of the Reincarnation Type with Memories from the Intermission Between Lives". Journal of Near–Death Studies, 23:101–118. https://med.virginia.edu/perceptual-studies/wp-content/up-loads/sites/360/2016/12/REI31.pdf.

Sitchin, Zecharia: *www.sitchin.com,* div. Bücher.

360   Literaturverzeichnis

Sitting Bull, siehe z.B. "Die Leiden der jungen Sioux: Die Enkel von Sitting Bull berichten" National Geographic, https://www.nationalgeographic.de/geschichte-und-kultur/die-enkel-von-sitting-bull

Snow, C.B & Wambach, H. "Mass Dreams of the Future", McGraw-Hill,1989.

Somé, Malidoma [2004]: "Vom Geist Afrikas" Diederichs.

Spengler , Oswald: „Der Untergang des Abendlands" Band I, 1918, Braumüller, Wien; Band II, 1923, C.H. Beck, München, und zahleiche weitere Ausgaben, s. Wikipedia.

Für diesen Dialog haben wir die Ausgabe verwendet von http://www.zeno.org/Philosophie/M/Spengler,+Oswald/Der+Untergang+des+Abendlandes.

Spanische Ausgabe: „La Decadencia De Occidente", Buenos Aires, 2006.

Übersicht auf *www.mutual-mente.com* / Oswald Spengler;

Zitat „Ducunt..." bei Spengler, Oswald [1922]: Der Untergang des Abendlandes, Zweiter Band: Welthistorische Perspektiven, 5. Kapitel: Die Formenwelt des Wirtschaftslebens, 2. Die Maschine, 8. (1192); hier am Ende von Kapitel 25.

Spiritual Emergence Network = S.E.N: www.senev.de. s. GROF, STANISLAW

Spiritual Emergency Resource Center: http://www.centerfor-spiritualemergence.com/resources.html.

Spiritualismus: Wikipedia; s.a. Anlage 1: „Terminologie".

Spiritualität, echte: Eine enge Definition in dem Schema: „Echte Spiritualität, Religiosität, Gottesschau" in Kapitel 11a;

s.a. Wikipedia;
s.a. Yogawiki;
s.a. Anlage 1: Terminologie > Spiritualismus.

Sprachen, alte, mit schriftlichen Zeugnissen (zu Kapitel 13): Man könnte noch andere alte Sprachen zum Vergleich hernehmen, so etwa das Sumerische, in welcher das Gilgamesch-Epos verfasst ist, *schriftlich* auf Tontafeln im 18.Jh. v.Chr., also vor jetzt fast 4.000 Jahren im Zweistromland. Die ältesten Zeugnisse der reichhaltigen Mythologie der Hethiter stammen aus dem 18.Jh. v.Chr. Die ältesten schriftlichen Zeugnisse des Gilgamesch-Epos und der hethitischen Mythologie sind also rund 2000 Jahre älter als die frühesten schriftlichen Zeugnisse des Sanskrit in beiden Versionen und gehören damit zu den ältesten schriftlich Zeugnissen indo-europäischer Sprachen. Die Edda sollten wir hier nicht nennen, denn die ältesten Schriftzeugnisse stammen aus der Zeit um 1.200 *nach* Chr.

STEVENSON, IAN, Universtity of Virginia, (*1918, †2007)

IAN STEVENSON, Overview: https://psi-encyclopedia.spr.ac.uk/articles/ian-stevenson,   Jan. 2023.

STEVENSON, Ian [1960]: "The Evidence for Survival from Claimed Memories of Former Incarnations". Journal of the American Society for Psychical Research (ASPR), Vol. 54, pp. 51-71 & 95-117, 1960.
Part I: "Review of the Data"; Part II: "Analysis of the Data and Suggestions for Further Investigations".

STEVENSON, IAN [1974]: "Twenty Cases Suggestive of Reincarnation", University Press of Virginia. Das Basiswerk.

„*Reinkarnation* – Der Mensch im Wandel von Tod und Wiedergeburt". Aurum 1994.

Ian Stevenson on Reincarnation: Ausführliche Besprechung auf www.mutual-mente.com / Thema A /A0.

Stevenson, Ian [1997]: "Where Reincarnation and Biology Intersect", Praeger.

Stevenson, Ian [1984]: „Unlearned Language -New Studies in Xenoglossy" University of Virginia Press.

„*Veinte casos* que hacen pensar en la reencarnación" https://herbole.com/veinte-casos-que-hacen-pensar-en-la-reencarnacion/.

„*Evidencias científicas de la reencarnación":* https://herbole.com/evidencias-cientificas-de-la-reencarnacion-ian-stevenson/.

Stimmenhören: http://testing.netzwerk-stimmenhoeren.de.

Stonehenge, errichtet in der Zeit von 3.000 bis 2.500 v. Chr in der Jungsteinzeit im Süden Englands, Wikipedia.

Tertullian: Wikipedia; https://de.wikipedia.org/wiki/Credo,_quia_absurdum_est.

Thema A *auf* www.mutual-mente.com, Website von Joachim Felix Hornung. Thema A: „Leben wir nur einmal – Moderne Reinkarnations-Forschung", Einzelthemen A0 bis A11, enthält die Grundlagen der Modernen Reinkarnations-Forschung, der Nahtodes-Forschung, der Jenseits-Forschung, u.v.a.

Der umfangreiche Text wird so bald wie möglich auch als Buch im BoD-Verlag veröffentlich unter dem Titel: „Thema A – Leben wir nur einmal?" Moderne Reinkarnations-Forschung, Gibt es einen wissenschaftl. Zugang zur Anderen Wirklichkeit?

THOMAS VON AQUIN, nach einer Gottesschau (visio mystica):

„Alles, was ich geschrieben habe, kommt mir vor wie Stroh im Vergleich zu dem, was ich gesehen habe. "

„Alle Gott beschreibende Begriffe sind mehr falsch als richtig. "

Wikipedia: Thomas von Aquin > Spiritualität; Quellen dort.

Anthrowiki: Thomas von Aquin > Mystik; Quellen dort.

Wikipedia: Mystik > Unsagbarkeit.

s. Anhang 1: Terminologie > Gottesschau.

eine Fülle von Material über THOMAS' Gottesschau findet man im Chatbot „Perplexity" auf Deutsch und auf Englisch.

TOBA-Katastrophen-Theorie: Wikipedia.de;

Toba catastrophe theory: en.wikipedia.org;

Knauer Roland [2018]: "Als die Menschheit fast ausstarb", Spektrum.de.

Ambrose, Stanley [1998]: "Late Pleistocene human population bottlenecks, volcanic winter, and differentiation of modern humans" Journal of Human Evolution, Volume 34, Issue 6, June 1998, Pages 623-651.

Biology online: „homo sapiens sapiens" https://www.br.de/wissen/homo-sapiens-evolution-geschichte-moderner-mensch-referat-100.html.

Tolstoi, Leo, https://gutezitate.com/zitat/129820.

Touch for Health: Wikipedia.

Transpersonale Psychologie: Wikipedia, und https://www.transpersonal.at/transpersonale-psychologie/.

Unverständlichkeits-Theorem in der Psychiatrie: Kupke, Christian: "Was ist so unverständlich am Wahn?" Philosophisch-kritische Darstellung des Jaspers'schen

Unverständlichkeitstheorems. In: Journal für Philosophie & Psychiatrie. 1, 2008, S. 1–12. http://www.jfpp.org/jfpp-1-2008-01.html. Vollständiger Text.

s.a. Wikipedia: „Wahn"> Die Heidelberger Schule.

Vaskonen, Vaskonisch, Baskisch:

„Vaskonische Hypothese": Wikipedia.

„Vaskonisch war die Ursprache des Kontinents" von Elisabeth Hamel und Theo Vennemann. *https://www.spektrum.de/magazin/vaskonisch-war-die-ursprache-des-kontinents/828702.*

Vasconic substrate hypothesis, en.Wikipedia.org.

Baskische Sprache: Wikipedia.

Veda, Vedische Sprache, Rigveda: Wikipedia.

Vedisches Sanskrit: Wikipedia

Vision Quest und Visions-Suche: Wikipedia.

Voodoo: Wikipedia.

Walach, Harald [2000]: "Magic of Signs: A Nonlocal Interpretation of Homeopathy", British Homeopathic J., **89**: 127-140;

Walach, Harald [1999]: „Magic of Signs – A Nonlocal Interpretation of Homeopathy". J. of Scientific Exploration, Vol.13, No.2, pp.291–315.

Wambach, Helen: "Reliving Past Lives". Bantam, 1979.

Wang, Chen Lu [2018]: „Krafttiere: Woher stammen sie und wie kann man ihnen begegnen?" Twentysix-Verlag,

Watters, Ethan [2012]: „Crazy Like Us – the Globalization of the American Psyche", Free Press, Simon & Schuster, NY.

Weber, Barbara [2016]: „Wie der Mensch zum Menschen wurde" – Entwicklung des Homo sapiens sapiens:

https://www.deutschlandfunk.de/entwicklung-des-homo-sapiens-sa-piens-wie-der-mensch-zum-100.html.

Wegener, Alfred:

Thenius, A [1980]: „Alfred Wegener - zum 100. Geburtstag des Begründers der Kontinentalverschiebungstheorie,“ https://www.zobodat.at/biografien//Wegener_Alf-red_100_Geb_SVVNWK_121_0001-0033.pdf

100 Jahre Theorie der Kontinentalverschiebung – Alfred Wegener und seine wegweisende Idee, https://www.heimatfor-schung-regensburg.de/117/1/39-Alfred%20Wegener%20-%20100%20Jahre%20Theorie%20der%20Kontinentalver-schiebung.pdf

Alfred Wegener: wikipedia.

„*Alfred Wegener* und die Plattentektonik“, https://www.geo.de/geolino/mensch/16934-rtkl-bewe-gende-geschichte-alfred-wegener-und-die-plattentektonik

Wein, Claudia [2002]: „Qualitätsaspekte klinischer Studien zur Homöopathie“ KVC-Verlag, Natur und Medizin, Essen.

Weiss, Brian

„*Many Lives,* Many Masters“ Touchstone, 1988;

„*Same Soul,* Many Bodies“, Free Press, 2005;

„*Only Love* Is Real“, Piatkus, 1997.

Weltbevölkerung und „Historische Entwicklung der Weltbevöl-kerung“: Wikipedia.

Whitton, Joel & Fischer, Joe [1986]: "Life between Life“. Grafton Books/Collins; „Das Leben zwischen den Leben“. Goldmann [1989]. s. www.mutual-mente.com /Thema A /A3.

Wickland, Carl [1924 !]: „Thirty Years among the Dead”, National Psychological Institute, Los Angeles, CA; Newcastle 1974;

„Dreißig Jahre unter den Toten", Reichl 1994;

siehe Thema A /A0, §9; sowie Thema A /A4, §4.

Willensfreiheit: Wikipedia.

Witzel, Michael [2013]: „Shamanism in northern and southern Eurasia: Their distinctive methods of change of consciousness". Social Science Information 50(1): 39-61. doi:10.1177/0539018410391044, http://nrs.harvard.edu/urn-3:HUL.InstRepos:8456537.

Xarelto:

Klagewelle wegen Bayers Xarelto in den USA, DAZ online, 2016;

Der Spiegel: „Bayer-Blutverdünner Xarelto unter Verdacht, 2013;

WDR: „Klagewelle gegen Bayer" [wg. Xarelto], 2016.

Viele weitere Beiträge im Internet.

Yamnaya-Kultur, Jamnaja-Kultur: Wikipedia. s. dort auch: Kurgan-Hypothese und Marija Gimbutas;

Schönes (Bild-) Material auf Youtube: „The Yamnaya Culture" und „Bronze Age Steppe Herders".

s. Gimbutas, Marija

Yoga-Vida: https://wiki.yoga-vidya.de/Schamanismus.

s. *Schizophrenie, hier im Literaturverzeichnis.*

s. *Schizophrenie und Schamanismus, her im Literaturverz.*

s. *Campbell: Shamanic Perspectives* on Mental Illness, //

Zammit, Victor: „ A Lawyer Presents the Evidence for the Afterlife" *https://www.victorzammit.com/.*

„Afterlife Sciences" > "Past Life Regressions", www.victorzammit.com/evidence/pastliferegressions.htm, *und* https://www.victorzammit.com/evidence/index.html.

ZANDER, Helmut: „Geschichte der Seelenwanderung in Europa". Primus 1999.

Zufallszahlen, *The Global Consciousness* Project", https://noosphere.princeton.edu/, *auch auf* Wikipedia.

Nelson, Roger D. [2001]: „Evoked Potentials and GCP Event Data", event.data.vs.evoked.potentials.911.pdf (global-mind.org)

Radin, Dean [2002]: „Auf der Suche nach Geist-Materie Interaktionen auf globaler Ebene", *http://www.smn-germany.de/dokumente/radin.pdf*

Blasbands, Richard A. (2000). „The Ordering of Random Events by Emotional Expression." Journal of Scientific Exploration, **14,** 195-216. *http://icrl.org/wp-content/uploads/2020/02/EmoteREG-JSE-Blasband.pdf*

Zufallsgenerator: https://zufallsgenerator.net.

Zufallsgeneratoren: Wikipedia.

Zwangseinweisung, Zwangsbehandlung

„Zwangseinweisung: Das sind die rechtlichen Voraussetzungen": https://www.ppm-online.org/pflegestandards/notfall-management/zwangseinweisung/.

Zwangseinweisung: Richterliche Anordnung und Patientenrechte, https://germanblogs.de/zwangseinweisung-richterliche-anordnung-und-patientenrechte/.

„Ärztliche Zwangsbehandlung", https://wegweiser-betreuung.de/zwang/behandlung

Zwangs-Psychiatrie: http://www.psychiatrie-erfahrene.de/FAQ.

s.a.: Wikipedia: Zwangsbehandlung.

Index

AHAUSEN, GRET VON 181, 317, 328

AIGNER, FLORIAN 39

AKUPUNKTUR 125

AL HABIB, ANDRÉ 302

ALEXANDER, EBEN 29

AMBROSE, STANLEY 85

ATWATER, PMH 176, 319

AYAHUASCA 165

AZTEKEN 220

BAKTERIEN-KULTUR 210

BALDWIN, WILLIAM54, 200, 281, 285, 286, 291

BANDKERAMIK 231

BANERJEE, HN ..18, 292, 319

BARTH, KARL 152

BASKISCH 233, 364

BESETZUNG, SPIRITUELLE145, 147, 151, 280, 281, 282, 285, 287, 290

BEWUSSTSEIN21, 23, 26, 42, 49, 54, 62, 68, 74, 89, 155, 158, 163, 167, 178, 252, 267, 269, 309, 325

BEWUSSTSEIN, INDIVIDUELLES76, 261, 271

BEWUSSTSEIN, SPIRITUELLES 235

BEWUSSTSEIN, UNIVERSELLES42, 76, 82, 261, 265, 269, 271, 274

BEWUSSTSEIN, VERÄNDERTES 165, 166

BEWUSSTSEINS-REISE 169

BHAGAVAD GITA 237, 256

BLASBAND, RICHARD..... 197, 367

BLUTVERDÜNNER 122

BOWMAN, CAROL 18, 321

BRAHMANAS.................. 237

BUNDESVERFASSUNGSGERIC HT 125

CAMPBELL, COLIN142, 143, 145, 321

CANDOMBLÉ................... 110

CASTANEDA, CARLOS51, 52, 63, 225

CHAPLIN, ANNABEL26, 283, 284

CHEOPS-PYRAMIDE......... 241

CLUB OF ROME 210, 211, 322

COMPUTER 266

CONTERGAN 117

CRABTREE, GERALD 241, 256, 323

CROWLEY, NICKI 156

DATA SNOOPING 193, 194

DECLARATION OF WAR ... 112

DEMOKRATIE222, 225, 245, 247

DHOARAM9, 10, 12, 13, 26, 28, 31, 34, 46, 61, 65, 69, 71, 107, 114, 132, 135, 139, 141, 152, 163, 167,

183, 208, 218, 219, 223, 229, 231, 248, 257, 259

DIKTATOREN ... 222, 245, 247

DIKTATUR 222, 223, 245, 247

DON JOSÉ MATSUWA 50, 324, 359

DOPPELBLIND-STUDIEN . 127, 324

DOSSEY, LARRY 12, 193

DROGEN 54, 81, 165

DUCUNT FATA VOLENTEM 227, 360

ELIADE 47, 49, 52, 58, 70, 72, 97, 103, 104, 105, 112, 163, 325

EPILEPSIE 141, 158

ERFUNDENE KRANKHEITEN 326

EXPONENTIELLES WACHSTUM . 115, 209, 210

FALSE MEMORY 201, 334

FIORE, EDITH 200, 272, 284, 285, 326

FLASCHENHALS, GENETISCHER 86

FLIEGENPILZ 165

FLOYD, KEITH 175

FUTURE MEMORY 176

GALAXIEN 264

GEBSER, JEAN................252

GEERTZ, CLIFFORD 47

GEHIRN 266

GEISTHEILEN 125, 327

GESCHLECHTS-UMWANDLUNG 67, 327

GIMBUTAS, MARIJA 229, 234, 327

GLAUBE UND GESUNDHEIT 93, 327

GOLDBERG, BRUCE 198

GÖTTER 72, 73, 83, 89, 97, 230, 272

GÖTTER IN MENSCHENGESTALT 83, 91, 254

GÖTTER, ÄGYPTISCHE 164

GÖTTER, GERMANISCHE .. 253

GÖTTER-RELIGION 69, 71, 72

GÖTTER-SKULPTUREN 83, 92

GOTTESSCHAU 75, 78, 269, 271, 274, 362

GROF, STANISLAV .. 157, 328

HAHNEMANN, SAMUEL .. 129, 133, 328

HAMILTON, TREVOR 296, 342

HAMPE, JOHANN CHRISTOPH 29, 328

HARARI, YUVAL NOAH 87, 329

HARNACK, EDGAR W..... 153, 329

HARNER, MICHAEL 49, 51, 52, 63, 68, 80, 81, 110, 134, 137, 164, 165, 329

HEIM 28

HERRINGTON, GAYA 213, 223

HIMALAYAN SHAMANS ... 330

HIPPOKRATES 140, 330

HOCHKULTUREN 220, 249

HOFMANN, HELLMUT...... 179

HÖHLEN-MALEREI..........255

HOMO SAPIENS SAPIENS 73, 83, 84, 86, 89, 91, 95, 103, 238, 255, 330
HOMÖOPATHIE125, 137, 138, 139, 332
HORNUNG, JOACHIM FELIX 333, 362
HYPNOSE29, 31, 170, 172, 174, 199, 201, 272, 281, 284, 335, 336
HYPNOSE, GEFAHREN 201, 273, 334
IANNUZZO, GIOVANNI 157
IMAGINATION ..165, 201, 283
INDIANER25, 61, 102, 163, 335
INDO-EUROPÄISCHE SPRACHEN 229
INDO-EUROPÄISCHE URSPRACHE .229, 231, 347
INKA..............................220
JAEGER, LARS...................39
JASPERS, KARL 153, 336
JENSEITS..........................32
JENSEITS-FORSCHUNG....271, 337
JENSEITSREISEN .75, 192, 201
JUNG, C.G.42, 155, 187, 190, 191, 235, 304, 337
JUNGSTEINZEIT98, 102, 106, 183, 243, 271
KARDEC, ALLAN 110, 287
KARDECISTEN..................287
KATIE, BYRON 186
KAUSALITÄT12, 171, 191, 264, 270, 305

KAUSEN, ERNST..............231
KEINE, HELMUT..............127
KIENLE, GERHARD..........127
KNAUER, ROLAND 86
KONFUZIUS........47, 303, 339
KRIPPNER, STANLEY. 63, 339
KÜBLER-ROSS .227, 339, 343
KUHN, THOMAS 45, 339
KULTUR DER NATURVÖLKER 106
KULTUR, ABENDLÄNDISCHE. 75, 222
KULTUR, RANG EINER 248
KULTUR, TRADITIONELLE 142
KULTUR, UNTERGANG UNSERER 223, 227
KULTUR, WESTLICHE.......142
KULTURELLE ANEIGNUNG113
KULTURELLE IDENTITÄT....94
KULTUREN, FREMDE 63
KULTUREN, TRADITIONELLE..............60
KULTUREN, VERSCHIEDENE23, 81, 128, 159
KULTURZERSTÖRUNG......107
LADY DIANA 196
LASCAUX.........164, 239, 339
LEONARDO DA VINCI 243, 340
LOGOS...........................265
LOMA, ALEKSANDAR 340
LOMMEL, PIM VAN.... 29, 340
LUMI, MIKO.............. 54, 356
MAGIE.................. 130, 273
MANITU...............73, 94, 335

MATERIE.................. 12, 264
MATLOCK, JAMES... 278, 340
MATRIARCHAT 233, 234
MAYA 220
MEADOWS U.A. 211, 212, 322
MEISTER ECKART 75, 80
MILLS, ANTONIA 341
MOLDZIO, ANDREA.........153
MONROE, ROBERT 342
MOODY, RAIMOND ... 28, 342
MOREIRA-ALMEIDA........147
MYERS, FREDERIC32, 296, 300, 342
MYSTIK.................. 274, 302
NAHTODES-ERLEBNISSE...32, 33, 75
NAHTODES-FORSCHUNG ..27, 28, 29, 175, 343
NATURGESETZ........ 169, 270
NEOLITHISCHE REVOLUTION230, 232, 241
NEOLITHISCHE REVOLUTION 106, 250
NEO-SCHAMANISMUS 110, 112, 113
NERVENZELLEN 266
NEUROWISSENSCHAFT 266
NEWTON, MICHAEL 31
NICHT-KAUSALITÄT 191
OUT-OF-AFRICA83, 95, 104, 345
PARADIES 97
PARAPSYCHOLOGIE. 275, 345
PASRICHA 155, 346
PATRIARCHAT................234
PEYOTE 165

PFLANZENGEISTER.. 138, 346
PLANCK, MAX 45
POST-VAC-SYNDROM 123, 346
PRINCETON.....................195
PROTO-INDO-EUROPÄISCH 229, 231, 347
PSI ENCYCLOPEDIA18, 199, 296, 348
PSI-ENCYCLOPEDIA 199
PSI-FORSCHUNG, EXPERIMENTELLE........190
PSI-PHÄNOMENE41, 76, 191, 199, 270, 275, 345, 348
PSYCHIATRIE109, 152, 153, 363
PSYCHIATRIE-KRITIK..... 154, 349
PSYCHOPHARMAKA 149, 350
PUTHOFF, H.E. 194
QUANTEN-BIOLOGIE.......308
QUANTEN-PHYSIK39, 306, 317
QUANTEN-THEORIE45, 306, 307, 308
RAMSTER, PETER.... 198, 350
RANDERS, JØRGEN..........213
RAUM...................... 12, 191
RAUM UND ZEIT......... 12, 191
REICH, WILHELM............197
REICHSBRÜCKE 179
REINKARNATION11, 13, 14, 21, 23, 24, 30, 35, 36, 40, 41, 43, 55, 68, 72, 75, 114, 351, 361

REINKARNATIONS-
FORSCHUNG17, 18, 19, 22,
26, 36, 44, 98, 293, 362
RELIGION...........................69
RELIGIOSITÄT 92
REPLACEMENT................278
RHINE, JOSEPH190, 192, 193,
194, 304, 352
RING, KENNETH..............354
RÜCKFÜHRUNGEN,
HYPNOTISCHE17, 199, 200,
201, 276
RUMI 162, 260, 302, 303, 354
SAMADHI........................271
SANGOMA.............. 142, 146
SANSKRIT231, 236, 238, 248,
255, 355
SANSKRIT, KLASSISCHES 237,
238, 248
SANSKRIT, VEDISCHES....237,
238, 248
SATORI...........................271
SATYENDRA10, 12, 13, 26,
34, 46, 72, 98, 107, 111,
113, 114, 128, 131, 135,
138, 163, 167, 257, 278,
355
SCHAMANE46, 49, 52, 54, 56,
58, 59, 61, 62, 63, 65, 66,
68, 96, 103, 128, 132, 135,
137, 140, 146, 159, 162,
163, 226, 276, 355
SCHAMANEN46, 47, 49, 52,
54, 55, 58, 62, 63, 67, 71,
81, 97, 102, 104, 111, 133,

141, 158, 173, 174, 225,
355
SCHAMANISMUS46, 47, 48,
49, 52, 58, 59, 60, 62, 63,
67, 69, 70, 71, 93, 95, 97,
98, 102, 103, 104, 105,
106, 107, 108, 109, 112,
116, 128, 158, 167, 235,
276, 355
SCHIZOPHRENIE141, 142,
143, 145, 146, 158, 159,
201, 357
SCHIZOPHRENIE   UND
SCHAMANISMUS141, 158,
358
SCHLÜTER, HANJO..........109
SCHOPENHAUER..............256
SECUNDA, BRANT 50, 63, 359
SEELEN, ALTE 11
SEELEN, JUNGE11, 114, 256,
277
SEELEN-ÜBERSPRUNG72, 277
SHÁRADA .. 18, 151, 291, 359
SITTING BULL......... 163, 360
SNOW, C.B. 198
SOMÉ, MALIDOMA 67
SPENGLER, OSWALD 221,
222, 223, 227, 247, 360
SPEZIFITÄT......................130
SPIRITUAL   EMERGENCE
NETWORK...................157
SPIRITUALISMUS30, 35, 53,
158, 269, 278
SPIRITUALITÄT70, 75, 77, 93,
107, 109, 235, 239
SPIRITUALITÄT 192

SPRACHEN 231, 239, 361
STEINZEIT.. 72, 74, 90, 95, 98
STEVENSON17, 18, 22, 26, 36, 41, 44, 270, 361
STIMMENHÖREN150, 154, 156
STONEHENGE 240, 255
SUGGESTIV-EFFEKTE 130
SYNAPSEN 266
SYNCHRONIZITÄT187, 279, 337
TERTULLIAN 21
THEMA A18, 28, 43, 53, 151, 333, 362
THOMAS VON AQUIN78, 79, 362
TOBA-KATASTROPHE 85, 363
TOD 32, 144, 225, 226
TODES-KULTUR 144
TOLSTOI, LEO 21
TRANCE50, 58, 65, 96, 103, 141, 170, 182, 205, 252, 272, 283
TRANSKULTURELLE PSYCHIATRIE 159, 349
TRANSPERSONALE PSYCHOLOGIE 157
TROMMELN 96, 133, 165
TURNER, GRAHAM 213
UNIO MYSTICA 271
UNIVERSAL-THESE 104
UNVERSTÄNDLICHKEITS-THEOREM 153, 363
UPANISHADEN 237, 256
UR-INDO-EUROPÄISCH.... 234
URKNALL 264

URSACHE-WIRKUNGS-PRINZIP 12
VASKONEN 232, 364
VASKONISCH 232, 364
VEDA 237
VERIFIKATION17, 19, 21, 199, 270, 293
VISION QUEST 61, 66
VOLLHYPNOSE 286
VOODOO 130
VORAUSSAGEN 179, 211
WALACH, HARALD130, 131, 364
WAMBACH 198
WEBER, BARBARA .. 331, 364
WEGENER, ALFRED... 44, 365
WEIN, CLAUDIA............. 127
WEISS, BRIAN.... 17, 207, 365
WELTBEVÖLKERUNG 114, 211, 231, 277
WESENS-ANTEIL 128
WESENS-ANTEIL, FÜNFTER 167
WESENSGLIED 131
WESENS-GLIEDER 167
WESENS-GLIEDER, VIER.... 48
WHITTON, JOEL29, 31, 75, 173, 174
WICKLAND, CARL.......... 282
WILLENSFREIHEIT172, 179, 182, 185
WITZEL, MICHAEL95, 96, 98, 103, 104
XARELTO 122, 366
YAMNAYA114, 229, 230, 232, 234

YOGA-VIDA............ 102, 366

ZAMMIT, VICTOR 199, 201, 352, 366

ZEIT....12, 171, 178, 191, 193

ZUFALLSZAHLEN 195

ZWANGSBEHANDLUNG ... 154, 367

ZWANGSEINWEISUNG 154, 367

Disclaimer

Ende von: **Dialog über
unsere Vergangenheit, Gegenwart,
und nahe Zukunft,**
... aus spiritueller Sicht
von Joachim Felix Hornung

im BoD-Verlag Norderstedt, 2024,
auch auf www.mutual-mente.com.

Email: joachimhornung(.)gmx(.)de
Bitte senden Sie mir Ihre Kommentare!

Milton Keynes UK
Ingram Content Group UK Ltd.
UKHW030748121124
451094UK00013B/875

9 783759 712479